TSINGHUA FIANCIAL LAW REVIEW

清华金融法律评论

第7辑

清华大学商法研究中心 主办

规范的 科学的 升华的

金融与公司法之交融

朱慈蕴 汤 欣——主编

沈朝晖——执行主编

编辑部成员：

程婷如 梁咏仪 高 姗

法律出版社 | 北 京

图书在版编目(CIP)数据

金融与公司法之交融 / 朱慈蕴，汤欣主编. -- 北京：
法律出版社，2023
(清华金融法律评论)
ISBN 978－7－5197－7430－1

Ⅰ. ①金… Ⅱ. ①朱… ②汤… Ⅲ. ①证券法－研究
－中国 Ⅳ. ①D922.287.4

中国版本图书馆 CIP 数据核字(2022)第 241539 号

金融与公司法之交融
JINRONG YU GONGSIFA ZHI JIAORONG

朱慈蕴 汤 欣 主 编
沈朝晖 执行主编

策划编辑 似 玉
责任编辑 似 玉
装帧设计 汪奇峰

出版发行 法律出版社
编辑统筹 法律应用出版分社
责任校对 朱海波
责任印制 吕亚莉
经 销 新华书店

开本 710 毫米×1000 毫米 1/16
印张 19.25 **字数** 300 千
版本 2023 年 1 月第 1 版
印次 2023 年 1 月第 1 次印刷
印刷 北京虎彩文化传播有限公司

地址:北京市丰台区莲花池西里 7 号(100073)
网址:www.lawpress.com.cn
投稿邮箱:info@lawpress.com.cn
举报盗版邮箱:jbwq@lawpress.com.cn

销售电话:010－83938349
客服电话:010－83938350
咨询电话:010－63939796

书号:ISBN 978－7－5197－7430－1
定价:76.00 元

序　一

为什么我的眼里常含泪水？因为我对这土地爱得深沉。

——艾青《我爱这土地》

清华大学商法研究中心（以下简称清华商法中心）和商法学科在《商事法论集》（以下简称《论集》）的基础上，推出一本新的学术性文集《清华金融法律评论》（以下简称《评论》）。商事法和金融法是清华商法中心与商法学科的两个明确的研究重点。这既是清华商法中心的传统研究优势的自然延续与水到渠成之事，也是清华商法中心上下一心、迎接新时代新金融挑战的努力结果。一方面，清华商法中心和商法学科具有研究金融问题的"基因"和研究基础；另一方面，自2007年国际金融危机之后，"金融科技""普惠金融"等金融前沿问题涌现，对金融法问题的研究需要愈加迫切，特别是2017年第五次全国金融工作会议的召开，标志着中国的金融体制改革进入"深水区"。法学界尤其是商法学者被推到时代的风口浪尖。种种因素的叠加，使金融法成为清华商法中心和商法学科一个亟待明确的研究方向。

一

清华商法中心和商法学科为什么要组织编写该《评论》？商法和金融法是什么关系？许多非法律界人士可能对这些问题感到困惑。商法是法学之学科范畴的概念。法学是门古老的学问，在世界上最古老的大学中，曾只有法学和神学两个专业。经过上千年的历史，法学大致分为宪法、行政法、民法、商法、经济法、国际法等若干子学科，不包含金融法。金融法和房地产法等是根据研究对象、研究兴趣或研究专题这些标准而提出的概念。研究金融法律问题可以是法学中的任何一个子学科，民商法学科或者经济法学科的老师都可能关注金融问题。这就是为什么在有的学校研究金融法的力量集中在经济法学科，而有的学校集中在商法或者民商法学科，还有一些学校同时分布在民商法学科和经济法学科。金融法研究与师资力量的学科分布差异是由每个学校法学院的历史、学科格局、学科发展路径不同所造成的。清华大学法学院研究金融法律问题的学者主要集中在商法学科。

无论是作为学科范畴的商法，还是以研究对象来划分的金融法，二者的研究领域是高度重合的。例如，当我们将商事活动与经济金融现象的法律研究分为商事组织法、商事交易法和监管法三大块时，在概念上，商法是调整平等商事主体之间相互关系的法律规范的总称，侧重于前二者；金融法则研究金融领域的法律问题，侧重于后二者，尤其是监管法。实践中，商法的外延不断扩大。在统编的商法教科书中，商法的外延包括公司法、证券法、保险法、票据法、海商法、信托法、银行法、破产法等。所以，有人说学科范畴中的商法概念是个“大商法”的概念，已经从商事组织法、商事交易法延伸至监管法。而监管法是金融法的主要考量点。金融法囊括了关于资金融通的所有法律规范，侧重于研究商业中的资金融通问题，更侧重于从监管的角度进行研究。商法和金融法是重合的。而且，商法和金融法的“标签”丝毫不能把学者局限在某一个领域或者某一个侧重点。例如，商法学者中有很多侧重于研究金融领域的法律问题，还提出了“金融商法”等概念，而金融法学者在研究监管法时往往必须把相关的商事交易结构厘清，才能明确监管的方向。

商法和金融法交融在一起的更深层次的原因是商事组织法、商事交易法和监管法这三者在理解和解决一个具体问题时是交融在一起、相互影响的。只有同时贯通这三个方面，才能真正解决问题和解释现象。第一，监管对商事交易的影响越来越大。当代国家不再是小国寡民时代中的“守夜人”角色，而是形成规制国家的模式，政府对商事交易干预的权力较大。深入研究商事交易会发现监管法对商事交易有着至关重要的影响。比如，银行法或者证券法中的监管规则，经常被区分为法效力性规定和管理性规定，前者将直接影响银行业或证券业的商事交易活动之效力。第二，监管法发挥作用的前提是有稳固的商事交易的民商法基础，这样才不会导致商事交易的重大法律风险。例如，研究表明，商事交易中一些规则过于宽松,是造成2008年美国金融危机的原因之一。又如,破产法所规定的金融机构破产时金融衍生品交易自动净额结算规则,被认为是美国金融机构(如雷曼兄弟)风险与激励不匹配的商事交易法根源。为了在监管上防范金融风险,必须在商事交易中完善相关的商事规则,以便使金融交易的民商法能够发挥对金融商事交易正向利益激励和反向风险防范的作用。第三,商事组织法,尤其是良好的公司治理机制是企业融资的前提。

商法学者和金融法学者是相向而行的。金融法学者在研究监管法时常常会进一步研究金融交易的商事结构和商事法律关系,而商法学者在继续维持商法学界在商事组织法和商事交易法的传统优势和研究兴趣之外,还常常跨越进入金融领域研究交易问题和监管问题。商法是一个动态的、富有生命力的学科。

二

中国商法学科的开拓者和主要奠基人是已故的王保树教授(1941 ~ 2015年)。王保树教授是中国商法学研究会的创始会长(去世之前也一直担任商法学会的会长),也是我国著名的法学家、杰出的法学教育家。王保树教授是清华大学法学院复建后的首任院长,在清华建立了商法学科和商法中心,聚集和培养了一大批商法、经济法的人才,从而使清华商法中心和商法学科成为全国商法学研究的重镇。王保树教授的贡献也涉及经济法。

自王保树教授创立清华商法中心与建立商法学科以来,清华商法中心已经走过了大约二十年的历史。清华商法中心主办了《论集》、"二十一世纪商法国际论坛"、"商事法专题研究文库"、"王保树商法学优秀博士论文奖"、"青衿商法论坛"等出版物和定期活动。2017年,清华商法中心再次策划《评论》,明确将金融法确立为商法中心的重点研究领域。

第一,清华商法中心与商法学科的传统中具有研究金融法律问题的基因与理论基础。的确,清华商法中心与商法学科的传统优势是金融领域之外的商事组织法和商事交易法。但是,商法中心从未画地为牢,把自己排除在金融之外。在发展过程中,商法中心不断地以商事交易和商事主体为核心,向外拓展研究领域,解决经济和金融发展的前沿和疑难问题,突出表现在人才培育方面,清华商法中心历年博士论文题目中有相当多的选题聚焦于金融领域的法律问题。理论基础研究越强，对新金融之前沿问题的挖掘能力也会越强。清华商法中心和商法学科在商法方面的深厚研究，为捕捉和研究金融前沿问题奠定了很好的基础。

第二，在科研成果方面，清华商法中心在金融法的研究方面已有一定规模。商法中心主编的“商事法专题研究文库”已推出近四十本商法方面的专著，其中不乏对金融领域法律问题，如关于金融商品交易反欺诈制度、保险代位、可保利益、金融信托中的受托人义务等的研究专著；公司收购和公司治理领域的专著更是“商事法专题研究文库”的重点领域。连续性的学术出版物《论集》每一期中有相当多的论文都是研究金融法问题的。特别是从 2001 年启动的一年一度的盛会“21 世纪商法论坛国际研讨会”，至今已坚持 19 届，殊为不易。“21 世纪商法论坛国际研讨会”历届的主题分别为“投资者利益保护”“全球竞争体制下的公司法改革”“公司收购：法律与实践”“转型中的公司法的现代化”“中美商法新发展”“实践中的公司法”“非公司企业法制的当代发展”“公司重组：理论与实践”“应对金融危机的金融法机制：机遇与挑战”“公司法制结构性改革的前景”“经济全球化中的公司治理与公司法一体化走向”“资本市场的创新发展与公司制度的深化改革”“公司自治与政府管制”“公司资本制度的再审视”“资本市场法制的现代化”“公司再造：法制与实践”“融资创新与监管”“后危机十年公司治理：回顾展望”“受信义务的新发展”。可以发现，相当数量的研讨主题都是融资和金融领域的法律问题，并不局限于传统的商法领域。

第三，商法学科合理的人才梯队为清华大学商法研究中心与商法学科研究金融法提供了充足的人力保障。目前，商法研究中心的师资梯队和知识结构已涵盖金融法领域的绝大多数方面。银行法、证券法、信托法、破产法、公司治理、保险法、并购重组等涉及金融的法律均配备“术业有专攻”的师资力量。这些老师每学年都会开设金融法方面的课程，只是没能将金融法研究作为一面旗帜和研究方向鲜明地提出来。《评论》的出版将彰显清华商法中心对金融法律问题的研究实力，这是其对于商法中心的第一个意义。

三

2016 年以来，针对金融领域的新问题，清华商法中心及时举办论坛，倡导研究议程，进行金融法前沿问题的研讨。首辑《评论》收录了“青衿商法论坛”第一届“金融控股公司”、第二届“资管计划”、第三届“金融科技”、第四届“资产证券化”和第七届海峡两岸商法论坛“操纵金融市场”的优秀论文。这些论坛大多是由清华商法中心策划和组织的。在策划“青衿商法论坛”的主题时，我们所构想的是历届的主题要具有连续性，因此设计了“金融混业经营”与“影子银行”的大主题，下面再细分局部的议题。回想起来，第一届“青衿商法论坛”于 2016 年 8 月召开，主题是金融控股公司，这也是“青衿商法论坛”的开坛仪式。8 月底的北京秋高气爽，十分舒适。来参会的大多是各大院校法学院的青年学者。会议结束的当天傍晚，与会同人将下一届“青衿商法论坛”的主题定为“资管计划：天使还是魔鬼”，并商定 12 月再聚北京。当时“资管计划：天使还是魔鬼”的热度尚未显现。但由于 2016 年 8 月底到 12 月，“宝万之争”以及其他上市公司敌意收购的案例所造成的社会影响，使“资管计划：天使还是魔鬼”的论坛选题到 12 月时得到了热烈反响，论坛也空前地成功，因为“机会只偏爱有准备的人”。2017 年4 月，第三届“青衿商法论坛”的选题是“金融科技与监管前沿问题”。这届论坛由清华商法中心与清华五道口金融学院联合举办，也非常成功。“青衿商法论坛”由此形成了“监管界—实务界—学界”三者对话的研讨模式。2017 年 7 月，第四届“青衿商法论坛”的选题是“资产证券化”。这本是一个老题目，但是在 PPP 等政府融资新方式和收益权资产证券化大行其道的新背景下探讨一个老问题，也颇具新的启示和意义。2018 年举办了第五届、第六届、第七届“青衿商法论坛”，主题分别为“大资管夹缝中的信托业务法律风险”、“地方政府债务风险防范化解”和“电子商务法解释与适用”。其中，第七届“青衿商法论坛”由清华商法中心与武汉大学网络治理研究院、武汉大学资本市场法治研究中心联合举办，得到了武汉大学法学院师生的热烈支持。“青衿商法论坛”第一次走出清华园，来到美丽的珞珈山。在此，我们向武汉大学法学院师生表示最诚挚的谢意！2019 年 6 月，清华商法中心与中国民航大学航空法律与政策研究中心在天津联合举办第八届“青衿商法论坛”，主题为“创新经济与公司治理”。我们诚挚感谢中国民航大学法学院师生的热情支持！2020 年 1 月初，在新《证券法》时代即将来临的时刻，我们携手行政法、行政诉讼法的师生在清华大学法学院新法律图书馆楼举办了第九届“青衿商法论坛”，主题为“证券行政诉讼与裁判”。这些论坛虽然沿袭清华大学商法研究中心的传统，均冠名以“商法论坛”，但商法的含义和外延发生了变化,从商事主体法、商事交易法扩展到了监管法。这是清华商法中心在有意识地利用自身在基础理论方面的研究优势去迎接新金融的挑战。

四

《评论》的征稿范围是金融领域的法律研究成果,或者是一些对法律规范富有启示作用的金融实证研究。如前所述,金融法可以从商事组织法、商事交易法和监管法等多方面进行研究。首辑《评论》收录的金融法论文在这三个方面都有所涉及。"金融控股公司"专题是与金融相关的商事组织法,"资管计划"专题同时有商事交易法和监管法,其余三个专题也是如此。当然,我更希望今后每一辑《评论》的主题更加集中。如果每一辑的《评论》都有一个专题研讨和重大问题的科研攻关,那就更好了。这需要我们更好地策划,提前科研、写稿和组稿。

《评论》成为清华商法中心和商法学科在金融法律问题研究方面的阵地和窗口。这有两方面的含义:第一,《评论》是由清华商法中心和商法学科主办和主编的,反映清华商法中心和商法学科对金融法前沿问题的把握。第二,更重要的是,《评论》的作者群有很大一部分是清华大学商法研究中心和商法学科的老师和学生。首辑《评论》中大约有 1/3 的作者是清华商法中心的师生。

我们提出《评论》的三个宗旨:

1. 中国经验。只有在中国土壤中生发出来的问题,我们才有真切的感受。《评论》生长在中国的土壤中,服务于中国问题的解决,其立足点和观察点是金融领域的中国现象和问题。分析、解释和解决中国问题是学术的生命力之一,《评论》始终坚持这一点。民国时期的学术之所以了不起,一个很大的原因是当时的中国学者对中国社会、经济、习惯法做了大量的调查,将中国经验记录和传承,使学术扎根于中国经验之上。

2. 世界学术。始于中国问题和中国经验,并不意味着在视野上坐井观天。国际学术界是一个大的学术共同体,共同为人类的知识累积、学术增长、真理明晰贡献各自的力量。中国学者不应只满足于"美国理论、中国经验/数据"的简单组装,而是应该从中国的问题和经验中,在共通的科学方法论的指导下,抽象地思考一些普遍性的问题和真理,追求世界性的学术,为国际学术共同体的建设贡献自己的力量。

3. 专业对话。专业对话指的是专业之间、学科之间的对话。美国大法官霍姆斯曾经说过,法律的生命不是逻辑而是经验。在我国这样一个同时受大陆法系和英美法系双重影响的法律体制下,中国的法律研究是体系逻辑和实证经验二者并重。金融法的研究一方面是规范层面的法律逻辑、体系和适用等方面的研究,另一方面则要注重法律和金融之间的互生共生关系的研究,这就要求法学和金融学、经济学的研究成果相互借鉴。金融法律的研究,归根结底是对人的行为的研究,需要考虑金融法律对人的行为的引导,以及对经济、社会可能产生或已经产生的效果。对人的行为的研究方面,金融学、经济学已经有丰富的成果,法学可以借鉴之。这不仅是"经济学诊断、法学开药方"的法律工具主义,而且是在专业之间对话的基础上寻求对问题的全方位解决,更加注重发挥法律对人的行为的作用。法学家在重大公共政策议题(包括金融政策议题)上将有更加切合实际、令人信服的声音。

"中国经验、世界学术、专业对话"当然不是中国学者的唯一范式,毕竟学术道路是多元的、百花齐放的,但它是我们组织编写《评论》的一个理想。

经过努力,首辑《评论》终于面世了。无论遇到多大的困难,希望《评论》能够坚持办下去,坚持就会形成学术品牌。非常高兴有机会与读者分享自己的这些感想,也将其作为对《评论》的寄语。

朱慈蕴

清华大学法学院教授、博士生导师

清华大学商法研究中心主任

序　二

首先祝贺《清华金融法律评论》问世！《清华金融法律评论》着眼于与金融发展有关的法律的观察、评述和研究，是清华大学学科交叉的重要进展和成果，同时也一定会推动清华大学金融学科的研究和法学学科的研究，我们对此充满了期待。

人类社会金融体系的发展，其实也伴随着金融法律的发展，两者息息相关。

由于金融活动纷繁复杂，创新频繁，往往会将其服务对象特别是金融消费者置于信息不对称的地位，并暴露于各种风险之中。这些风险如果管理不当，不但会损害消费者利益，风险的积累更会造成大规模的金融和经济危机。历史上多次发生的金融危机都充分说明了这一点。

鉴于此，世界各国都非常重视金融法律体系的建设，希望既能保护创新，又能有效防范风险。近年来，随着移动互联网的普及、计算机技术的发展、大数据与人工智能等技术的突破，“金融科技”已成为全球普遍关注的行业，也成为金融创新的重要源泉。伴随着金融与技术的深度融合，以 P2P 网络借贷等为代表的全新金融业务模式得以发展，以供应链金融、消费金融等为代表的传统金融业务模式也出现了变革，技术被源源不断地导入金融业，极大地提高了服务效率，同时技术的应用使传统金融风险传播速度加快、传播范围加大，不可避免地加剧了已有监管体制和创新模式的冲突。如何构建一个能对金融创新反应敏捷的监管系统，已经成为全球金融监管机构面临的普遍难题。

历史经验表明，金融体系就是在创新和监管的互动中发展起来的，这其中需要监管体系对于创新实践的持续跟踪，建立与业界的充分沟通机制并及时回应。

以美国对 P2P 网络借贷和股权众筹的监管为例。P2P 网络借贷和股权众筹虽然提供金融产品，但是业务模式实现了去中心化，因此业务主体已经不再被原有监管体系所覆盖,给传统监管带来了挑战。对于P2P网络借贷,美国证券交易委员会(the U. S. Securities and Exchange Commission,SEC)早在2008年就将其判定为证券发行,强调平台的信息披露义务,为行业建立了严格的监管框架。随后,美国网络借贷行业仍迅速发展,具体体现在以下方面:行业规模不断增长、参与主体不断丰富、商业模式不断创新、与传统借贷模式的差异不断凸显。面对这一情况,美国监管机构对行业发展保持了持续关注,探讨监管框架如何灵活应对网络借贷行业的迅速发展。2015年7月,美国财政部发布了“网络借贷市场意见征求”,探讨该行业的最新变化以及金融监管应该如何调整来保证这一新兴行业的健康发展。2016年5月,根据意见征求结果,美国财政部发布了白皮书《网络借贷市场的机遇与挑战》(Opportunities and Challenges in Online Marketplace Lending),结合美国网络借贷行业的发展和市场环境,进一步对监管措施提出了建议。监管机构正是通过对创新型商业模式的高度关注和持续跟踪,才能保证创新和风险之间的有效平衡。

对于股权众筹,SEC通过颁布《JOBS法案》松绑原有法律监管体系,为创业企业融资提供了充分机会。而在《JOBS法案》正式生效之前,美国最具代表性的股权众筹平台之一Angellist也主动与SEC进行了沟通。Angellist成立于2010年,通过Angellist平台,初创公司可以面向合格投资人募集天使资金。2013年3月26日,Angellist向SEC发出了“寻求确认书”,详细描述了自身的商业模式,请求SEC明确表示:在Angellist没有注册为“经纪人—交易商”的情况下,SEC不会对Angellist的业务采取强制措施。两天后,SEC对Angellist进行了回复。回复邮件根据Angellist对其商业模式的描述总结了若干条关键因素,并明确表示:在Angellist的商业模式与其所述的以上关键因素完全相符的情况下,SEC不会对其业务采取强制措施。SEC的及时回复在一定程度上降低了Angellist及其同类型平台的政策风险,在新法案实施生效之前为行业自律提供了参考。在监管政策生效之前,对业界的担忧进行及时回复既将风险置于可控范围之内,也保证了创新实践得以持续。

我们必须看到,中国的金融发展有其独有的特点,但是这并不妨碍我们借鉴其他国家的金融立法和治理经验。目前,我国已经成为全球金融科技发展最快的国家,其发展路程对我国的金融创新和金融监管既有经验,亦有教训。始于

2016 年的"互联网金融专项整治"仍在持续。应当看到,加强金融监管和推动金融创新是相互促进、并行不悖的。金融监管本质上并不是抑制金融创新,而是规范其服务于实体经济的本源,促进金融行业的持续进步。在金融发展的新时期,有必要保持对金融创新的密切关注、对金融风险的有效防范、对金融监管体系适应的持续探讨,才能确保金融行业的长治久安。从这个角度来说,《清华金融法律评论》任重道远!

再次祝贺《清华金融法律评论》诞生,并祝它越来越好!

廖 理
清华大学五道口金融学院教授、博士生导师
清华大学金融科技研究院院长、互联网金融实验室主任

目录

Contents

公司治理

清华金融法律评论·第7辑
金融与公司法之交融
第3~49页

股东大会议案捆绑与反捆绑规则

张寰宇*

目　次

摘　要：在我国上市公司股权较为集中的背景下，大股东常利用自己的优势地位侵害中小股东的合法权益，捆绑股东大会议案便是其常用手段之一。在股东大会议案捆绑与反捆绑的判断标准上，域外有一定的规则与实践经验。美国证券交易委员会于1992年正式确立"反捆绑规则"，随后对该规则进行了一系列修订，逐渐在议案的捆绑与反捆绑方面确立了"多重实质性标准"；美国法院通过判例的形式确立了"单一实质性标准"；我国台湾地区经济主管部门通过函释的形式，在认定何为"单项提案"方面提出了"事实同一性标准"，并在我国台

* 张寰宇，海通证券股份有限公司，清华大学法学院2020届法律硕士。

湾地区"法院"的判决中有所应用。"事实同一性标准"适用时有其模糊性,"多重实质性标准"适用时有其局限性,而"单一实质性标准"能更好实现效率与公平间的平衡,也能更好平衡大股东、中小股东、管理层不同的利益诉求。因此,在确定股东大会议案捆绑与反捆绑的判断标准时,我们可以借鉴美国法院的"单一实质性标准"。

关键词:股东大会议案;反捆绑规则;判断标准;实质性

一、导言与文献回顾

股东大会是股份有限公司的最高权力机关,同时也是股东行使自己股东权利的重要场所。股东在股东大会上通过对股东大会议案进行投票表决进而形成股东大会决议这一方式,来体现和反映公司整体的利益与意志。[1] 因此,股东大会议案本身是否合理,对于保护中小股东权益、维护公司整体利益以及促进公司治理方面具有十分重要的意义。例如,2014 年 4 月 2 日,上市公司东方宾馆(证券代码:000524. SZ)披露了公司关于召开 2013 年年度股东大会的通知。[2] 笔者注意到,这份通知显示公司的 2013 年年度股东大会将审议共十项议案,其中的议案十为关于罢免公司全体董事的议案。而且,对于罢免公司全体董事这一事项,议案并没有针对每一位董事设置子议案。也就是说,股东将投一次票来决定全体董事的去留问题。同样是要罢免多名董事,上市公司三维丝采取的议案形式与东方宾馆的做法不同:2016 年 11 月 9 日,上市公司三维丝(证券代码:300056. SZ)披露了公司关于召开 2016 年第二次临时股东大会的提示性公告。[3] 特别值得注意的是,其中的议案四内容为提议免去罗某波、罗某花的董事职务。三维丝的做法是在议案四的大框架下,针对每一名董事的罢免均设置一项子议案。笔者认为,上述两种做法对于股东表达自己的意见和态度来说是

---

〔1〕 提案不同于议案,股东大会提案在列入股东大会议程之后称为股东大会议案,两者所处的阶段不同。在正文中,笔者根据具体语境的不同,分别使用"提案"或者"议案"。对于引用的文献,笔者以引文作者的原始用法为准。特此说明。

〔2〕 参见巨潮资讯网:http://static. cninfo. com. cn/finalpage/2014 - 04 - 02/63772968. PDF,最后访问日期:2020 年 4 月 6 日。

〔3〕 参见巨潮资讯网:http://static. cninfo. com. cn/finalpage/2016 - 11 - 09/1202821430. PDF,最后访问日期:2020 年 4 月 6 日。

有区别的：按照上市公司东方宾馆的做法，股东将投一次票来决定全体董事的去留问题，不能针对董事会的每位成员分别表达自己的意见和态度；按照上市公司三维丝的做法，股东可以通过对每一项子议案进行投票的方式，从而针对每一位董事的去留表达自己不同的意见和态度。那么，哪一种股东大会议案的形式是合理的呢？

在实践中，大股东或者管理层往往处于公司管理及信息方面的优势地位，从而可能凭借着这种优势地位来攫取本该属于中小股东的利益。股东大会议案的捆绑便是大股东或者管理层常用的手段之一。例如，管理层把有利于中小股东和不利于中小股东的不同事项捆绑在一起，作为一项议案向股东大会提出。[4]此时，中小股东便面临艰难的抉择：如果投票同意该项议案，则其中存在不利于自己的事项；如果投票不同意该项议案，则有利于自己的事项也不能通过。无论中小股东作出哪种选择，其实均违背了自己内心最真实的意思表示，实际上对中小股东的权利也造成了侵害。但与之相对应，由于大股东或者管理层掌握了更多公司经营方面的信息，有时候股东大会议案的捆绑更有利于公司的整体利益，能够更深层次地体现出议案的实质内容，也有利于避免公司陷入治理僵局的困境。因此，应该采取什么样的标准去判断何为股东大会的“单项议案”，也即判断股东大会议案捆绑与反捆绑的界限标准是什么，就尤为重要。在确定了股东大会“单项议案”的判断标准之后，由哪个主体来作出判断以及在作出判断后出现争议情况下可行的救济渠道有哪些，也应当是我们需要重点审视的议题。

对于股东大会议案可能存在的捆绑问题，为了能够反映公司股东最真实的意见与声音，我国在实践中采取的是通过设置“子议案”的形式，使得股东可以采用逐项表决的方式对单项议案中的每个事项都有机会表达自己同意或者反对的意见。根据笔者的梳理和统计，我国的上市公司股东大会至少在股份回购、选举董事及监事、重大资产重组以及发行优先股等方面，需要对股东大会议案采取逐项表决的形式，从而保证股东充分表达自己对议案中不同事项的具体意见和态度。例如，根据上海证券交易所发布的《上市公司业务操作申请常见问题》

---

〔4〕 参见陈霖：《上市公司修改章程设置反收购条款的合法性检视与监管探讨》，载《证券法苑》2017年第1期，第108页。

（2016年11月修订），股东大会在选举多名董事、独立董事、监事时，需要将董事、独立董事、监事候选人分别分成不同的议案组，每位候选人作为议案组中的一个单独议案进行逐项表决。[5] 通过上述做法，股东可以就每一位候选人的选任与否发表自己同意或者反对的看法，从而最大限度地保护股东特别是中小股东的合法权益。但是在实际的公司治理中，股东大会议案的形式与内容纷繁复杂，仅对以上几方面规定通过设置“子议案”的形式进行逐项表决，显然不能满足我国公司治理实践的需要。在我国上市公司股东大会议案的实践中，也出现了通过议案捆绑的形式剥夺股东充分发表自身对不同事项意见和看法的案例，进而对股东权益造成了侵害，对公司治理和公司的正常经营发展造成了不良影响。美国和我国台湾地区在判断股东大会议案捆绑与反捆绑的界限标准问题方面有一定的规则和案例经验。通过对美国和我国台湾地区确立的议案捆绑与反捆绑判断标准的分析和比较，借鉴其中对我们有益的内容，会对我们促进公司治理、保护中小股东权益以及维护公司正常经营发展有所裨益。

股东大会议案的“反捆绑规则”（Anti-bundle rules）起源于美国。美国学者研究发现，在1980年至1987年，议案的捆绑现象比较普遍。上市公司在议案中经常把小规模的即时股息支付和改变公司的投票权结合起来，使得管理层获得对公司更大的控制权。从短期来看，这种做法可以让股东立即获得收益，因此容易受到股东的支持，但从长期的角度来说，投票权结构的改变给股东权益造成了负面影响。[6] 1992年，美国证券交易委员会（SEC）在《证券交易法》的修正案中，通过规则14a－4（a）（3）及规则14a－4（b）（1）正式确立了“反捆绑规则”，后续美国学者对该规则作了一定研究。有学者通过研究1995年至2007年的393起并购案例发现，董事会的交错任期制通常在并购中以议案捆绑的方式出现。在很多情况下，董事会的交错任期制在并购中得以通过，其原因就是议案的捆绑，而不是股东真正的支持，并且学者认为，对于议案捆绑情形的研究可以不单局限于公司的并购领域，之后的学术研究可以将视野扩展到公司经营更多的

---

〔5〕 参见上海证券交易所官方网站：http://www.sse.com.cn/lawandrules/guide/disclosure/dailymemo/，最后访问日期：2020年4月6日。

〔6〕 Jeffrey N. Gordon, *Ties that Bond: Duel Class Common Stock and the Problem of Shareholder Choice*, California Law Review, Vol. 76:1, 1988.

领域。[7] 有学者从实证研究的角度,对美国公司治理实践中议案捆绑的发生领域及范围作了初步判断,并对美国法院关于"反捆绑规则"的典型判例作了分析,认为议案的捆绑问题需要引起学术界和实务界适度的关注。[8] 之后,有学者依然从实证研究的角度出发,对 SEC 在 1992 年通过的"反捆绑规则"进行了全面的实证评估,发现议案的捆绑现象广泛存在于公司经营的各个方面,并且认为,SEC 在"反捆绑规则"确立后,其一系列有关"反捆绑规则"的解释和指南并未有效阻止议案捆绑行为的发生,反而模糊了"反捆绑规则"的具体应用,而美国法院则通过判例的形式对"反捆绑规则"的具体运用进行了指导。[9]

我国台湾地区"公司法"于 2005 年修订时引入股东提案权制度,并且规定股东向股东常会提交的提案以一项为限。如果该股东提交的提案超过一项,则该股东提交的全部提案都不会被股东常会审议。因此,我国台湾地区的学者和有关部门在股东提案权这一制度框架下,对"单项提案"的认定标准作了一些研讨和判断。我国台湾地区经济主管部门的函释认为,判断"单项提案"的标准应当是看提案的构成要件事实是否相同。如果提案的构成要件事实具有同一性,就应当认定为一项提案。[10] 我国台湾地区学者王志诚对经济主管部门的解释进行了分析,认为在认可经济主管部门所提出的以提案构成要件事实是否相同作为判断依据的同时,主管机关对于是否为"单项提案",主要还是从"公司法"的条文出发,从形式上作出判断。[11] 我国台湾地区学者林国彬认为,将股东提案的数量限制为一项是必要的,但是这里的"一项"到底是形式上的一项提案还是实质上的一项提案,是存在争论的;如果股东以形式上的一项提案但包含多个实质议题,此时应当认定为"单项提案"还是"多项提案",上述问题在学术领域

---

〔7〕 Lucian A. Bebchuk & Ehud Kamar, *Bundling and Entrenchment*, Harvard Law Review, Vol. 123, 2010.

〔8〕 Julian Ellis, *The "Common Practice" of bundling: Fact or Fiction?*, Denver University Law Review, Online 105, 2014.

〔9〕 James D. Cox, Fabrizio Ferri, Colleen Honigsberg & Randall S. Thomas, *Queiting the Shareholder' Voice: Empirical Evidence of Pervasive Bundling in Proxy Solicitations*, Southern California Law Review, Vol. 89:1179, 2016.

〔10〕 参见我国台湾地区经济主管部门 2006 年经商字 0950202414310 号函释。

〔11〕 参见王志诚:《股东之一般提案权、特别提案权及临时动议权》,载《月旦法学杂志》2010 年第 185 期,第 215 页。

也有讨论空间。[12] 我国台湾地区学者杜怡静认为，判断“单项提案”的标准应当是看提案内容之性质是否具有同一性，并非将数项提案合并提出就可称为“单项提案”。[13]

对于股东大会议案的捆绑与反捆绑问题，大陆学者的研究多停留在对议案捆绑现象的描述和对其他国家或地区相关现象的介绍上，并未进一步对判断标准等问题作深入的探讨。汤欣教授曾指出，股份公司股东意志瑕疵的表现形式之一是受胁迫的股东“同意”。例如，公司管理层可以运用“糖衣”策略，通过胁迫或诱使股东通过不利于己的议案，从而达到管理层的目的。所谓“糖衣”策略，就是公司管理层把有利于股东和不利于股东的议案捆绑在一起，同时向股东大会提出。[14] 徐浩教授在探讨董事会对股东提案的审查权时，讨论了董事的解任与选任应该在一个提案中提出还是应该拆分为多个提案的问题，认为只有拆分为多个提案进行表决，才能让股东表达自己的真实意思。[15] 陈霖学者在对上市公司通过修改公司章程设置反收购条款进行研究时提到，公司的管理层在进行章程的修订时，在议案中一方面加入损害股东利益的内容，另一方面又给予股东所期待的内容。这么做的结果便是股东很有可能会在投票时从整体上认可该章程修订议案。[16] 梁上上教授、加藤贵仁教授、朱大明教授在进行中日股东提案权的精细化比较时也提到，在日本公司法中，关于选任经营者、解任经营者以及会计监查人不再续任的议案各自都被视为一个议案。例如，当涉及选任多个经营者的议案时，公司要保证股东能够对每位候选人分别作出不同的意思表示。并且，为了避免股东无端地把多个事项以一个章程修订案的形式提出，日本公司

---

〔12〕 参见林国彬：《股东提案权之行使与权利保障之研究》，载《台北大学法学论丛》2013 年第 6 期，第 219 页。

〔13〕 参见杜怡静：《从日本之提案权制度反思我国股东提案权以及临时动议提出权》，载《中原财经法学》2014 年第 33 期，第 27 ~ 28 页。

〔14〕 参见汤欣：《论公司法的性格——强行法抑或任意法?》，载《中国法学》2001 年第 1 期，第 115 页。

〔15〕 参见徐浩：《董事会对于股东提案的审查权探讨》，载《安徽大学学报（哲学社会科学版）》2012 年第 2 期，第 150 ~ 156 页。

〔16〕 参见陈霖：《上市公司修改章程设置反收购条款的合法性检视与监管探讨》，载《证券法苑》2017 年第 1 期，第 108 页。

法对章程修订案的计数方法也准备专门设立特别规则。[17]

在我国上市公司股权较为集中的背景下,大股东或其控制的管理层占据管理及信息方面的优势地位,往往容易对中小股东的正当权益造成侵害,股东大会议案的捆绑便是常用的手段之一。但有时,大股东或其控制的管理层对公司经营事项更加了解,股东大会议案的捆绑在必要的情况下也有其合理性。那么,在实践中我们应该如何认定股东大会的"单项议案"?股东大会议案的捆绑与反捆绑的界限与标准应当如何去判断?在明确了一定的判断标准后,应当由哪个主体来作出判断?判断后如果出现争议,相应可行的救济渠道有哪些?本文通过对美国以及我国台湾地区等经验的总结,选择我们可以借鉴的股东大会议案捆绑与反捆绑的判断标准,并对该标准就我国上市公司实际出现的案例进行分析,进一步提出针对该标准的可行的判断主体以及相应的救济渠道,从而为我们借鉴"反捆绑规则"提供参考。

二、议案捆绑与反捆绑的法经济学分析

议案捆绑的做法即是将多个投票事项放在一项议案里,使得股东对多个投票事项只能投一次票。股东大会议案的捆绑作为提案者的行为,具有其背后的行为逻辑与行为动力。本部分从法经济学的视角出发,运用集体行动以及信息不对称的相关知识理论,阐述了议案捆绑现象出现的原因以及在特定情况下议案捆绑行为的合理性。接着,通过对议案捆绑行为对不同主体造成的收益与成本的分析,诠释股东大会议案捆绑行为对不同的主体所造成的影响。其中,集体行动理论从数量众多的小股东(以散户为代表)角度,揭示了"搭便车"现象导致的集体行动困局,为议案捆绑现象的产生提供了条件;信息不对称理论从大股东和中小股东获得公司经营及管理方面信息的多寡角度,揭示了大股东进行议案捆绑所具有的信息优势以及特定情况下议案捆绑行为所具有的合理性。

(一)集体行动理论

集体行动理论由美国著名的经济学家奥尔森教授提出,该理论主要研究个

---

〔17〕 参见梁上上、[日]加藤贵仁、朱大明:《中日股东提案权的剖析与借鉴——一种精细化比较的尝试》,载《清华法学》2019年第2期,第63~64页。

体在集体行动时所具有的行动策略问题。集体行动理论的主要观点:由于个人“理性人”假设的存在,有时在集体行动中,个人并不会为集体利益做出积极行动,而是会首要为自身利益考虑。同时,小群体在提供公共产品时,往往比大群体更加有效,就造成大群体对小群体导致的部分无效性选择了忽视。以上两个因素造成了集体行动的困局,从而使得集体行为损害集体利益的情形时有发生。而个人并不会为集体利益做出积极行动的重要原因之一,便是“搭便车”的存在。为了抑制不合理的“搭便车”现象,从制度与规则角度出发,我们要有选择性地对个体进行定向的制度激励,从而促使个体摆脱“搭便车”,在集体行动与集体决策时,能够有合理的途径发出自己的声音。

运用集体行动理论的主要观点,我们可以从数量众多的小股东角度,诠释股东大会议案捆绑现象产生的条件。首先,我们可以根据持股比例的多少,对股东构成进行划分。一般来讲,公司的控股股东或者大股东,持股比例较多,并且人数普遍较少,因此符合集体行动理论中对“小群体”的定义;其他的提案权主体,如董事会、监事会等,可以视为一个完整的整体,同样符合“小群体”的定义。而小股东(以散户为代表)由于持股比例很小并且数量众多,可以视之为“大群体”。〔18〕 根据集体行动理论,小群体所提供的公共产品会更加有效。召开股东大会可以视为一种公共产品,而股东大会上所要表决的各项议案,从其被列入股东大会的议程开始,已经与股东大会本身密不可分,也可视为公共产品。由此,小群体提出的议案,其本身比大群体所提出的要更加有效。这就导致了如果小群体从自身利益角度出发将议案进行捆绑,在股东大会上将多个投票事项以单项议案的形式进行表决,往往大群体(数量众多的小股东)也会将此种情形视为是有效的。但其实,这种捆绑行为有可能损害了小股东的利益以及公司的整体利益。其次,由于“理性人”假设的存在,个体在面对集体事务时多从自身利益的角度加以考量,在集体行动中即使发现了议案捆绑对自身权利造成了损害,出于对趋利避害原则的考虑,并不会选择采取积极的行动,反而会选择忽视和沉默,由此造成了不合理议案捆绑的“合理化”。即使小股东没有忽视这种“不合

---

〔18〕 参见李荣、段莉:《股东提案制度之经济学分析——从集体行动理论视角展开》,载《企业经济》2009 年第 5 期,第 187 ~ 189 页。

理化”行为,但由于成本与收益之间的不对称性,小股东如果想要发声,一般需要付出很大的时间和金钱成本,但产生的收益可能是微乎其微的。这就导致小股东宁愿“用脚投票”,一走了之,也不会去深究议案捆绑的不合理性。最后,在目前的制度与规则框架下,缺少对股东大会议案捆绑的相关制度规定与规则约束,缺少“反捆绑”的定向激励制度,由此促使数量众多的小股东不得不选择“搭便车”。因此,我们应尽快建立“反捆绑”的定向激励制度,使得小股东的行动有所依据。

集体行动理论从“小群体”公共产品的有效性、“理性人”假设的存在以及定向激励制度的缺失三个方面,从数量众多的小股东(以散户为代表)角度诠释了股东大会议案捆绑现象产生的原因。

(二)信息不对称理论

信息不对称理论认为,在各种行为活动中,不同主体对信息的占有及掌握的程度是有差异的,部分主体对信息的掌握很充分,部分主体则对相关的信息了解甚少。而在现代社会经济活动中,信息是存在利用价值的,它可以为个人或群体的决策提供参考。因此,对信息掌握比较充分的主体,其在行为决策时就处于有利的位置;而对信息了解较少的主体,其在行为决策时就处于相对不利的位置。信息不对称理论重视并强调信息在行为决策时的高利用价值。对信息不对称理论观点的应用领域作进一步延伸,在股权较为集中的公司中,大股东与中小股东之间亦存在信息不对称问题。大股东对公司经营事项密切关注,充分了解公司经营中的各种事项,对公司经营的相关信息掌握得较为充分;中小股东对公司经营事项关注较少,对公司经营的相关信息了解得不够充分。因此,大股东和中小股东在对公司经营事项进行行为决策时,所处的位置是不同的。一般而言,大股东处于较为有利的位置,中小股东处于较为不利的位置。

根据公司经营的实际状态,对于股东大会议案中所要投票表决的多个事项,大多数时候需要把多个事项分别放在单独的议案里进行多次投票表决,但有时也需要将多个事项集中放在一个议案里进行投票表决。信息不对称理论可以为上述不同情况下的不同做法提供较好的解释。由于大股东对公司经营的相关信息掌握较为充分,在某些不影响中小股东合法权益的情况下,大股东将议案中的不同事项进行捆绑,有利于提高股东大会的议事效率,对公司整体利益起着正面积极的作用。如果一味地要求对股东大会议案中的所有事项都进行反捆绑，会降低股东大会的议事效率，公司整体利益也会受到损失。同时，在实践中也可能存在另一种情形：由于大股东与中小股东之间信息不对称的存在，大股东依仗自己所掌握的信息优势，将议案中的不同事项进行捆绑来谋取自身利益的最大化。在这个过程中，很有可能会损害到公司的整体利益以及中小股东的合法权益。因此，为了防止大股东对公司及中小股东利益的攫取，在某些情况下需要将一项议案中不同的事项拆分为多个议案进行投票表决，从而有效保障公司及中小股东的利益。

总之，由于信息不对称的存在，大股东与中小股东对公司经营事项信息的了解程度存在差异。既可能出现大股东进行议案捆绑更有利于公司整体利益的情形，也可能出现大股东利用议案捆绑行为侵害公司及中小股东利益的情形。当议案中不同事项的捆绑有利于股东大会的议事效率并且不会对中小股东充分表达自己的意见和态度造成限制时，对议案捆绑行为应当是予以支持的；当议案中不同事项的捆绑限制了中小股东就不同事项表达不同意见和态度的权利时，则应当将不同事项拆分为多个议案分别进行投票表决。

（三）议案捆绑行为的收益

之所以会产生股东大会议案捆绑的行为，归根结底是因为议案捆绑行为可以带来一定的收益。根据不同的议案捆绑情形，捆绑行为会给提案者、公司等主体带来正向收益。

1. 对提案者：有助于提案者意图实现

在实践中，多数股东大会议案均是对每个事项以单项议案的形式进行投票表决的。从提案者的角度出发，其选择将不同事项捆绑在单项议案里让股东投票，肯定有其自身的意图。因此，议案捆绑行为的收益之一便是有助于提案者的意图实现。例如，在公司控制权争夺中，提案者为了获得对公司人事管理的控制权，可能会对原有的董事会成员进行罢免。这时，提案者从自身利益角度出发，可能会提出一个针对所有原有董事的罢免议案，而并非针对每名董事分别提出议案。[19] 以

---

〔19〕 参见唐青林、张德荣、李斌：《公司保卫战：公司控制权案例点评与战术指导》，中国法制出版社2017年版，第519页。

上两种做法是有区别的。它们的区别在于,如果股东大会的议案是在单项议案中要求罢免全部董事,那么股东的投票选择只有两种:要么支持该议案从而全部的公司董事都被罢免,要么反对该议案从而全部的公司董事都得以留任;如果股东大会议案针对每一名董事分别提出单项议案,那么中小股东就可以针对每一名董事来发表自己关于董事去留问题的观点,在实际的投票中,中小股东有可能对部分董事投支持留任的选票,而对部分董事投反对留任的选票,从而最终的结果是并非所有的董事都被罢免。与之前罢免全体董事的结果相比,这两者之间的差别对于有志于取得公司控制权的双方而言是显而易见的。在实践中,我国法律法规并未对罢免公司董事的议案形式作具体的要求,提案方既可以在单项议案中提出罢免全体董事,也可每名董事均以单项议案的形式提出,提案方完全有可能选择对自己有利的形式来提出议案,从而帮助自己实现对公司控制的意图。因此,议案捆绑行为的收益之一便是有助于提案者意图的实现。

2. 对公司:有助于提高决策效率

在实践中,召开股东大会需要耗费巨大的时间、精力和人力成本,并且股东大会的表决结果也会对公司后续的经营造成重大影响。因此从某种程度上说,股东大会议案捆绑的行为有助于公司节省时间和资源成本,可以在召开股东大会审议议案时,让公司及股东将主要精力投入到重大事项审议上来,从而提高决策效率。例如,由于监管法律法规的变化或其他程序性事项的变化,上市公司可能需要及时对公司章程的具体条款进行修改。在合理的前提下,公司将所有具体条款的修改纳入一个议案中,以《关于修改公司章程的议案》的形式提交公司股东大会表决,从而提高股东大会的议事效率。相反,如果要求针对章程每一项条文的修改均以单项议案的形式提出,则必然会对股东大会的议事效率造成不利影响,不利于公司提高决策效率。

(四)议案捆绑行为的成本

股东大会议案的捆绑行为会给提案者、公司等主体带来正向收益,但不可避免地,议案的捆绑行为也会附带一定的成本。例如,对于中小股东来说,中小股东的股东权利有可能因为议案的捆绑行为而遭受损失;对于公司来说,议案的捆绑行为可能会减少公司价值的增加值,也可能会增加公司治理的成本。

1. 对中小股东：股东权利受损

将多个待投票表决事项放在一项议案里，使得股东对多个投票事项只能投一次票，这种做法有可能会扭曲股东的选择，限制股东对不同事项所拥有的独立的意思表示，从而使得股东权利减损。例如，如果在股东大会上，将一项增加股东权利的议案与一项减少股东权利的议案相捆绑，那么股东要么同时接受增加自己权利的议案和减少自己权利的议案，要么把这两项捆绑到一起的议案同时拒绝。而实际上，如果将这两项议案分拆，股东可以在接受增加股东权利议案的同时拒绝减少股东权利的议案，从而获得股东权利的最大化。因此，议案的捆绑有可能使得中小股东的权利减损，这是议案捆绑所可能带来的成本之一。特别是在股权相对比较集中的公司，由于大股东在公司治理中处于优势地位，很容易通过议案捆绑的形式损害公司以及中小股东的利益。为了实现公司正义，就需要对中小股东在议案反捆绑方面提供特别的保护规则以及救济渠道。

2. 对公司价值：减少公司价值的增加值

将多个待投票表决事项进行捆绑，有可能会减少公司价值的增加值。例如，如果第一个事项可以使得公司的价值增加 v1，第二个事项会让公司的价值减少 v2，假设 v1 > v2，将这两个事项捆绑到一项议案中后，由于公司总体价值是提升的，有理由相信股东投票时会支持捆绑后的议案。然而，从公司价值增加最大化的角度考虑，只有第一个事项会使公司价值获得正的增加值，所以应单独批准第一个事项，从而使得公司的价值增加到最大。可实际上，如果第二个事项虽然减少了公司价值但同时也增加了大股东的权利，那么大股东有充分的动机将这两个事项进行捆绑，以自身获得权利的方式，减少公司价值的增加值。

3. 对公司治理：增加公司治理的成本

将多个待投票表决事项进行捆绑，有可能会增加公司治理的成本。在多数情况下，股东大会议案中的每个事项都是以单项议案的形式进行投票表决的。当出现股东大会议案的捆绑行为时，中小股东的股东权利有可能遭到侵害。这时候，中小股东可能会采取各种各样的手段或措施来维护自身的合法权益，例如，诉诸媒体引起社会舆论关注或者通过争议解决途径来保障自身权益。当公司面临社会舆论的关注时，公司的管理层很难完全将精力全部投入到公司的日常经营事项中去，并且股东大会议案捆绑行为所带来的争议，也会使得公司管理层不得不去解决，这会在极大程度上增加公司的治理成本。而且，股东大会议案的捆绑行为可能会使得公司的治理陷入一种僵局，导致股东大会的决议通过事项不能得到有效执行，也会增加公司的治理成本。

三、议案捆绑与反捆绑判断标准的域外经验

针对股东大会议案的捆绑与反捆绑问题，SEC 确立了“反捆绑规则”，我国台湾地区对于单项提案的判断标准问题也有其认定方法与实践应用。本部分首先介绍股东大会议案捆绑行为在美国公司发展中出现的历史背景，进而引出 SEC 在界定议案捆绑与反捆绑界限时所采取的“多重实质性标准”。其次，通过两则美国法院关于议案捆绑行为的判例，介绍了美国法院在界定议案捆绑与反捆绑界限时所采取的“单一实质性标准”。最后，我国台湾地区经济主管部门通过函释的形式，在判断何为单项提案时提出了“事实同一性标准”，并且在我国台湾地区的判决中有所应用。通过对以上经验的介绍以及不同判断标准之间区别和联系的梳理，我们可以更加明晰不同判断标准的核心内涵与具体应用情况，从而在判断标准方面明确对相关经验的借鉴方向。

（一）SEC 的判断标准——多重实质性标准

1. 议案捆绑行为出现的历史背景

美国上市公司的议案捆绑行为在 20 世纪 80 年代较为普遍，当时美国的上市公司经常提议通过转换为双重股权结构来进行资本重组。[20] 在实践中，股东所要投票的议案经常把小规模的即时股息支付和改变公司的投票权结构结合起来，通过向公司管理层提供更多投票权的方法来巩固管理层在投票表决方面的优势地位。尽管对股东造成了长期的负面影响，这种资本重组通常也会得到股东的批准，因为股东们愿意通过放弃不确定但同时可能更大的未来回报的机会，从而确保立即从公司获得收益。当然，如果即时股息支付和改变投票权结构对股东都有利的话，那么这两个事项就没有必要通过议案捆绑的形式来让股东投票表决，因为，即使将这两个事项分开进行各自的投票表决，每一个事项也都会

---

〔20〕 Jeffrey N. Gordon, *Ties that Bond: Duel Class Common Stock and the Problem of Shareholder Choice*, California Law Review, Vol. 76:1, 1988.

得到股东的批准。然而实际情况显示,公司管理层的做法剥夺了公司中小股东的投票权。为了弥补对公司中小股东投票权的剥夺,公司管理层才决定对公司股东进行小规模的即时股息支付。因此,公司管理层的这种做法就类似于使用了"糖衣"策略,实际上对股东权利造成了侵害。由于公司管理层在公司治理中所处的优势地位,此后的一段时间里,股东大会议案的捆绑行为一直存在于美国公司治理的实践中。

2. SEC 对捆绑与反捆绑标准的界定

鉴于议案捆绑问题的日益突出,SEC 对捆绑与反捆绑的判断标准先后制定过详细的规则,从而为实践中存在的议案捆绑与反捆绑问题提供了界定标准。

在 1992 年《证券交易法》的修正案中,规则 14a－4(a)(3)规定:"应清楚、公正地标出拟表决的每一单独事项,无论其是否与其他事项相关或者以其他事项获得批准为条件。"〔21〕规则 14a－4(b)(1)规定:"表决权代理表中应当提供适当的方式,使被征集人有机会通过方框对表格中提及的待表决采取行动的每件单独事项选择赞成、反对或放弃,但对职位的选任除外。表决代理权可以对证券持有人未规定选择的事项赋予决定权,但表决权代理表每次均需以粗体字说明其将如何对表决代理权代表的股票进行表决。"〔22〕由此可见,通过上述两条规则的规定,SEC 于 1992 年正式确立了"反捆绑规则"。

2004 年,针对在并购过程中"反捆绑规则"的应用范围,SEC 提出了 2004 年指南。SEC 在 2004 年的指南中强调,当章程、细则或类似规定因收购交易而适用时,除非它们是无关紧要的,这些章程、细则或规定的适用应作为单独的议案提出,例如,当这些条款之前并非是被收购方或收购方公司章程或细则的一部分时,如果这些条款的变更是单独提出的,州法律、证券交易所上市标准或者公司

---

〔21〕 Exchange Act Rule, 17 C. F. R. § 240. 14a－4(a)(3),译文参见中国证券监督管理委员会组织:《美国〈1934 年证券交易法〉及相关证券交易委员会规则与规章》,法律出版社 2015 年版,第 511～513 页。

〔22〕 Exchange Act Rule, 17 C. F. R. § 240. 14a－4(b)(1),译文参见中国证券监督管理委员会组织:《美国〈1934 年证券交易法〉及相关证券交易委员会规则与规章》,法律出版社 2015 年版,第 511～513 页。

的章程或细则将要求股东批准所提议的条款变更。[23]

2014 年,SEC 针对议案的捆绑与反捆绑问题发布了一项《合规与披露解释》(Compliance and Disclosure Interpretations,CDIs):2014 年解释。2014 年解释主要讨论的是在并购范围之外“反捆绑规则”的具体应用问题。2014 年解释认为,只有至少有两个实质性事项的议案捆绑才会违反“反捆绑规则”[24],也就是说,在一项议案里,任何数量的非实质性事项与单一的实质性事项捆绑在一起并不违反“反捆绑规则”。

2015 年,SEC 针对议案的捆绑与反捆绑问题又发布了两项新的《合规与披露解释》(Compliance and Disclosure Interpretations,CDIs):2015 年解释。2015 年解释取代了 2004 年解释在并购范围内的应用。根据 2015 年解释的内容,SEC 在并购中对“反捆绑规则”应用的立场态度是多个实质性事项需要拆分,并且明确这里的“实质性事项”是指实质性影响股东权利的事项。[25]

由此,通过 2014 年解释和 2015 年解释,SEC 在对议案捆绑与反捆绑的界定时确立了“多重实质性标准”,这里的“实质性”是指实质性影响股东权利的事项。“多重实质性标准”是指多个实质性事项捆绑在一个议案里就违背了 SEC 的判断标准,而多个非实质性事项与单一的实质性事项捆绑在一个议案里并不违背 SEC 的判断标准。

(二)美国法院的判断标准——单一实质性标准

1. 科佩尔诉 4987CORP. 的判例[26]

在科佩尔诉 4987CORP. 一案中,股东被要求在以下三个事项上只投一次票:(1)继续对一项财产的净租赁;(2)出售上述财产;(3)出售上述财产所得收益的分配。原告诉称,虽然原告同意出售上述财产,但原告并不同意出售上述财产所得收益的分配方案。原告对这两个事项合并到一项议案中提出了质疑,因

---

〔23〕 参见 https://www.sec.gov/interps/telephone/phonesupplement5.htm,最后访问日期:2020 年 4 月 6 日。

〔24〕 参见 https://www.sec.gov/divisions/corpfin/guidance/14a-interps.htm,最后访问日期:2020 年 4 月 6 日。

〔25〕 参见 https://www.sec.gov/divisions/corpfin/guidance/exchange-act-rule-14a-4a3.htm,最后访问日期:2020 年 4 月 6 日。

〔26〕 Koppel v. 4987 Corp., 167 F.3d 125 (2d Cir. 1999).

为这意味着如果原告同意出售上述财产,则原告必须也同时同意出售上述财产所得收益的分配方案,而这种做法很明显扭曲了股东的意思表示,导致股东权利受损。美国第二巡回法院认为,根据1992年《证券交易法》修正案所确立的“反捆绑规则”:“应清楚、公正地标出拟表决的每一单独事项,无论其是否与其他事项相关或者以其他事项获得批准为条件”,关键是认定什么是“单独事项”。当在认定“单独事项”时,需要考虑到SEC曾表明:在决定是否是“单独事项”这一问题时,股东显然更倾向于投更多次的票来表达自己对不同事项的看法,而不是只投一次票。因此,上述三个问题应当被分拆后分别予以投票,而不应当捆绑到一项议案里只让股东投一次票。

按照美国第二巡回法院的观点,SEC确立的“反捆绑规则”要求将“单一事项”在单独的议案里进行表决,SEC已经表明其在面对捆绑问题时的态度:在决定不同事项是否是“单一事项”的问题时,股东显然倾向于更多的投票次数,而不是更少的投票次数。美国第二巡回法院同时指出,SEC认为“反捆绑规则”的目的是分拆个别投票事项中很可能构成密切相关的事项。因此,SEC颁布的“反捆绑规则”应当受到公司管理层的欢迎,因为SEC明确规定在进行议案的审议时,公司的管理层仍可使一项事项以另一项事项的批准为条件。也即,只有当第一项事项被股东投票批准时,才会对第二项事项进行投票表决。

科佩尔诉4987CORP.的判例在判断议案捆绑与反捆绑的界限时,提供了一项重要的参考原则:在适用“反捆绑规则”时,对“单一事项”的认定最终需要考虑到公司股东在进行议案投票表决时明显倾向于投更多次的票,而不是对不同事项只投一次票。

2. 绿光资本诉苹果公司的判例〔27〕

一家名叫绿光资本(Greenlight Capital)的对冲基金寻求一种途径让苹果公司(Apple,Inc.)给其分配一部分现金,于是绿光资本发起了一场行动,说服苹果公司援引董事会的“空白支票权”发行优先股。苹果公司董事会拒绝了这一提议,并随即要求股东投票修改其公司章程,以取消苹果公司董事会的“空白支票

---

〔27〕 Greenlight Capital, L. P. v. Apple, Inc., 2013 U. S. Dist. LEXIS 24716 (S. D. N. Y. Feb. 22, 2013).

权”。在提交这一修正案时,苹果公司将取消“空白支票权”和其他三项章程修正条款合并在一项议案中进行投票表决的条款,其他三项章程修正条款分别为:(1)在非竞争性选举公司董事时使用多数决的表决规则;(2)建立苹果公司股票的名义票面价值;(3)废除公司某些已经过时的章程条款。绿光资本提起诉讼,声称将董事会的“空白支票权”与其他三项章程修正条款捆绑在一项议案里,让股东只进行一次投票违反了 SEC 的“反捆绑规则”。针对绿光资本的诉讼,苹果公司提出了五条抗辩理由:(1)需要股东投票表决的实质上只有一个事项:是否修改公司章程条款;(2)通行的做法也是将多项章程修正条款捆绑在一个议案中;(3)经股东签署的委托书并没有受到 SEC 的质疑;(4)需要投票表决的所有事项里对股东权利有实质影响的事项不超过一个;(5)公司章程条文的修改对股东权利起着正面积极的作用。

针对苹果公司所声称的需要股东投票表决事项大多为非实质性事项,美国纽约州南区地区法院在开始分析案件时就强调了 SEC 规定“反捆绑规则”的双重目的:(1)允许股东就每一项付诸表决的事项向董事会和其他股东表达自己内心最真实的意思表示;(2)要求股东不被强迫批准或不批准“一揽子”事项,也即要求股东批准的必须是独立提交的事项。鉴于上述“反捆绑规则”的双重目的,美国纽约州南区地区法院认为,如果这些事项被捆绑在一起提交,就剥夺了股东向公司管理层传达他们对每一个事项不同态度的机会,那么苹果公司就不能强迫股东批准或不批准被捆绑在一起的多个事项。

在得出“反捆绑规则”被违反的结论时,绿光资本一案提供了两项重要的解释原则。其一,美国纽约州南区地区法院指出,即使增加的事项仅仅是非实质性的,将许多非实质性事项与单一的实质性事项捆绑在一起,也违反了“反捆绑规则”。其二,关于苹果公司提出的第五条抗辩理由:该议案对股东权利是起着正面积极作用的,因此不应受到禁止。美国纽约州南区地区法院指出,在判断“反捆绑规则”是否被违反时,无须考虑加入的事项对股东是有利的抑或是不利的。从绿光资本一案可以看出,是否违反“反捆绑规则”并不仅仅取决于议案的捆绑是否扭曲了股东所作出的选择。相反,“反捆绑规则”的目的是允许股东就每一个事项通过投票表决的方式向公司管理层表达他们的真实意见,而在实践中这一目的常常由于议案的捆绑而不能实现。因此,“反捆绑规则”的作用并不仅仅是针对管理层胁迫股东违背自己内心真实的意思表示,而是应该保障股东针对每一个事项向公司管理层表达自己最真实的态度和看法的权利。

最终,美国纽约州南区地区法院认为苹果公司的做法违反了“反捆绑规则”。绿光资本诉苹果公司的判例在界定议案捆绑与反捆绑界限时,确立了“单一实质性标准”:即使增加的事项仅仅是非实质性的,将多个非实质性事项与单一的实质性事项捆绑在一起,也违反了“反捆绑规则”。因此,“单一实质性标准”要求在判断议案捆绑与反捆绑界限时,只要有实质性事项,就应当将该实质性事项以单项议案的形式提出。这里所说的“实质性”,仍然是从股东的角度考虑的,指对股东权利造成实质性影响的事项。

3.“单一实质性标准”的核心内涵

美国法院通过科佩尔诉4987CORP.和绿光资本诉苹果公司的判例,在议案捆绑与反捆绑方面确立了“单一实质性标准”。笔者认为,美国法院“单一实质性标准”的核心内涵可以概括为以下三点:(1)只要议案中有实质性事项,就应当将该实质性事项以单项议案的形式提出;(2)所谓“实质性”,是从股东的角度考虑,指对股东权利造成实质性影响的事项;(3)所谓“单一事项”,需要考虑到公司股东在进行议案投票表决时明显倾向于投更多次的票,而不是对不同事项只投一次票。因此,如果某个事项可以继续进行拆分,而且股东可以对拆分后的每一部分分别表达不同的意见或者态度,那么这个事项就不能称为“单一事项”;如果某个事项已经不能继续进行拆分,或者拆分后根据实际情况股东不能就每一部分分别表达不同的意见或者态度,那么这个事项就可以称为“单一事项”。

笔者以《关于罢免董事A、董事B、董事C的议案》为例来具体阐述“单一实质性标准”的三点核心内涵。董事作为董事会的成员,负责管理公司的事务,其罢免与否会对公司后续的经营发展造成重大影响,因此也会对股东权利造成影响。所以,从股东的角度考虑,罢免董事的事项属于“实质性”事项。对于“罢免董事A、董事B、董事C”这一事项来说,还可以继续拆分为“罢免董事A”“罢免董事B”“罢免董事C”三个部分,拆分后股东可以针对每名董事分别表达自己赞成罢免或者反对罢免的态度。所以,《关于罢免董事A、董事B、董事C的议案》的形式并不符合“单一实质性标准”,这种做法剥夺了股东可以分别对每名董事的去留表达自己意见的权利。按照“单一实质性标准”,较为合理的议案形式应当是:在罢免董事 A、董事 B、董事 C 议案的大框架下,针对每名董事的罢免分别设置一项子议案,从而能够让股东对每名董事的去留都可以表达自己的意见和态度。

4.“单一实质性标准”与“多重实质性标准”的联系和区别

美国法院的“单一实质性标准”与 SEC 的“多重实质性标准”之间,既有联系又有区别。从两者的联系来说,不管是“单一实质性标准”还是“多重实质性标准”,在判断不同的事项是否应当捆绑在一项议案中时,都是建立在“实质性”的框架下。所谓“实质性”,是从股东的角度去考虑,指对股东权利造成实质性影响的事项。并且,SEC 通过列举的方式指出了在并购中会对股东权利造成实质性影响的事项至少包括分期分级董事会、罢免董事的限制、绝对多数表决条款、将年度大会推迟一年以上、消除通过书面批准采取行动的能力、改变最低法定人数要求。同时,SEC 也举例说明下列事项属于非实质性事项:名称变更、公司章程的重述以及由反稀释条款导致的技术性变更。美国法院在绿光资本诉苹果公司的判例中,也援引和认同了 SEC 对于“实质性”的解释,通过分析不同的事项是否属于实质性事项,来判断苹果公司的做法是否违反了“反捆绑规则”。

美国法院的“单一实质性标准”和 SEC 的“多重实质性标准”,在进行判断时其结果也有区别。具体而言,美国法院的“单一实质性标准”认为,只要有实质性事项,就应当将该实质性事项以单项议案的形式提出。SEC 的“多重实质性标准”则认为,将多个实质性事项捆绑在一个议案里的做法违反了“反捆绑规则”,多个非实质性事项与单一的实质性事项捆绑在一个议案里的做法则是被允许的。从判断是否违反“反捆绑规则”的宽严角度来讲,美国法院的“单一实质性标准”是严格于 SEC 的“多重实质性标准”的。举例来说,当一项议案中同时包含了多个非实质性事项和一个实质性事项时,如果按照美国法院的“单一实质性标准”,这种做法就违反了“反捆绑规则”。但是,如果按照 SEC 的“多重实质性标准”,这种做法是可以被接受的。

(三)我国台湾地区的判断标准——事实同一性标准

1. 我国台湾地区对“事实同一性标准”的规定

我国台湾地区“公司法”于2005年修订时引入了股东提案权制度,并且对于股东提案的数量有所限制,即符合条件的股东每次只能提出一项提案,如果股东提案数量超过了一项,则该股东的所有提案均不能列入股东常会的审议范围。由此,如何判断何为“一项提案”,就至关重要。根据我国台湾地区经济主管部门于2006年出具的函释,判断股东提出的提案是否应当为“一项提案”时,其标准应当是关注该项提案的构成要件事实是否具有同一性。[28] 如果该项提案的构成要件事实在其内容和性质方面具有同一性,那么就可以认定为“一项提案”。因此,我国台湾地区判断“一项提案”的标准,主要是从提案的事实层面根据其内容和性质去做实质判断,既不是从影响股东权利角度去做分析,也不是从数量方面去做形式判定。例如,如果公司要追究三名董事的法律责任,如果这三名董事法律责任产生的基础事实具有同一性,那么就可以在一项提案中来追究这三名董事的法律责任;如果这三名董事法律责任产生的基础事实各有原因,那么就应该在多个提案中分别对这三名董事来追究法律责任,不能捆绑在一项提案里来追究法律责任。

2. 我国台湾地区对“事实同一性标准”的运用[29]

在合作金库商业银行公司诉某电影事业公司一案中,被告某电影事业公司召集的股东常会,将以下三项内容合为一项提案:(1)变更公司名称;(2)修订公司章程中的第11条、第12条;(3)召开临时股东会。原告合作金库商业银行公司认为,并非将数项内容合并在一项提案中,就可以称之为“一项提案”,而应当根据提案的实质内容是否具有内在的同一性来判断。被告某电影事业公司合并的三项内容分别是变更公司名称、修改公司章程与召开临时股东会,上述内容之间没有任何联系,并且构成要件事实也不存在内在的同一性。因此,不能仅仅从形式上认定其属于一项提案,而应当认定其超过了一项提案的限制。

被告某电影事业公司则认为,提案中的三项内容“变更公司名称、修订公司

---

[28] 参见我国台湾地区经济主管部门2006年经商字09502024143l0号函释。

[29] 参见我国台湾地区台北地方法院2006年诉字第8989号民事判决,裁判日期:2007年10月31日。

章程以及召开临时股东会"是由股东华夏公司提出来的,华夏公司提出时原属于一项提案,为了便于讨论才把这一项提案拆分为三项内容,又由于华夏公司所提出的"变更公司名称、修改公司章程"从性质上来说属于章程修订提案,因此将上述两项提案并入已有的章程修订提案中一并处理,不再单独予以处理。实际上,股东华夏公司所提出的提案只有"召开临时股东会"这一项。

对于双方的上述争议,我国台湾地区台北地方法院认为,虽然股东华夏公司是在一项提案中提出上述三项内容的,但是提案内容在实质上可以区分为"变更公司名称、修改公司章程"以及"召开股东临时会"。因此,按照"事实同一性标准"来判断,股东华夏公司提出的提案应当为两项。由于我国台湾地区"公司法"规定了股东提案只能以一项为限,超过一项的,则所提的全部提案都不能列入审议范围。股东华夏公司提出的提案超过了一项的限制,所以不能列入审议范围。

3."事实同一性标准"与"实质性标准"的区别

在判断议案捆绑与反捆绑的界限时,我国台湾地区的"事实同一性标准"和美国的"实质性标准"之间在判断视角方面存在较大的区别。"事实同一性标准"的判断视角是基于提案的构成要件事实,主要考察提案的构成要件事实在其内容和性质方面是否具有同一性。当需要对提案捆绑与反捆绑的界限作出判断时,需要对提案在事实层面进行归纳整理,然后考察事实本身在内容和性质方面是否具有同一性。如果对事实进行考察后认为具有同一性,那么所提到的多个事项可以在一项提案里被股东投票表决;如果对事实进行考察后认为不具有同一性,那么就不符合"一项提案"的判断标准,则需要将多个事项分拆在多项提案中,让股东进行多次的投票表决,从而能够使得股东充分表达他们对不同事项的看法和态度。

反观美国法院的"单一实质性标准"和 SEC 的"多重实质性标准",两者都建立在"实质性"的框架下。"实质性"事项并不是从议案事实角度去考虑,而主要是从股东的角度去考虑,指对股东权利造成实质性影响的事项。因此,在判断议案捆绑与反捆绑的界限时,美国法院或者 SEC 会考察议案中的每个事项是否对股东权利造成了实质性影响。如果经过考察,美国法院或者 SEC 认为该事项会对股东权利造成实质性影响,那么就认为该事项具有"实质性";否则,就认为该事项不具有“实质性”。美国法院或者SEC把每一个事项运用“实质性”的框架进行考察,将所有的事项考察完毕后,最终再使用“单一实质性标准”或者“多重实质性标准”来判断该议案是否违反了“反捆绑规则”。

四、“单一实质性标准”的优势及案例分析

SEC通过一系列规则的修订,逐渐在议案捆绑与反捆绑的问题上确立了“多重实质性标准”;美国法院则通过判例的形式在议案捆绑与反捆绑的问题上确立了“单一实质性标准”。在“多重实质性标准”和“单一实质性标准”的话语体系内,“实质性”指对股东权利造成实质性影响,两者的判断标准则侧重于从股东的角度出发。我国台湾地区经济主管部门通过函释的形式,在判断何为单项提案的问题上确立了“事实同一性标准”。通过分析我国台湾地区“事实同一性标准”在适用时的模糊性和SEC“多重实质性标准”在适用时的局限性,以及“单一实质性标准”在效率与公平、利益平衡等视角下的优势,笔者建议,我们在判断议案捆绑与反捆绑的界限时,判断标准方面可以借鉴参考美国法院所确立的“单一实质性标准”。然后,笔者通过案例的方式具体分析“单一实质性标准”在处理我国上市公司股东大会议案捆绑与反捆绑问题上的运用,从而为我们的借鉴提供参考。

(一)“单一实质性标准”的优势分析——以不同标准的比较为视角

1.“事实同一性标准”在适用时有其模糊性

“事实同一性标准”的判断视角是基于提案的构成要件事实,主要考察提案的构成要件事实在其内容和性质方面是否具有同一性。但是,“构成要件事实具有同一性”本身就是不确定的法律概念,到底是指形式上的同一还是实质上的同一,我国台湾地区的学者也在讨论。因此,“构成要件事实具有同一性”的标准在适用时还需要更加明确化,否则难免会有“形式上一案,实质上数案”的“包裹式提案”的情形发生。在日常的公司治理中,提案中各种事项纷繁复杂,在没有明确的测试标准的前提下,会使得“构成要件事实具有同一性”的判断在具体的应用中存在很大的模糊性。

“事实同一性标准”所具有的模糊性,可能带来判断及执行时成本的上升以及公司的治理僵局。由于“构成要件事实同一”的不确定性,我们在进行判断时

不能精准确定判断结果是否与事实的实际情况相符，导致在判断时出现不合理结果的可能性提高，由此会导致判断成本的上升；在执行该标准的过程中，由于其模糊性，也会导致监管成本的提高与监管资源的浪费。不同主体对"构成要件事实同一"的认识与理解不同，不可避免地会引起不同主体在判断结果方面的冲突，在特定情况下可能导致公司治理的僵局，不利于公司正常经营工作的开展。

2. "多重实质性标准"在适用时有其局限性

"单一实质性标准"认为，只要有实质性事项，就应当将该实质性事项以单项议案的形式提出。"多重实质性标准"则认为，将多个实质性事项捆绑在一个议案里的做法是不允许的，而多个非实质性事项与单一的实质性事项捆绑在一个议案里的做法则是被允许的。因此，当发生多个非实质性事项与单一的实质性事项捆绑在一个议案里的情形时，"多重实质性标准"在其适用时有其局限性，限制了股东就不同事项充分表达自己不同意见和态度的权利。

笔者以美国 MKS 仪器公司（MKS Instruments）的案例来说明"多重实质性标准"在特定情形下适用的局限性。在 2005 年 MKS 仪器公司的年度股东大会上，公司提出了一项章程细则的修订议案。这项修订议案一共涉及六条章程细则的修订。其中五条修订是由于公司所在地马萨诸塞州的公司法进行了修改，这五条修订是为了反映和体现公司法的修改而进行的程序性修订；另外一条修订，则是"允许董事会在未经股东批准的情况下单方面修改有关罢免董事的条款"。[30] 根据"实质性"的标准来判断，前五条修订是为了反映和体现马萨诸塞州公司法的修改而进行的程序性修订，可以认为具有"非实质性"；而最后一条修订，很明显会对公司股东权利造成实质性的不利影响，应当认为具有"实质性"。在这种情形下，根据"多重实质性标准"，可以捆绑在一个议案里让股东投票表决。但实际上，反映马萨诸塞州公司法修订的前五条修订，股东的态度应当是支持的；可是最后一条限制股东权利的修订，有理由相信股东会持反对意见。按照"多重实质性标准"的做法，将上述六条修订捆绑在一项议案里，显然没有

---

〔30〕 INST'L S'HOLDER SERVS.（USA），PROXY REPORT REGARDING MKS INSTRUMENTS，INC. 8 –9（2005）.

充分保障股东就不同事项表达不同意见和态度的权利。

如果按照“单一实质性标准”，上面的情形就可以迎刃而解。根据“单一实质性标准”的判断方法，只要有实质性事项，就应当将该实质性事项以单项议案的形式提出。所以，反映马萨诸塞州公司法修改的前五条修订应当作为一项议案提出，“允许董事会在未经股东批准的情况下单方面修改有关罢免董事的条款”的修订则应当以另一项单项议案的形式提出。这种做法可以充分保障股东就不同的事项发表不同意见和态度的权利，是一种较为合理的形式。

3.“单一实质性标准”可以有效填补法律漏洞

在我国上市公司召开股东大会的实践中，经常会出现一些事情性质重大并且内容复杂的议案，其特点往往体现为在一项议案中涵盖了多个不同的事项。虽然在形式上表现为一个单项议案，但股东对议案中的不同事项可能会表达不同的意见。为了能够反映公司股东最真实的意见与声音，我国在实践中采取的是通过设置“子议案”的形式，使得股东可以用逐项表决的方式对单项议案中的每个事项表达自己同意或者反对的意见。根据笔者的梳理和统计，我国的上市公司股东大会至少在股份回购、选举董事及监事、重大资产重组以及发行优先股等方面，需要对股东大会议案设置“子议案”并且就每一项“子议案”分别投票表决。上述做法在保障股东充分表达自己对不同事项的不同意见和态度方面起到了积极的作用。例如，上市公司安靠智电（证券代码：300617. SZ）于 2018 年 11 月 28 日披露了“关于召开 2018 年第三次临时股东大会通知的补充公告”。[31] 笔者注意到，该补充公告涉及对议案三进行调整。在 2018 年 11 月 27 日披露的股东大会通知公告中，议案三为关于回购公司股份预案的议案，并没有对回购公司股份的事项设置“子议案”。[32] 而在 2018 年 11 月 28 日披露的该份补充公告中，专门就回购目的、回购方式、回购资金来源、回购价格、回购数量、回购实施期间以及决议有效期等不同事项单独设置了 7 项“子议案”。显然，上市公司安靠智电设置 7 项“子议案”的做法可以保障股东就回购股份中涉及的不同事项充

〔31〕 参见巨潮资讯网：http://static. cninfo. com. cn/finalpage/2018 - 11 - 28/1205638812. PDF，最后访问日期：2020 年 4 月 6 日。

〔32〕 参见巨潮资讯网：http://static. cninfo. com. cn/finalpage/2018 - 11 - 28/1205634702. PDF，最后访问日期：2020 年 4 月 6 日。

分表达自己不同的意见和态度。

但是,上市公司股东大会议案的形式和内容纷繁复杂,仅依靠对股份回购、选举董事及监事、重大资产重组以及发行优先股等方面的规定,根本无法满足我国上市公司治理的实际需要和保障中小投资者利益的现实要求。并且在实践中,我国上市公司已经多次出现通过股东大会议案捆绑的方式对股东权利造成侵害的实际案例。"单一实质性标准"作为美国法院通过判例形式确立的股东大会议案捆绑与反捆绑的判断标准,对我们来说有着较强的借鉴意义和借鉴价值。如果我们能够借鉴"单一实质性标准"建立判断股东大会议案捆绑与反捆绑的标准,则可以有效填补法律漏洞,有利于我国的上市公司治理,也有利于充分保障中小投资者的合法权益。

(二)"单一实质性标准"的优势分析——以效率与公平为视角

1. 效率与公平在股东大会中的价值和意义

上市公司召开股东大会进而形成股东大会决议,是公司治理的重要组成部分。上市公司在发出召开股东大会的通知直至最终形成股东大会决议的过程中,会付出巨大的经营成本,参与其中的公司股东及公司管理层也会在时间和精力方面付出成本。由此,高效而公平的股东大会审议过程对于股东大会的参与各方来说至关重要。这其中,股东大会议案的形式就尤其关键。在合理的前提下,将多个事项捆绑在一个议案里来让股东投票表决,可以节约参与各方的时间、精力和物质成本,体现股东大会对效率的追求。但同时,不合理的股东大会议案捆绑,可能会对股东尤其是中小股东的合法权益造成侵害,不利于公平地保障股东大会参与各方的合法权益。因此,合理的股东大会议案的形式,应当达到效率与公平的平衡,在追求效率的同时能够充分地对处于相对弱势地位的中小股东进行保护,确保它们能够公平地行使自身作为公司股东的合法权益。

2. "单一实质性标准"可以实现效率与公平之间的平衡

在判断股东大会议案的捆绑与反捆绑的界限时,相较于"多重实质性标准"和"事实同一性标准","单一实质性标准"能够更好地实现效率与公平之间的平衡。按照"单一实质性标准",对于"非实质性事项"可以捆绑在一个议案中进行投票表决。例如,如果公司章程要进行多处修订,这些修订是由于法律法规等规范性文件的修改而导致的,则公司章程的多处修订属于技术性的修订。那么在这种情况下,就可以在一项议案中对公司章程的修订进行投票表决。上述做法充分体现了“单一实质性标准”对股东大会审议效率的追求。当然在大多数情况下,股东大会议案中存在的不同事项的捆绑行为,会对处于弱势地位的中小股东造成不利影响,进而损害到不同主体之间的公平效益。针对可能存在的议案捆绑行为,“单一实质性标准”通过对“单一事项”的认定,要求对不同事项进行严格的拆分,从而最大程度上保障股东针对不同事项分别表达自己意见和态度的权利。总而言之,“单一实质性标准”通过对“实质性事项”和“非实质性事项”的区分以及对“单一事项”的严格认定,可以最大程度上实现效率与公平之间的平衡。

(三)“单一实质性标准”的优势分析——以利益平衡为视角

现代公司制度下,根据持股比例与责任角色的不同,公司内部存在多个不同主体,如大股东、中小股东、管理层等。理想的公司治理秩序,应当达到大股东、中小股东、管理层等不同主体之间的利益平衡,从而促进公司整体利益的最大化。在判断股东大会议案捆绑与反捆绑的界限时,相较于“多重实质性标准”和“事实同一性标准”,“单一实质性标准”以“实质性”作为判断的基准,让股东对每个“单一事项”都能表达自己的意见和态度。这种做法能更好地实现大股东、中小股东、管理层之间的利益平衡,从而维护公司治理秩序,实现公司整体利益的最大化。

从大股东与中小股东之间的利益平衡角度来看,股份有限公司具有资合性质,每一股份背后所代表的股权应当是平等的。因此,议案的提出、审议等,实行的是资本多数决原则。〔33〕 但是,资本多数决原则在具体执行的过程中,又不得不面临一系列被异化的问题。特别是在股权较为集中的背景下,如果简单按照资本多数决原则来执行,大股东很有可能凭借自身所拥有的优势地位,对中小股东的利益造成侵害,股东大会议案的捆绑便是其形式之一。因此,合理的议案捆绑与反捆绑的判断标准,应当实现大股东与中小股东之间的利益平衡。这里所说的利益平衡,应当包括两个方面:第一,大股东因为持股比例较高而享有对公司更大的控制力,是资本多数决原则下的一种应然状态,对于大股东所拥有的控

〔33〕 参见张雪娥:《公司股东大会决议效力研究》,法律出版社2018年版,第20~22页。

制力应当予以确认;第二,在对大股东的控制力进行确认的前提下,应当合理地预防大股东趁机对公司及中小股东进行利益侵蚀。所以,合理的股东大会议案捆绑与反捆绑的判断标准,应当既能够充分尊重大股东的正当诉求,同时也能对中小股东的权利进行保护。“单一实质性标准”以“实质性”作为判断的基础框架,通过对同一议案中的不同事项进行拆分来确定每一个“单一事项”。对于每一个“单一事项”,都应当将其作为单独的议案来让股东投票表决;对于不同的“单一事项”,则需要将其拆分为多个议案来投票表决。而对于“非实质性事项”,可以统一放在一项议案里进行投票表决,从而表达出对大股东正当的利益诉求的尊重。这种做法在维护资本多数决原则的前提下,可以充分保障中小股东能够针对不同的事项表达自己的意见和态度,可以最大程度上实现大股东与中小股东之间的利益平衡,从而有利于维护公司治理秩序。

从管理层与公司股东之间的利益平衡角度看,在我国上市公司股权较为集中的背景下,不管是家族控制的企业还是国有控股公司,其管理层与公司股东之间的联系都较为密切,甚至有些公司的管理层本身就是由大股东来担任的。但管理层与公司股东对于公司而言,其身份和角色是不同的。相较于公司股东,管理层的关注方向更集中于公司的实际经营业绩以及管理层自身的福利待遇。在大多数情况下,管理层与公司股东之间的利益具有一致性,但在特殊事项上,也有可能出现其利益相悖的情形。例如,管理层有充分的动机尽可能提高自身的福利待遇,但是公司股东却希望保持较低的管理成本。因此,管理层有可能以自身利益为导向,对股东大会的议案进行捆绑,从而侵害公司股东的利益。但由于管理层对公司的实际经营情况更加了解,部分情况下的议案捆绑,其实可以提高股东大会的议事效率,更有利于公司的经营以及公司整体利益的最大化。因此,在判断议案捆绑与反捆绑的界限时,不能简单地认为管理层把股东大会议案进行捆绑,就损害了公司股东的利益。合理的做法应当是以“单一实质性标准”来进行具体的分析,将每个具有实质性的“单一事项”均以单项议案的形式提出,从而有效避免管理层不当议案捆绑情形的发生。同时,对于一些“非实质性事项”,则可以将其捆绑在一个议案里,这既不影响公司股东的合法权益,也能有效提高管理层的管理效率。所以,采取“单一实质性标准”的判断方法可以最大程度上实现管理层与公司股东之间利益的平衡。

（四）"单一实质性标准"下议案捆绑与反捆绑的案例分析

1. 与公司经营有关的章程修订捆绑

2017年5月6日，ST慧球（证券代码：600556.SH）披露了其拟召开的2016年年度股东大会的会议资料。[34] 根据会议资料，本次年度股东大会，ST慧球一共将审议16项议案。在这16项议案中，笔者注意到其中议案十为：关于变更公司名称的议案，具体内容是将公司的中文名称由"广西慧球科技股份有限公司"变更为"广西慧金科技股份有限公司"，相应的英文名称也作更改；议案十一为：关于修改公司章程的议案，该议案只涉及修改公司章程的第四条，也即议案十中所谓变更公司的中英文名称。

在变更公司中文名称和英文名称这一事项上，ST慧球的做法是把变更公司名称和相应的公司章程修改放在两个议案中进行投票表决。笔者认为，这种做法似乎欠妥。根据我国《公司法》的规定，修改公司章程是股东大会的特别决议事项，必须经出席会议的股东所持表决权的2/3以上通过；而议案十"关于变更公司名称的议案"，属于股东大会的普通决议事项，经出席会议的股东所持表决权过半数通过即可。试想这么一种情形，如果议案十和议案十一的支持比例均在半数和2/3之间，那么也就意味着，议案十获得通过，议案十一未获得通过。如果出现这种情形，公司更改中文名称和英文名称这一事项，必然陷入一种僵局，甚至有可能引起不同股东之间的争议，对公司的正常经营发展造成严重的不利影响。

按照"单一实质性标准"来判断，根据ST慧球披露的会议资料，议案十的事项为变更公司的中英文名称。ST慧球在解释公司名称变更的必要性时提到，本次公司名称的变更，是在斩断以前风险的同时，逐步树立全新的公司形象，从而为全体股东创造应得的回报。笔者认为，根据ST慧球的解释，公司名称变更有利于公司后续的持续良好发展，从而会从实质上对股东的权利造成影响。因此，ST慧球变更公司的中英文名称属于"实质性"事项。议案十一虽然是进行公司章程的修改，但修改的内容本身，仍然是变更公司的中英文名称。即使将变更公

[34] 参见巨潮资讯网：http://static.cninfo.com.cn/finalpage/2017-05-06/1203482663.PDF，最后访问日期：2020年4月6日。

司的中英文名称和修改公司章程拆分为两个议案,一名理性的股东要么两者都支持,要么两者都反对,不可能对这两项议案分别表达不同的意见和态度。因此我们可以认为,议案十变更公司的中英文名称和议案十一修改公司章程属于"单一事项",所以根据"单一实质性标准",议案十和议案十一可以捆绑作为一个议案来让公司股东进行投票表决。

事实上,也有上市公司是将类似的事项捆绑为一个议案的。例如,上市公司塞力斯(证券代码:603716. SH)在其公告的2020年第一次临时股东大会决议中披露,议案一"关于变更公司名称及相应修改公司章程的议案"获得表决通过。[35] 笔者认为,同样是变更公司名称及修改相应公司章程,塞力斯的做法比ST慧球更具有合理性。在符合"单一实质性标准"的前提下,将待表决议案中属于"单一事项"的多个议案捆绑为一个议案,可以更好地体现议案的本质特征,在提高股东大会议事效率的同时,也更有利于避免公司治理陷入僵局。

2. 与反收购有关的章程修订捆绑

随着我国资本市场的日益发展及上市公司规模的逐渐壮大,并购市场呈现出迅速发展的态势。在数量众多的并购中,恶意收购也占据了整个并购市场的一部分比例,甚至还发生了多起影响力较大的恶意收购事件。恶意收购的恶意属性,即在于恶意收购成功后,恶意收购方会凌驾在原来的管理层上。[36] 为了应对可能发生的恶意收购,许多A股上市公司会通过在章程中加入反收购条款的方式来维护公司权益。[37]

例如,2016年10月28日,A股上市公司三维丝(证券代码:300056. SZ)披露了公司章程修正案的公告。[38] 该公告披露,为了防止可能出现的针对公司的恶意收购,公司决定对公司章程的部分条款进行修订。根据笔者的梳理,三维丝对公司章程的修订涉及的章程条款共计8条,均是为专门防止恶意收购而增加

〔35〕 参见巨潮资讯网:http://static. cninfo. com. cn/finalpage/2020-01-21/1207271059. PDF,最后访问日期:2020年4月6日。

〔36〕 参见[美]弗兰克·伊斯特布鲁克、[美]丹尼尔·费希尔:《公司法的经济结构》,罗培新、张建伟译,北京大学出版社2014年版,第162页。

〔37〕 参见侯东德:《董事会对短期主义行为的治理》,载《中国法学》2018年第6期,第133页。

〔38〕 参见巨潮资讯网:http://static. cninfo. com. cn/finalpage/2016-10-28/1202797819. PDF,最后访问日期:2020年4月6日。

或修订的。比如,第 9 条规定发生恶意收购时需要给解职的董事、监事、高级管理人员支付高额补偿金,这属于反收购措施中的金色降落伞条款;第 50 条规定发生恶意收购时要求收购方进行详细的信息披露,这属于反收购措施中的强化信息披露义务条款;第 72 条设置股东大会决议通过比例的例外规定,这属于反收购措施中的绝对多数条款;等等。对于所涉及的共计 8 条章程条款的修订,三维丝将其放置在一项议案即"关于修改公司章程的议案"里,准备在股东大会上让股东进行整体表决。[39] 那么,对于三维丝共计 8 条章程条款的修订,应当是将其放置在一项议案里进行整体表决,还是应当针对每一种反收购措施分别设置子议案,让股东对章程修订所涉及的每一种反收购措施都能表达自己的意见和看法呢?

根据"单一实质性标准",首先应当判断三维丝对章程条款的修订是否具有"实质性"。笔者认为,三维丝对章程条款的修订是为了针对可能出现的恶意收购,涉及多种反收购措施,而不管是哪一种反收购措施,都会对公司股东权利造成实质性影响。所以,三维丝对章程条款的修订应当认定为具有"实质性"。其次,在判断"单一事项"方面,对三维丝章程条款修订所涉及的反收购措施,三维丝的股东有可能对每一种反收购措施都会持有支持或反对等不同的意见和态度。例如,三维丝公司章程第 92 条的修订涉及的交错董事会条款和董事资格限制条款中,作为一名理性的股东,交错董事会条款限制了自己作为股东对公司董事进行更换的选择权,因此可能会投反对票;而对董事资格进行限制,要求董事候选人应当具有 5 年以上与公司主营业务相同的业务管理经验,其实更有利于公司持续经营发展和保持行业内的竞争优势,作为股东有可能会投支持票。因此笔者认为,三维丝将共计 8 条章程条款的修订放置在一项议案里进行整体表决是不恰当的。合理的做法,应当是对这 8 条章程条款的修订进行拆分,在修订公司章程议案的框架下针对每一种反收购措施设置一项子议案,从而能够使得股东就每一种反收购措施的实施都能发表自己的意见和态度。类似这种在议案框架下设置子议案的做法,既可以兼顾股东大会的效率原则,又能够充分保障股

---

〔39〕 参见巨潮资讯网:http://static. cninfo. com. cn/finalpage/2016 - 10 - 28/1202797816. PDF,最后访问日期:2020 年 4 月 6 日。

东就每一种反收购措施的实施表达赞成或反对的意见,从而保障股东特别是中小股东的合法权益。

进一步地,我们设想另一种情形:如果三维丝在提出这项章程修订议案时,认为所涉及的8条章程条款的修订可能会对股东权利造成不利影响,为了防止该议案在股东大会审议时被股东反对而未获得通过,三维丝在进行上述8条修订的同时,再加入一项修订:在公司章程中约定向股东派发特别红利,也就是通常所说的"糖衣策略"。那么,这9条修订应当如何进行投票表决呢?笔者认为,根据"单一实质性标准",向股东派发特别红利的修订会对股东权利造成实质性影响,因此毫无疑问属于"实质性"事项。同时,新加入的派发特别是红利修订条款与其他8条章程条款修订相比,也可以拆分为不同的部分来让股东分别表达自己对章程修订的意见和态度。所以,根据"单一实质性标准",合理的做法是在修订公司章程议案的大框架下,把向股东派发特别红利的修订再单独增加为一项子议案,从而保证股东就不同事项都能充分表达自己的态度和意见。

3. 与关联交易有关的议案捆绑

2017年4月14日,上市公司神马股份(证券代码:600810.SH)披露了公司2017年第一次临时股东大会决议公告。[40] 值得注意的是,在神马股份2017年第一次临时股东大会上,议案一"关于公司2016年日常关联交易执行情况的议案"审议未获通过。通过该议案与之前已披露的2016年日常关联交易预计情况的对比可以看出,2016年度公司与控股股东旗下的公司有多宗日常的关联交易事项超过了原来的预计情况,单是"未预计到但实际发生的日常关联交易"额度就已经达到5055万元。[41] 由于公司的日常关联交易事项涉及公司的控股股东中国平煤集团,因此中国平煤集团回避表决。根据投票结果统计,反对票数的比例为98.03%,显然,公司的中小股东对公司2016年日常关联交易大幅超出预计的情况非常不满。笔者还注意到,在2017年12月29日召开的神马股份2017

---

〔40〕 参见巨潮资讯网:http://static.cninfo.com.cn/finalpage/2017-04-14/1203297019.PDF,最后访问日期:2020年4月6日。

〔41〕 参见巨潮资讯网:http://static.cninfo.com.cn/finalpage/2017-03-28/1203212098.PDF,最后访问日期:2020年4月6日。

年第二次临时股东大会上，议案四“关于公司 2016 年日常关联交易执行情况、2017 年 1 ~ 9 月日常关联交易发生额及 10 ~ 12 月预计发生额的议案”未获得通过。[42] 可以看到，神马股份把 2016 年度的日常关联交易和 2017 年度日常关联交易的发生额和预计额捆绑为一个议案在临时股东大会上进行投票表决。

那么，对于不同年度的日常关联交易事项，是否可以将其捆绑成一个议案呢？根据“单一实质性标准”来判断，关联交易的发生会对股东权利造成实质性影响，这一点毋庸置疑。所以关联交易事项是具有“实质性”的事项。关键是，应当把每年度关联交易的发生事项认定为“单一事项”还是应当把每一笔关联交易的发生认定为“单一事项”。笔者认为，在具有一定商业逻辑的基础上，关联交易的发生有其必要性及合理性。而且在实践中，关联交易的发生往往具有日常性质。不管是从监管机构的角度还是从上市公司正常经营的角度来说，如果对每一笔日常交易都去探究其合理性，也不符合成本效益原则。根据上海证券交易所出台的《上海证券交易所股票上市规则》（2019 年 4 月修订）第10.2.12 条第（三）项的规定，对于每年日常关联交易发生数量较多的上市公司，监管机构在对关联交易事项进行监管时，并非要求将每份日常关联交易的协议都提交给股东大会审议，主要也是以年度作为划分单位，通过各年度关联交易的预计与执行情况，最终将其反映在上市公司的议案及年度报告里。因此，我们可以根据监管机构对于关联交易的监管方法，把每一年度发生的关联交易事项作为“单一事项”，而不需要再按照每一笔将其进行拆分。

反观神马股份的做法，则是将两个年度的关联交易事项捆绑成一个议案来让股东投票表决。笔者认为，这种做法是不妥当的。按照监管机构对上市公司关联交易的监管做法，应当将每一年度的关联交易事项认定为“单一事项”。因此，神马股份合理的做法是将其拆分为两个议案，即议案一“关于公司 2016 年日常关联交易执行情况的议案”、议案二“关于公司 2017 年 1 ~ 9 月日常关联交易发生额及 10 ~ 12 月预计发生额的议案”，从而能够让股东分别对每一年度的日常关联交易情况表达自己的意见和态度。

---

[42] 参见巨潮资讯网：http://static.cninfo.com.cn/finalpage/2017-12-30/1204290232.PDF，最后访问日期：2020 年 4 月 6 日。

4. 与人事任免有关的议案捆绑

笔者在本文开篇部分提到的上市公司东方宾馆(证券代码:000524. SZ)“关于罢免公司全体董事的议案”,即是与人事任免有关的议案捆绑案例之一。对于罢免公司全体董事这一事项,该议案并没有针对每一位董事设置子议案,而是要求股东投一次票来决定全体董事的去留问题。根据《上市公司股东大会规则》(2016 年修订)第 17 条第 2 款的规定,除采取累积投票制选举董事、监事外,每位董事、监事候选人应当以单项议案提出。据此可知,在选举董事、监事时,不允许进行候选人议案的捆绑。但是,我国的法律法规并未对罢免董事、监事的议案形式提出类似的要求。也就是说,当同时罢免多名公司董事时,议案的形式是具有相当的灵活性的:既可以在一个议案中提出罢免多名公司董事;也可以每名董事分别以单项罢免议案的形式提出。那么,将罢免多名公司董事的事项捆绑在一个议案里是否合理呢?

笔者注意到,要求罢免公司全体董事的议案是由两位股东王某和梁某共同提出的,两人合计持有东方宾馆股份总数的 3. 15%,因此可以提出临时议案在股东大会上进行投票表决。在提到罢免公司全体董事的原因时,两位股东给出的理由是公司董事未能履行勤勉尽责的义务。那么,两位股东是否可以根据该理由,从而要求在一项议案里要求罢免公司全体董事呢?根据“单一实质性标准”,罢免公司董事与否会对公司后续经营发展造成重大影响,进而会对股东权利造成实质性影响,所以罢免公司董事的事项应当属于“实质性”事项。对于罢免公司全体董事这一事项来说,还可以将其进一步拆分为针对每一位董事的罢免。所以,罢免公司全体董事不能认定为“单一事项”。只有分别针对每位董事提出罢免议案,才是达到了不能继续进行拆分的状态,才可以认定为“单一事项”。因此,两位股东在一项议案中要求对公司全体董事进行罢免,实质上剥夺了其他股东针对每位董事作出不同选择的权利,是对其他股东表达自己内心最真实意思表示权利的限制。按照“单一实质性标准”,较为合理的形式应当是在罢免董事议案的大框架下针对每一位董事分别提出一项罢免的子议案,从而让其他股东更充分地表达自己的意见和态度。

5. 与董事薪酬有关的议案捆绑

董事在管理公司事务的过程中,付出了时间、精力等成本,董事薪酬是对其付出的一种激励和回报。因此,公正而合理的董事薪酬有助于激发董事的能动性,也可以促进上市公司正常有序的经营发展。上市公司能够提供公正合理的董事薪酬的一大前提,便是股东大会审议董事薪酬时其议案形式的合理性。为了探究我国上市公司股东大会在审议董事薪酬事项时所采取的议案形式有哪些,笔者采取了检索的方式来获取实务资料,具体检索过程如下:在 Wind 资讯软件中,点击“公司公告”栏目,在高级搜索选项中设置议案全文的关键词为“董事薪酬”、公告类型选择“股东大会”、公告日期选择“2018 年 7 月 1 日至 2019 年 1 月 31 日”。通过阅览所有查询到的股东大会决议公告,笔者发现公告中涉及董事薪酬的议案主要有三类:一是审议全体董事具体的薪酬事项;二是对个别董事薪酬进行调整;三是审议原则性的董事薪酬制度。而在所有涉及董事薪酬的议案中,体现为“审议全体董事具体的薪酬事项”的案例共有 27 则。[43] 根据笔者对这 27 则案例的梳理和统计,我国上市公司的股东大会在审议全体董事具体的薪酬事项时,采用的议案形式主要有以下三种:

第一种:在审议董事薪酬议案的大框架下,针对每一名董事的薪酬事项分别设置一个单独的子议案。典型的案例如:2018 年 12 月 3 日,上市公司兆新股份(证券代码:002256. SZ)召开 2018 年第四次临时股东大会审议公司董事薪酬时,将公司每一位董事的薪酬事项分别作为了一项单独的子议案;[44] 2018 年 12 月 4 日,上市公司英可瑞(证券代码:300713. SZ)召开 2018 年第四次临时股东大会审议公司董事薪酬时,也是将公司每一位董事的薪酬事项分别作为了一项单独的子议案。[45] 在笔者搜集到的 27 则案例中,共有 3 则案例采用的是这种方式,所占比例为 11.11%。

第二种:将非独立董事薪酬事项和独立董事薪酬事项作为两个议案分开审议,两个议案内不设置子议案。典型的案例如:2018 年 12 月 21 日,上市公司辰安科技(证券代码:300523. SZ)召开 2018 年第三次临时股东大会,将非独立董

---

〔43〕 笔者搜集到的 27 则案例,其对应的上市公司、股东大会召开日期、股东大会议案形式,可参见附录 A。

〔44〕 参见巨潮资讯网:http://static. cninfo. com. cn/finalpage/2018 - 12 - 04/1205646590. PDF,最后访问日期:2020 年 4 月 6 日。

〔45〕 参见巨潮资讯网:http://static. cninfo. com. cn/finalpage/2018 - 12 - 04/1205650970. PDF,最后访问日期:2020 年 4 月 6 日。

事薪酬事项和独立董事薪酬事项作为两个议案分开审议;[46]2019 年 1 月 18 日,上市公司赛意信息(证券代码:300687. SZ)召开 2019 年第一次临时股东大会,也是将非独立董事薪酬事项和独立董事薪酬事项作为两个议案分开审议。[47]在笔者搜集到的 27 则案例中,共有 6 则案例采用的是这种方式,所占比例为 22.22%。

第三种:将非独立董事薪酬事项和独立董事薪酬事项作为一项议案审议,该项议案内不设置子议案。在笔者搜集到的 27 则案例中,共有 18 则案例采用的是这种方式,所占比例为 66.67%。可见,多数的上市公司在审议董事的具体薪酬事项时,采取的是将非独立董事薪酬事项和独立董事薪酬事项捆绑在一个议案里的做法,让股东投一次票来确定全体董事的具体薪酬事项。

那么,上述三种审议董事薪酬的议案形式,哪一种是比较合理的形式呢?根据"单一实质性标准"来判断,董事薪酬的多少以及合理与否,会对公司经营发展造成重大影响,进而对股东权利造成实质性影响,因此董事薪酬事项可以被认为是"实质性"事项。在上述第二种及第三种议案形式下,不管是将非独立董事薪酬事项和独立董事薪酬事项作为两个议案分开审议还是将非独立董事薪酬事项和独立董事薪酬事项作为一项议案审议,都还可以针对具体每一位董事将议案进行拆分。即使上市公司已经针对独立董事薪酬制定了统一的津贴标准,当具体针对每一名独立董事时,也应当每名独立董事设置一项子议案。因为薪酬制度的原则性规定与针对每名独立董事具体薪酬事项的审议有显著不同,前者是不涉及个人因素的抽象性规定,而后者则会考虑个人因素。股东应当有权利结合每名独立董事不同的业务背景、履职能力、尽责程度等,而对其个人领取的独立董事津贴表达自己的意见和看法。因此,第二种及第三种议案形式均不符合"单一事项"的认定标准。只有第一种议案形式针对每一名董事的薪酬事项分别设置一个单独的子议案,不能够再进行拆分,才符合"单一事项"的认定标准。所以根据"单一实质性标准",第一种议案形式应当是股东大会审议董事薪

[46] 参见巨潮资讯网:http://static.cninfo.com.cn/finalpage/2018-12-22/1205685220.PDF,最后访问日期:2020 年 4 月 6 日。

[47] 参见巨潮资讯网:http://static.cninfo.com.cn/finalpage/2019-01-19/1205782881.PDF,最后访问日期:2020 年 4 月 6 日。

酬时比较合理的议案形式。

实际上，在股东大会审议董事薪酬时，针对每一名董事的薪酬事项分别设置一个单独的子议案有其合理性和必要性。一方面，这种做法可以允许公司股东就每一名董事的薪酬分别发表自己的态度和意见，从而能够更充分地保障公司股东表达自己内心最真实意思表示的权利；另一方面，对于持股董事来说，他们在股东大会对自身薪酬表决时需要回避，而将审议董事薪酬事项拆分为彼此独立的子议案形式，可以最大程度上减少对持股董事行使表决权的限制，从而充分保障持股董事的权利。

五、捆绑与反捆绑的判断主体及争议救济渠道

在上一部分中，通过对“单一实质性标准”与“多重实质性标准”、“事实同一性标准”的对比分析以及对我国上市公司实践中出现的议案捆绑与反捆绑的案例分析，笔者认为，我们可以在股东大会议案捆绑与反捆绑的判断标准方面借鉴美国法院通过判例形式所确立的“单一实质性标准”。在明确了判断标准后，确定判断主体以及争议救济渠道也有着十分重要的意义。本部分首先论述确定判断主体的必要性，然后笔者认为董事会作为判断主体具有可行性；在股东大会议案捆绑与反捆绑的争议救济渠道方面，笔者认为 SEC 在监管中所采用的“无异议函”制度可以为我们所借鉴。同时，投服中心作为保护中小股东权利方面的制度创新，也可以作为出现争议后的救济渠道之一。

(一)捆绑与反捆绑界限的判断主体

1. 确定判断主体的必要性

在明确了判断股东大会议案捆绑与反捆绑的“单一实质性标准”之后，笔者认为，确定该标准的判断主体也十分必要。从提出股东大会提案到最终形成股东大会决议，这中间要经历多个步骤。从我国上市公司召开股东大会的实践来看，只有确定好“单一实质性标准”的判断主体，方能在合适的时间节点由合适的主体对股东大会的议案作出准确的判断。如果没有确定相应的判断主体，那么“单一实质性标准”发挥的作用就将大打折扣，也有可能使得公司治理陷入僵局。因此，确定“单一实质性标准”的判断主体具有其必要性。

2. 董事会作为判断主体的可行性分析

笔者认为,董事会可以作为“单一实质性标准”的判断主体。董事会是公司日常的经营决策机关,股东大会上待表决的议案大多涉及公司的日常经营事项。此时,在运用“单一实质性标准”进行股东大会议案捆绑与反捆绑的界限判定时,判断主体就需要对公司的经营情况以及商业逻辑有着较为深入的理解。从公司治理的制度设计来看,董事会无疑是对公司的整体经营情况最为了解的公司组织机关。公司治理的其他相关主体,如监事会等,都不具备董事会所具有的商业判断能力。从我国上市公司股东大会审议具体议案的实际情况来看,股东大会上的议案内容往往纷繁复杂,不管是涉及公司章程修改、公司日常经营事项还是人事任免,都需要判断主体不仅详细了解公司的内部情况,还需要对市场环境和行业发展逻辑有着清晰的认知。董事会长期负责公司的经营管理事项,不仅对公司内部情况有着深入的了解,对公司所处的市场环境和行业发展逻辑也有着足够的认识。让董事会运用“单一实质性标准”对议案捆绑与反捆绑的形式作出判断,可以最大程度上保证判断结果符合公司的整体利益,从而有利于股东利益的保护、公司的正常经营发展和公司治理的完善。通过上述分析可以看出,董事会作为“单一实质性标准”的判断主体是可行的。当然,有时股东大会是由监事会或者符合条件的股东召集,此时公司处于非正常的经营状态,董事会无法作为判断主体,这是一种特殊的情况。

(二)“无异议函”制度作为救济渠道

1. SEC“无异议函”制度的性质和作用

“无异议函”制度是 SEC 在进行监管时常用的一种监管方式。当证券市场存在一些比较模糊的问题时,SEC 可以对该问题表达自己“无异议”的态度,从而默认行为人可以进行某种行为。“无异议函”是由 SEC 的员工以个人名义出具的非正式的行政文件,专门针对行为人提出的具体问题,根据具体情形来解决行为人的个案特殊问题。因此,SEC 出具的“无异议函”不具有普遍适用的特点。但是,由于 SEC 在美国证券监管中所处的特殊地位,其出具的“无异议函”又具有准规则的效力。[48] 与其他正式的行政文件相区别,“无异议函”并非由

〔48〕 参见孙立:《对“无异议函时代”的分析报告》,载《金融法苑》2003 年第 5 期,第 78 页。

SEC 主动发布，而是需要由与该具体问题相关的人员作出申请，再由 SEC 的员工根据法律法规和自身对该具体问题的态度，从而出具针对该具体问题的“非正式意见”。[49] 一般来说，申请人最愿意得到的结果，便是“无异议函”（“no action letter”）。如果 SEC 针对该具体问题出具的是“无异议函”，则表明 SEC 对该具体问题中的解决方案不持否定态度，也就意味着申请人所采取的方案，至少获得了 SEC 的“非正式”认可。

SEC 的“无异议函”制度在美国证券监管过程中发挥了巨大作用。对于 SEC 来说，“无异议函”制度一方面有助于节约本来就很紧张和有限的监管资源；另一方面，由于证券监管的复杂性，当 SEC 面对在监管过程中经常出现的疑难问题时，其可以在与行为人的具体交流中，对商业环境和商业规则有更深层次的认知。也就是说，在出具“无异议函”时，SEC 不仅要考虑法律因素，还要更多地去考虑社会因素和商业因素，从而对整个证券市场都会产生很深刻的影响。对于涉及“无异议函”中具体问题的相关人员来说，这种“非正式意见”获得的途径灵活便捷，不需要耗费巨大的成本与代价，并且能对自己后续的行为起到指导的作用，相当于给自己吃了一颗“定心丸”。对于社会公众来说，相较于正式的法律法规文件，“无异议函”开辟了一条 SEC 对证券市场进行非正式指导的途径，对社会公众有着很强的指导意义，在理论和实践层面都有助于促进社会大众对证券市场的理解和认知。

2. SEC“无异议函”制度的主要适用范围

在美国证券市场的监管实践中，SEC 使用“无异议函”制度集中于对股东提案进行禁止、对股票注册程序的豁免、对评级机构的国家认可以及对商业经纪活动资格的判断。[50] 在上述四个方面中，SEC“无异议函”制度主要适用于对股东提案进行禁止。在具体实践中，如果公司董事会想要禁止某位股东的某项提案被投票表决，那么董事会就需要以公司的名义向 SEC 提出禁止该项提案的请求。在提出请求的同时，董事会还需对相关事实情况进行说明，对禁止该项提案

---

〔49〕 参见刘胜军：《论我国上市公司股东提案权——以美国法为借鉴》，载《河北法学》2016 年第 9 期，第 168 ~ 170 页。

〔50〕 参见白一方：《美国证券监管中的“无异议函”制度》，载《金融服务法评论》2014 年第 1 期，第 230 ~ 232 页。

的理由进行阐释。SEC 根据提交的事实情况,对提案是否违反了 SEC 有关规则进行分析和判断。如果 SEC 对公司董事会禁止该项提案的决定不持否定态度,那么 SEC 就会出具“无异议函”来表明自己针对该特定提案的看法。虽然“无异议函”没有法律上的强制力,但鉴于 SEC 作为监管机构的角色,“无异议函”在股东提案方面对公司治理的发展有着很强的指示作用。当然,在 SEC 的“无异议函”制度框架下,若股东对 SEC 的“无异议函”持有异议,也可以个人的身份向法院提起诉讼,通过诉讼途径解决股东提案方面的争端。

3.“无异议函”制度作为救济渠道的运用

通过上述对 SEC“无异议函”制度的分析,笔者认为,当股东大会议案的捆绑与反捆绑出现争议时,SEC 的“无异议函”制度可以作为我们争议救济渠道的借鉴。例如,当不同主体对股东大会议案的捆绑或反捆绑存在争议时,董事会可以公司的名义向中国证监会提出针对议案捆绑或反捆绑的请求。董事会在提出请求的同时,需要对公司的实际经营状况作出说明,并针对该议案形式的合理性阐述理由。如果中国证监会认为提交的议案形式根据“单一实质性标准”判断是具有合理性的,则中国证监会可以出具“无异议函”来表明自己针对该特定议案形式的看法和态度。如果中国证监会认为提交的议案形式不具有合理性,需要分拆为多个议案或合并在一个议案中进行投票表决,那么就不再出具“无异议函”,并将结果告知公司。当然,在中国证监会进行判断后,如果存在相关主体对中国证监会的判断持有异议,依然可以个人身份向法院提起诉讼,解决在议案捆绑与反捆绑方面出现的争端。鉴于中国证监会在监管方面的特殊地位,法院在审理时可以重点参考中国证监会对该议案形式所持的态度。

(三)投服中心作为救济渠道

1. 投服中心的定位及特点

投服中心是公益性质的投资者维权组织,其宗旨是保护广大中小投资者的合法权益。投服中心目前持有所有沪深交易所上市公司一手的股票,因此投服中心是上市公司的股东。与此同时,投服中心基于其设立的宗旨,可以接受其他投资人的委托,从而为中小投资者的利益保驾护航。由于上市公司中小股东数量规模往往极为庞大,在投服中心成立之前,中小股东如果想要维权,其难度可想而知。投服中心的成立,使这一问题得到缓解。作为中小股东利益群体的代言人，投服中心是维护中小股东集体利益的有力载体。同时，通过对中小股东利益的维护，投服中心也可促进公司治理实践的发展，提高我国的公司治理实践水平。

投服中心具有组织性、相对独立性、非营利性和专业性的特点。〔51〕投服中心作为证券金融类的公益机构，具备相应的组织形式和制度约束，从而确保其可以顺利履行保护中小投资者利益的责任。在实际运行中，投服中心具备有效的治理机制，同时加强其自身的自律性及透明度建设，体现了投服中心组织性的特点。投服中心的组建离不开中国证监会的大力支持，因此，投服中心并非完全独立的投资者维权组织，而是类似于政府倡导下的半官方组织。作为维护中小投资者群体利益的社会团体，投服中心能够以自己的名义独立履行保护中小投资者利益的任务，体现了其相对独立性的特点。投服中心持有所有沪深交易所上市公司一手的股票，是上市公司的股东，但是，投服中心又区别于其他的上市公司中小股东。中小股东投资上市公司股票，主要目的是获得投资收益。投服中心持有上市公司一手的股票，主要是为了取得股东身份，从而为投服中心持股行权奠定基础。同时，投服中心属于公益性的维权组织，在具体的运作过程中，以维护广大中小投资者利益为己任，并不以获取利益为目的，这体现了投服中心非营利性的特点。我国的广大中小投资者很多不具备相关的专业知识，与此相反，投服中心具有极强的专业性，可以快速搜集所需要的专业信息，并对获取的信息进行专业化的处理。同时，投服中心可以及时将广大中小投资者的诉求进行汇总，为维护中小投资者的利益提供专业性质的帮助，这体现了投服中心专业性的特点。

2. 投服中心开展业务的理论基础与实践

目前，投服中心开展的主要业务有行权服务、纠纷调解、维权服务等。股东积极主义可以为投服中心开展业务提供理论基础。〔52〕股东积极主义是相对于股东消极主义而言的。数量众多的中小股东，虽然也是公司的所有者，但由于

---

〔51〕参见陈洁：《〈证券法〉应明确投服中心的功能定位》，载中国证券网：http://news.cnstock.com/paper,2016-12-13,756001.htm，最后访问日期：2020年4月6日。

〔52〕参见郭雳：《作为积极股东的投资者保护机构——以投服中心为例的分析》，载《法学》2019年第8期，第149~159页。

“搭便车”现象的存在,他们通常对公司的经营事项表现一种漠视的态度。并且在现实中,即使中小股东有意愿去了解公司的具体经营事项,但一般而言,由于付出的成本与获得的效益之间的差距巨大,中小股东作为一个“理性人”,并没有强烈的意愿去参与公司的治理。而股东积极主义,则是股东通过一系列方式来积极参与公司的治理,从而提高公司治理水平,改善公司经营状况。股东积极主义可以唤醒股东的权利意识,特别是在公司股权较为集中的背景下,股东积极主义可以较为有效地保护中小股东的利益,防止中小股东的权益遭到大股东的侵害。伴随着我国机构投资者的日益壮大,股东积极主义在我国也逐渐兴盛。投服中心的设立及业务模式的发展,即是股东积极主义在我国的有益实践。

投服中心开展行权服务、纠纷调解、维权服务等可以采取多种方式。在目前的实践中,投服中心已经采取的方式有:(1)参加股东大会。例如,2016 年 5 月 11 日,投服中心参加了上市公司柘中股份的股东大会,并以股东身份行使了质询权、建议权和投票权,积极履行了保护中小股东合法权益的使命。〔53〕 (2)发送建议函。例如,2018 年 9 月,上市公司利欧股份拟收购苏州梦嘉 75% 股权,后者的主营业务为微信公众号内容营销。投服中心及时向利欧股份发送了股东质询建议函,帮助广大中小股东积极维权。〔54〕 (3)公开发声。例如,2019 年 2 月,投服中心对 * ST 金泰重大资产重组事项,通过四大证券报等媒体公开发声的方式,对重组中的有关事项进行问询。在投服中心的问询下, * ST 金泰最终终止了本次重大资产重组事项。〔55〕 投服中心这种公开发声的问询方式,给中小股东提供了良好的示范效应,可以有效促进中小股东积极行使股东权利。(4)证券支持诉讼。例如,2017 年 6 月 19 日,投服中心向上海市第二中级人民法院起诉上市公司安硕信息及其公司原董事长、董事会秘书。〔56〕 该案是我国资本市场第

---

〔53〕 参见投服中心官网:http://www. isc. com. cn/html/xqdt/20160512/747. html,最后访问日期:2020 年 4 月 6 日。

〔54〕 参见投服中心官网:http://www. isc. com. cn/html/xqal/20180918/813. html,最后访问日期:2020 年 4 月 6 日。

〔55〕 参见投服中心官网:http://www. isc. com. cn/html/xqal/20190225/815. html,最后访问日期:2020 年 4 月 6 日。

〔56〕 参见投服中心官网:http://www. isc. com. cn/html/asxxayja/20170627/1134. html,最后访问日期:2020 年 4 月 6 日。

一例误导性陈述侵权索赔案件，在保护中小股东合法权益方面有着很强的示范作用。(5)股东诉讼。例如，2017 年 6 月 26 日，投服中心向上海市奉贤区人民法院起诉上市公司海利生物，认为海利生物公司章程的相关条款限制了股东的董事提名权。[57] 该案是投服中心首次以股东身份起诉上市公司，在保护中小股东合法权益方面形成了示范影响。

3. 投服中心作为救济渠道的运用

笔者认为，基于投服中心的定位与特点以及投服中心在实践中采取的开展业务的方式，投服中心也可以在股东大会议案捆绑与反捆绑问题上作为争议救济渠道之一。例如：(1)参加股东大会。投服中心在日常监管中可以积极关注上市公司在股东大会议案捆绑与反捆绑方面的动向，当发现上市公司存在可能不合理的议案捆绑时，投服中心可以主动参加该上市公司的股东大会，并在股东大会上对议案捆绑问题提出问询，从而在维护中小股东合法权利的同时，促进公司治理的有序性。(2)发送建议函。一般来讲，上市公司在召开股东大会前，都会提前把相关的会议资料公开。投服中心可以积极关注提前公开的会议资料，对于上市公司股东大会可能存在议案捆绑与反捆绑情形的，可以在召开股东大会前向上市公司发送建议函，对议案捆绑问题表达关切，并可建议上市公司就议案捆绑形式联系上市公司的实际经营状况作出说明。(3)公开发声。媒体舆论的监督是上市公司监督的重要外部途径之一，多数时候上市公司为了自身的股价考虑，对媒体舆论的发声会做到及时充分的响应，在股东大会议案捆绑与反捆绑方面我们也可以有效利用媒体舆论监督这一途径。对于可能存在的股东大会议案捆绑行为，投服中心可以通过媒体公开发声的方式，吸引上市公司、市场参与者以及监管者的高度关注，从而敦促上市公司积极回应投服中心对议案捆绑与反捆绑行为的关注。(4)证券支持诉讼。对于上市公司已经通过议案捆绑形式对中小股东的权利造成侵害的，投服中心可以受托支持中小股东参与诉讼。由于上市公司往往有专业的法务团队，中小股东与之相比显然势单力薄，投服中心可以发挥自身专业性的特点和优势，在举证和质证等关键环节给予中小股东

---

〔57〕 参见投服中心官网：http://www.isc.com.cn/html/hlswayja/20170629/1005.html，最后访问日期：2020 年 4 月 6 日。

宝贵支持，从而改变在议案捆绑诉讼中上市公司和中小股东力量对比悬殊的不利局面。(5)股东诉讼。在一定条件下，投服中心也可以直接以股东身份来对上市公司股东大会议案捆绑情况提起诉讼。举例来说，上市公司在进行章程修订时，可能会存在不合理的议案捆绑行为，这种捆绑行为可能会对股东权利造成一定程度的侵害。当投服中心的股东权利受到侵害时，投服中心可以就自身被侵害的具体股东权利，对上市公司提起诉讼，从而保护中小股东的合法权益，维护上市公司的治理秩序。根据上述分析可以看出，当上市公司股东大会议案存在捆绑与反捆绑行为时，投服中心可以有效利用自己的业务方式，对议案中存在的不当捆绑行为予以回应和制止。因此，投服中心可以作为股东大会议案捆绑与反捆绑的争议救济渠道之一。

六、结语

在我国上市公司股权较为集中的背景下，大股东往往处于公司管理及信息方面的优势地位，从而可能凭借这种优势地位来攫取本该属于中小股东的利益，股东大会议案的捆绑便是其常用的手段之一。但有时，股东大会议案的捆绑也有其合理性，可以促进股东大会议事效率的提高。因此，确定股东大会议案捆绑与反捆绑的判断标准就显得尤为重要。本文以该问题为切入点，主要的研究内容可以总结为以下几点：

第一，对股东大会议案捆绑行为出现的原因以及对不同主体的影响进行研究。议案捆绑行为的出现有其法经济学方面的原因和逻辑：集体行动理论从“小群体”公共产品的有效性、“理性人”假设的存在以及定向激励制度的缺失这三个方面，从数量众多的小股东(以散户为代表)角度诠释了股东大会议案捆绑现象产生的原因；信息不对称理论一方面指出了大股东所处的信息方面的优势地位，揭示出大股东进行议案捆绑的原因；另一方面又指出在特定情形下议案捆绑对于公司整体利益和公司治理来说有其合理性。议案捆绑行为的出现，对不同主体也有着不同的影响。本文采用成本收益分析的方法，表明议案捆绑行为在有助于实现提案者的意图以及提高公司议事决策效率的同时，也会在中小股东的权利保护、公司价值以及公司治理等方面增加成本。

第二，对美国和我国台湾地区在股东大会议案捆绑与反捆绑方面取得的规则与实践经验进行介绍和分析。SEC 通过一系列规则的完善，逐渐在议案的反捆绑方面确立了“多重实质性标准”。美国法院通过判例的形式确立了“单一实质性标准”，“单一实质性标准”的核心内涵有以下三点：(1)只要议案中有实质性事项，就应当将该实质性事项以单项议案的形式提出；(2)所谓“实质性”，是从股东的角度考虑，指对股东权利造成实质性影响的事项；(3)所谓“单一事项”，需要考虑到公司股东在进行议案投票表决时明显倾向于投更多次的票，而不是对不同事项只投一次票。我国台湾地区经济主管部门通过函释的形式，在认定何为“单项提案”方面确立了“事实同一性标准”，认为判断的标准应当是关注该项提案的构成要件事实是否具有同一性，该标准在我国台湾地区法院的判决中有所应用。

第三，对上述三种判断标准在具体运用时的优势和劣势进行对比分析。“事实同一性标准”的概念在适用时有其模糊性，在适用时还需要将其更加明确化，否则会导致判断及执行时成本的上升以及增大公司治理僵局的可能性；“多重实质性标准”在适用时有其局限性，当发生多个非实质性事项与单一的实质性事项捆绑在一个议案里的情形时，“多重实质性标准”并不能充分保障股东的合法权利；而“单一实质性标准”可以在股东大会追求的效率与公平之间、不同主体的利益之间取得平衡，从而可以有效填补法律漏洞。因此，我们在判断议案捆绑与反捆绑的界限时，可以借鉴美国法院的“单一实质性标准”。

第四，运用“单一实质性标准”对我国上市公司实践中出现的股东大会议案捆绑与反捆绑案例进行研究。在 ST 慧球对公司章程进行修订的案例中，变更公司的中英文名称和修改公司章程属于“单一事项”，可以捆绑在一项议案里；在三维丝与反收购有关的章程修订案例中，合理的形式应当是在修订公司章程议案的框架下针对每一种反收购措施设置一项子议案；在神马股份审议公司日常关联交易的案例中，应当根据监管机构对于关联交易的监管方法，把每一年度发生的日常关联交易事项作为一项议案，不同年度的日常关联交易事项不能捆绑在一项议案里；在东方宾馆罢免公司全体董事的案例中，合理的形式应当是在罢免全体董事议案的大框架下针对每一位董事分别提出一项罢免的子议案；在笔者整理的 27 则审议董事薪酬的案例中，审议全体董事的具体薪酬事项所采用的议案形式一共有三种，较为合理的形式应当是针对每一名董事的薪酬事项分别设置一项单独的子议案。通过上述五个方面的案例分析,本文揭示出了“单一实质性标准”在具体运用中体现的结果合理性,进一步证明了“单一实质性标准”所具有的较高的借鉴价值。

第五,对股东大会议案捆绑与反捆绑的判断主体和争议救济渠道进行研究。从商业判断能力角度来看,公司的董事会对公司的经营情况以及商业逻辑有着较为深入的理解,在公司处于正常经营状态的前提下,以其作为股东大会议案捆绑与反捆绑的判断主体是具有可行性的。在争议救济渠道方面,SEC 的“无异议函”制度可以为我们所借鉴,作为解决议案捆绑与反捆绑争议的救济渠道之一。同时,投服中心作为保护中小股东权利的制度创新,其开展业务所采用的参加股东大会、发送建议函、公开发声、证券支持诉讼、股东诉讼等方式,也可以在议案捆绑与反捆绑的争议解决中作为一种救济渠道。

本文在对股东大会议案捆绑与反捆绑的域外经验作介绍之后,运用案例分析的形式对域外标准的运用作了较为充分的探讨。不得不说,对于案例的研究,还应当更加的体系化与制度化。首先,需要采用大数据的方式,对实践中出现的议案捆绑与反捆绑的案例尽量囊括其中。然后,对这些案例进行体系化的分析与比较,并用判断标准去进行检验。唯有如此,捆绑与反捆绑标准的运用才能更加贴近我国公司治理的实际。

钱穆先生有言:所谓对其本国已往历史略有所知者,尤必附随一种对其本国已往历史之温情与敬意。历史如此,公司治理的实践亦是如此。一种规则和判断标准的使用,与本国的制度体系和制度环境有着密切的关系。在现有的公司治理体系和治理框架内,议案捆绑与反捆绑的判断标准、判断主体以及争议救济渠道所能发挥的功效,一方面取决于标准、主体及救济渠道的合理性,另一方面与我国现有的公司治理的制度环境密不可分。因此,如何让“反捆绑规则”更好地与我国现有的公司治理实践相衔接,也是之后我们需要重点关注的问题。同时,由于公司治理的复杂性和股东大会参与主体的多样性,议案捆绑与反捆绑这一研究议题并不仅限于法律学科,还需要有管理学、行为经济学、行为心理学等多学科的共同参与,才能对这一研究议题有更深入、更全面的了解和把握。

附录 A　笔者搜集的 27 则审议董事薪酬的案例

序号	证券简称	股东大会召开日期	股东大会议案形式
1	英可瑞	2018-12-04	每一名董事的薪酬事项设置一项子议案
2	兆新股份	2018-12-03	每一名董事的薪酬事项设置一项子议案
3	海川智能	2018-07-12	每一名董事的薪酬事项设置一项子议案
4	赛意信息	2019-01-18	区分非独立董事和独立董事，设置两项议案审议薪酬事项
5	奥士康	2018-12-28	区分非独立董事和独立董事，设置两项议案审议薪酬事项
6	辰安科技	2018-12-21	区分非独立董事和独立董事，设置两项议案审议薪酬事项
7	跨境通	2018-12-14	区分非独立董事和独立董事，设置两项议案审议薪酬事项
8	乐惠国际	2018-11-19	区分非独立董事和独立董事，设置两项议案审议薪酬事项
9	艾德生物	2018-07-30	区分非独立董事和独立董事，设置两项议案审议薪酬事项
10	安达维尔	2019-01-24	不区分非独立董事和独立董事，设置一项议案审议薪酬事项
11	ST 升达	2019-01-18	不区分非独立董事和独立董事，设置一项议案审议薪酬事项
12	合纵科技	2019-01-15	不区分非独立董事和独立董事，设置一项议案审议薪酬事项
13	绝味食品	2018-12-24	不区分非独立董事和独立董事，设置一项议案审议薪酬事项
14	创业环保	2018-12-17	不区分非独立董事和独立董事，设置一项议案审议薪酬事项
15	特一药业	2018-12-13	不区分非独立董事和独立董事，设置一项议案审议薪酬事项

续表

序号	证券简称	股东大会召开日期	股东大会议案形式
16	三花智控	2018-12-07	不区分非独立董事和独立董事,设置一项议案审议薪酬事项
17	正业科技	2018-11-14	不区分非独立董事和独立董事,设置一项议案审议薪酬事项
18	中京电子	2018-11-13	不区分非独立董事和独立董事,设置一项议案审议薪酬事项
19	朗博科技	2018-11-12	不区分非独立董事和独立董事,设置一项议案审议薪酬事项
20	飞荣达	2018-11-09	不区分非独立董事和独立董事,设置一项议案审议薪酬事项
21	路通视信	2018-10-26	不区分非独立董事和独立董事,设置一项议案审议薪酬事项
22	金隅集团	2018-10-16	不区分非独立董事和独立董事,设置一项议案审议薪酬事项
23	科信技术	2018-10-16	不区分非独立董事和独立董事,设置一项议案审议薪酬事项
24	博天环境	2018-09-14	不区分非独立董事和独立董事,设置一项议案审议薪酬事项
25	塞力斯	2018-07-30	不区分非独立董事和独立董事,设置一项议案审议薪酬事项
26	上海电影	2018-07-26	不区分非独立董事和独立董事,设置一项议案审议薪酬事项
27	天邑股份	2018-07-05	不区分非独立董事和独立董事,设置一项议案审议薪酬事项

清华金融法律评论·第7辑
金融与公司法之交融
第50~75页

董事"善意"义务标准的理论逻辑与中国路径

武佩瑶*

目　次

摘　要:在我国本轮《公司法》修改的过程中,有观点支持以"善意"标准完善董事义务体系、强化董事问责机制。通过评估"善意"标准在特拉华州发挥的实际效用,参考日本、澳大利亚立法经验,立足我国受信义务体系的缺陷,笔者认为应探索针对不同类别的董事不当行为设计不同的制度方案。具言之,建议以广义合规义务规范为公司最佳利益违反合规要求的行为,在勤勉义务框架下规范董事漠视职责的不作为,基于诚实信用原则设计对各类混合动机行为的审查标准。

关键词:受信义务;善意义务;合规;董事

---

* 武佩瑶,清华大学法学院2021级法学硕士研究生。

在营商环境优化的宏大议题下，董事、高管（以下简称董事）[1]问责是不可忽视的痛点。在2009～2019年的世界银行《营商环境报告》中，除2015年与2016年未采纳“董事责任”指标外，我国在“董事责任”项下始终仅获得1分（满分10分），暴露出明显短板。[2] 董事义务体系的设置是董事问责的基础，在本轮《公司法》修改的过程中，不少学者提出引入“善意”义务[3]完善传统的忠实、注意义务二元框架。

关于善意标准的讨论源于美国。在特拉华州，股东追究董事违信责任面临两重困境：一方面，对于董事违反注意和忠实义务的行为，股东难以举证，且举证成功后董事责任在一定情况下亦可得到免除；另一方面，市场实践中新出现的部分董事不当行为放在忠实或注意义务规则下分析皆不合适，暴露了二元受信义务框架的规则真空。[4] 由于商业判断规则与章程豁免条款等具有“免责”效果的制度均以善意（good faith）这一模糊概念为适用条件，对缺乏善意的认定被特拉华州法院用于规制处于二元框架真空地带的董事不当行为，调整原、被告双方在个案中证明责任的分配。在善意标准的适用中，特拉华州高级法院（Delaware Supreme Court）与特拉华州衡平法院（Delaware Court of Chancery）就善意义务（duty of good faith[5]）是否为独立的受信义务存在分歧，从而引起美国法学界就这一问题的激烈辩论。

诚然，中美公司法所依托的市场环境存在差异。例如，在公司治理结构上，美国以董事会中心主义为主流，公司法主要解决所有者容易对公司失去控制的问题；而在我国，由于在相当数量的公司中股东对公司的控制较强，司法实践更多处理大小股东之间的矛盾。[6] 又如，在注意（勤勉）义务规则设计上，与股权

---

〔1〕 在学术文献中，董事、高管一般统称为“管理层”（managers），董事一般指公司执行董事。在未作特殊说明的情况下，本文中的“董事”问责指代执行董事问责，文章第四（三）部分将特别讨论非执行董事尤其是独立董事问责标准的变通。

〔2〕 参见王艳梅、祝雅柠：《论董事违反信义义务赔偿责任范围的界定——以世界银行〈营商环境报告〉“董事责任程度”为切入点》，载《北方法学》2019年第2期。

〔3〕 为节省篇幅，下文的善意一般情况下不再加双引号。

〔4〕 参见王建文：《论董事“善意”规则的演进及其对我国的借鉴意义》，载《比较法研究》2021年第1期。

〔5〕 我国学界对“duty of good faith”有两种译法，一为“善意义务”，二为“诚信义务”。为避免与我国民商法上的诚信原则相混淆，本文采取“善意义务”的说法。

〔6〕 参见邓峰：《普通公司法》，中国人民大学出版社2009年版，第501页。

市场分散、经理市场发达的美国不同，我国尚未形成足够强大的职业经理人群体，股东派生诉讼并非高度活跃，因此并无鼓励管理者冒险的商业判断规则。[7]

尽管如此，研究特拉华州对善意标准的探索仍有重要意义。一方面，是否引入商业判断规则是《公司法》修改的热门话题，未来存在启动这一规则的可能性；另一方面，我国已存在部分公司通过章程减免董事实际责任的市场实践。此外，《上市公司治理准则》第 24 条允许上市公司经股东大会批准为董事购买责任保险。如此看来，若不未雨绸缪，我国司法实践中也可能会出现对董事不当行为的惩戒缺位，影响营商环境的进一步完善。

针对善意标准在董事受信义务体系中的位置，我国学界存在三种观点：第一，在忠实义务框架下引入善意义务，如扩充《公司法》第 148 条的兜底条款；[8] 第二，通过扩充勤勉义务纳入善意标准；[9] 第三，善意义务独立于忠实和勤勉义务。[10] 就第三种观点，学界提出了不同的落实方案，如设置第三种受信义务、以广义的合规比照善意义务[11]、纳入诚信原则等。本文试图梳理我国现行法对董事不恰当行为的规范缺陷，参考域外立法、司法经验，比较完善董事义务体系的不同方案，探究善意标准对我国董事问责的借鉴意义。虽然广义上的管理者以及部分股东均负有受信义务，但本文主要聚焦公司管理责任的最终承担者——董事。在公司正常经营过程中，董事的受信义务更严格、更具代表性。监事和股东仅在特定情形、就特定领域承担受信义务，例如，以监督为核心职能的监事难以在经营管理中违反受信义务；而高管的受信义务大小则一定程度上与其职位高低有关，层级越高的管理人员承担的受信义务实质上越接近董事义务。[12]

---

〔7〕 参见邓峰：《业务判断规则的进化和理性》，载《法学》2008 年第 2 期。

〔8〕 参见叶林：《董事忠实义务及其扩张》，载《政治与法律》2021 年第 2 期。

〔9〕 参见梁爽：《董事信义义务结构重组及对中国模式的反思——以美、日商业判断规则的运用为借镜》，载《中外法学》2016 年第 1 期。

〔10〕 参见《【纪实】董事义务与责任："公司法修改巡回论坛"第四场》，载有章：https://www.ilawpress.com/material/detail/550475276744655360，最后访问日期：2021 年 5 月 28 日。

〔11〕 参见《【纪实】董事义务与责任："公司法修改巡回论坛"第四场》，载有章：https://www.ilawpress.com/material/detail/550475276744655360，最后访问日期：2021 年 5 月 28 日。

〔12〕 参见施天涛：《公司法论》，法律出版社 2018 年版，第 409 页。

一、美国公司法中的善意标准

本部分主要讨论美国善意标准的法律漏洞填补功能、起源、演进与基本内容。

（一）受信义务二元框架的危机

1. 二元框架下对董事行为的司法审查

在传统的忠实义务与注意义务框架下，特拉华州法院通常对被诉董事行为作两重判断。首先，法院会审查被诉行为是否涉及忠实义务（duty of loyalty）的违反。忠实义务要求董事以追求公司最佳利益为唯一目标，而不得将个人利益置于公司利益之上。董事违反忠实义务将导致相应的行为被宣告无效，董事个人则无法适用公司章程的责任豁免条款。不过，在两种情况下，董事利益冲突行为有效，其一是在披露关键事实的前提下获得股东或无利害关系董事的多数同意（即使无利害关系董事低于定足数），其二则是该董事能够证明交易在被批准时对公司是公平的。〔13〕

其次，在满足忠实义务的前提下，法院将考察被诉董事行为是否满足注意义务（duty of care）的要求。注意义务要求董事会在履行职责时满足：（1）善意（in good faith）；（2）尽处于相似位置的合理人在类似情况下应有的注意；（3）合理地相信其行为符合公司最佳利益。〔14〕 其中，善意针对主观状态，若行为人明知其行为将产生不利后果却故意放任使其后果发生，则属于“恶意”。〔15〕 在一般标准的基础上，为鼓励商业冒险、避免法院作为非专业人士进行不准确的事后判断，司法实践孕育了商业判断规则：若董事在商业决策过程中满足三项条件，则视为符合注意义务的要求，法院不再审查决策的实体内容。这三项条件是：（1）被诉董事与决策事项无利害关系；（2）被诉董事合理地相信其对该决策的了解程度在该种情况下是适当的；（3）被诉董事理性地相信该决策符合公司最佳利益。〔16〕其中，决策程序“合理”对应一般过失原则，要求董事在依赖他人提供的信息时

---

〔13〕 Delaware General Corporation Law § 144.

〔14〕 Model Business Corporation Act（MBCA）§ 8.30.

〔15〕 参见施天涛：《公司法论》，法律出版社2018年版，第419～421页。

〔16〕 ALI's Principles of Corporate Governance § 4.01.

“合理地相信”提供者是“可信赖且有能力的”[17];决策内容“理性”对应重大过失原则,仅要求董事在决策中运用其本身具有的知识和技能,而不要求其额外进行必要的调查[18],达到重大过失意味着董事鲁莽或故意地忽视股东利益,或者其行动缺乏合理理由。[19]

这套审查规则简单粗暴地将董事不当行为划分为两类,并分别对应不同的审查标准,一种相当严苛,另一种则十分宽松。一旦被诉董事行为不存在利益冲突,只要董事决策过程合理,法院将不会进一步审查决策内容的合理性,而董事决策存在明显不当、达到重大过失标准的情况又十分罕见。

2. 股东举证困难与董事多重保护的失衡

首先,在所有权和经营权分离的公司治理模式下,大部分股东不直接参与公司管理,缺乏足够的专业判断能力与信息供给,难以发现董事的不当行为,更难以从公司内部获得证据。此外,在董事不履行职责的不作为案件中,尽管比较困难,原告仍然承担对因果关系的举证责任。[20]

其次,即便法院认定董事因重大过失违反注意义务,董事依然有可能免于承担责任。一方面,特拉华州允许公司章程规定董事责任豁免条款。在资本多数决的规则下,拒绝豁免被诉董事的少数股东利益将会受损。[21] 另一方面,诉讼补偿、责任保险等机制也有希望帮助被告董事挽回经济损失。

3. 二元审查标准对部分不当行为的失灵

二元框架下,“证明完全公平”与“排除实体审查”在审查标准中处于严格程度的两个极端,按照是否存在利益冲突对被诉行为非此即彼地适用。大量不涉及利益冲突的不当行为具有超出通常商业决策失误的可责性,却能顺利通过注意义务项下的司法审查。按照董事对公司最佳利益的主观态度,这些行为可以分为三类。

---

[17] MBCA § 8.30.

[18] 参见施天涛:《公司法论》,法律出版社2018年版,第419~421页。

[19] See Rabkin v. Philip A. Hunt Chemical Corp., 547 A.2d 963 (Del. Ch. 1986).

[20] 参见施天涛:《公司法论》,法律出版社2018年版,第421页。

[21] 参见王建文:《论董事“善意”规则的演进及其对我国的借鉴意义》,载《比较法研究》2021年第1期。

(1)违反公司合规要求:积极追求公司最佳利益

此类行为往往是管理者以追求公司利益最大化为出发点、经过谨慎决策的结果,因而无法被忠实或注意义务所规制,但公司逐利过程中侵犯的其他法益又对投资者信心、利益相关者权益或社会秩序至关重要。具言之,主要有以下三类行为。

第一,故意导致公司从事违法行为。在公司的逐利目标下,当违法成本(包括法律责任和声誉损耗)乘以违法行为被发现的概率低于违法带来的预期利润,管理者就可能选择以违法方式使公司获取利润。此类行为通常由于公权力机关资源不足而难以被发现,即使败露,受到处罚的也往往只有作为形式意义上违法主体的公司,而不包括背后的管理者。按照三元论者的设想,如此行事的管理者应承担违法行为给公司带来的全部损失,且此金钱赔偿不得被违法行为给公司带来的收益所抵销。[22]

第二,无利益冲突情形下因故意或重大过失违反坦白义务。市场实践中,对于应向股东提供充分信息的事项,部分无利害关系董事出于公司最佳利益的考量选择不披露或给出误导信息。尽管证券法设置了虚假陈述损害赔偿制度,但未因虚假陈述从事交易的股东则无法得到救济。[23] 在 Malone v. Brincat 案中,特拉华州高级法院认为股东有权以缺乏善意起诉董事夸大公司收入的行为。[24]

第三,通过违背一般公司准则的操纵行为驱使公司部门采取行动。例如,一名董事在会议通知中隐瞒部分决议事项,在另一名董事不知情的情况下与其他董事通过董事会决议,解除该不知情董事的首席执行官职务。[25] 此类案件中,董事违反的一般公司准则并非责任规则,即使公司行为因管理者操纵被判定无效,由于公司通常不会遭受损失,背后的管理者也不会承担个人责任。[26] 三元

---

〔22〕 Melvin A. Eisenberg, *The Duty of Good Faith in Corporate Law*, Delaware Journal of Corporate Law, Vol. 31, p. 1 – 76(2006).

〔23〕 Melvin A. Eisenberg, *The Duty of Good Faith in Corporate Law*, Delaware Journal of Corporate Law, Vol. 31, p. 1 – 76(2006).

〔24〕 See Malone v. Brincat, 722 A. 2d 5 (Del. 1998).

〔25〕 See Koch v. Stearn, 628 A. 2d 44 (Del. 1993).

〔26〕 Melvin A. Eisenberg, *The Duty of Good Faith in Corporate Law*, Delaware Journal of Corporate Law, Vol. 31, p. 1 – 76(2006).

论者对善意标准寄托了丰富行为规则的期望，并设想善意义务就此类行为对管理者提出规范要求，以及在造成损失的情形下为股东提供起诉的法律依据。

(2)混合动机行为：未必追求公司最佳利益

在公司经营中，董事行为的动机有时十分复杂，在这些行为中，董事即使并非为公司最佳利益考虑，也并不从中获取金钱利益，而是出于私人关系、保住职位等动机进行决策。常见的情况如下。

第一，董事之间的相互免责，如批准其他董事的利益冲突交易、终止对其他董事的派生诉讼。在 Beam v. Stewart 案中，原告就试图以董事之间“有共同的社会圈子、共同参加多场婚礼、在加入董事会之前建立商业关系并以朋友相称”等事实否定被诉董事的独立性。[27] 第二，董事会对管理层的补偿行为。董事会对管理层补偿的动机难以判断，既可能是对其为公司奉献的回报，也可能是出于私人情谊的考虑。第三，董事的反收购行为。目标公司董事天然具有双重动机，尽管他们往往从收购要约内容、收购者业绩、公司长远目标或反垄断合规等方面论证被收购不符合公司最佳利益，但其反收购行为不可避免地包含保住职位的个人考量。[28] 在我国，虽然强制要约制度压缩了收购与反收购活动的空间，控制权市场不如美国那么活跃，但随着资本市场的不断发展，反收购过程中的混合动机行为也越来越值得关注。[29] 第四，董事会主导下的公司慈善捐赠行为。虽然捐赠有利于公司声誉的提高，但董事作出捐赠决策的动机还可能包括其先前接受过受赠机构的礼物或头衔。[30]

(3)严重漠视职责：不关心公司利益

在特拉华州的判例中，这种行为被描述为“董事会持续性或系统性的监管缺位”“恶意忽视已知风险”“恶意且故意忽视职责”等。相较于偶然的决策失误，董事长期不履行监督职责导致公司遭受损失的恶性显然更为严重，但在注意义务的规则体系下，管理者可因商业判断规则、重大过失标准审查或章程豁免条

---

〔27〕 See Beam v. Stewart, 845 A.2d 1040 (Del. 2004).

〔28〕 参见李劲松：《公司反收购与董事受信义务研究》，载《现代法学》2003 年第 4 期。

〔29〕 参见李劲松：《公司反收购与董事受信义务研究》，载《现代法学》2003 年第 4 期。

〔30〕 参见王建文：《论董事“善意”规则的演进及其对我国的借鉴意义》，载《比较法研究》2021 年第 1 期。

款的庇护而免责。[31]

（二）善意标准在特拉华州的演进

善意标准在特拉华州公司法上的演进经历了从扩张的注意义务到“三元”表述的出现；善意义务的肯定、否定、否定再否定的变化过程。

1. 从扩张的注意义务到“三元”表述的出现

1985 年，特拉华州高级法院在 Smith v. Van Gorkom 案中认为 Trans Union Corporation 的董事们在并购交易的决策中既未调查可否争取到更高价格，也未研究公司的内在商业价值，仅依赖首席执行官 Van Gorkom 的意见在 3 天内就同意了出售该公司，具有重大过失，判决其承担巨额赔偿。[32] 该案饱受争议，导致保险公司立刻上调董事和高管的责任保险费率。

为矫正 Smith 案的影响、鼓励人才出任董事和高管，特拉华州立法机关于 1986 年在《特拉华州普通公司法》(Delaware General Corporation Law)第 102 条(b)(7)中允许股东通过公司章程条款免除董事因违反注意义务产生的金钱赔偿责任，但以下情况除外：(1)违反忠实义务；(2)缺乏善意、故意渎职或恶意违法的行为或疏忽；(3)违法分红、股份收购或回购；(4)在交易中获得不正当个人利益。[33] 该条在表述上对违反忠实义务和缺乏善意的区分催生了“善意义务作为独立受信义务”的理解。

1993 年，特拉华州高级法院在 Cede & Co. v. Technicolor, Inc.(Cede Ⅱ)案中首次提出了受信义务三分法，要求原告必须证明董事违反了受信义务中的三项之一——善意义务、忠实义务或注意义务。[34] 在之后 10 年中，该三元理论被该法院反复使用，但判例从未论证善意义务作为独立义务的合理性，也从未准确阐释过善意义务的内涵。[35]

事实上，特拉华州高级法院的三分法一直遭到特拉华州衡平法院的反对。

---

〔31〕 Melvin A. Eisenberg, *The Duty of Good Faith in Corporate Law*, Delaware Journal of Corporate Law, Vol. 31, p. 1 – 76(2006).

〔32〕 See Smith v. Gorkom, 488 A. 2d 858 (Del. 1985).

〔33〕 Del. GCL § 102(b)(7).

〔34〕 See Cede & Co. v. Technicolor, Inc. 634 A. 2d 345 (Del. 1993).

〔35〕 参见王建文：《论董事“善意”规则的演进及其对我国的借鉴意义》，载《比较法研究》2021 年第 1 期。

Strine 法官在 In re Gaylord Container Corp. S' Holders Litig. 案中从篇幅、引文等多个角度证明 Cede Ⅱ 案实际上仍然围绕二元框架，"善意"与"为公司最佳利益"皆为忠实义务的要求。[36] 在 Guttman v. Huang 案中强调董事须"善意地相信其行为符合公司最佳利益"才能满足忠实义务的要求，因此将善意内核从忠实义务中强行分离不利于法律的清晰明确。[37]

与此同时，特拉华州衡平法院也有个别判决被认为支持了三元论。在 In re Caremark International Inc. Derivative Litigation 案中，Allen 法官认为在董事漠视职责的情况下，若董事持续性、系统性地不履行监督职责，则构成缺乏善意，股东可据此要求其承担责任。[38] 在 In re Abbott Laboratories Derivative S' Holders Litig. 案中，公司因违反联邦法规在 6 年中 2 次收到警告函，其高管 10 次接受美国食品药品监督管理局(FDA)的谈话，但董事会未就此情况采取任何措施，导致公司支付巨额罚金；法院认为，适用商业判断规则的决策失误不同，该案中董事有意识地忽视已知风险及其对公司的职责属于缺乏善意。[39]

2. 善意义务的承认与界定

1994 年，迪士尼公司首席执行官 Eisner 雇用其好友 Ovitz 出任公司总裁。董事会一致通过了 Ovitz 的雇佣协议，根据该协议，若公司无正当理由解雇 Ovitz 或 Ovitz 在公司同意下辞职("无过错终止")，则 Ovitz 有权获得合同约定的巨额补偿。Ovitz 在迪士尼公司的工作中表现不佳，在上任 14 个月后，Eisner 同意了 Ovitz 的辞职请求，随后董事会基于"无过错终止"批准给予 Ovitz 1.4 亿美元离职补偿。在 Disney Ⅰ 和 Disney Ⅱ 中，特拉华州衡平法院和高级法院认为股东未能证明 Eisner 从雇佣协议中获得个人利益，也未能证明 Eisner 与 Ovitz 的关系、Eisner 对其他董事的影响干预了董事会的商业判断，因此不存在忠实或注意义务违反。[40] 在 Disney Ⅲ 和 Disney Ⅳ 中，股东重新起诉，特拉华州衡平法院认可原告对董事违反受信义务的指控，提出有意漠视职责或忽视风险的不作为属

[36] See In re Gaylord Container Corp. S' Holders Litig., 753 A. 2d 467 (Del. Ch. 2000).

[37] See Guttman v. Huang, 823 A. 2d 492 (Del. Ch. 2003).

[38] See In re Caremark International Inc. Derivative Litig., 698 A. 2d 959 (Del. Ch. 1996).

[39] See In re Abbott Laboratories Derivative S' Holders Litig., 325 F. 3d 795 (7th Cir. 2003).

[40] See In Re Walt Disney Co. Derivative Litig., 731 A. 2d 342 (Del. Ch. 1998). Brehm v. Eisner, 746 A. 2d 244 (Del. 2000).

于故意渎职,缺乏善意。[41] 由于证据不足,原告再次上诉,在 Disney Ⅴ中,特拉华州高级法院进一步讨论了善意标准。该法院认为,部分董事行为虽不存在利益冲突,但却比简单疏忽或未能掌握全部关键事实的情况更具有可责性;善意要求不局限于忠实、注意义务,而是包括了“所有真诚并致力于实现公司和股东最佳利益的行为”;缺乏善意的行为有不以实现公司和股东最佳利益为目的行事、故意违法、有意漠视职责的不作为等。[42]

3. 善意义务独立地位的否认

在 Disney Ⅴ后不到 6 个月,特拉华州高级法院即在 Stone v. Ritter[43]案中否认了独立的善意义务,而仅将善意作为忠实义务的要素。该案中,AmSouth 银行的董事未能建立针对洗钱的有效内控体系,导致公司受到巨额处罚。Holland 法官认为,董事会持续或系统地不行使监督职责属于缺乏善意,但善意只是忠实义务的组成部分,忠实义务的适用不仅限于经济利益冲突的情形,还包括董事未能履行善意要求的情况。

事实上,对善意概念态度的摇摆与美国公司治理实践的发展是分不开的。20 世纪末至 21 世纪初,一系列公司财务造假丑闻使管理层陷入信任危机。2004 年,《萨班斯—奥克斯利法案》(Sarbanes-Oxley Act)出台,针对上市公司会计欺诈重拳出击。[44] 联邦立法对管理层责任的强化给了特拉华州巨大压力,为保持公司法竞争优势,该州不得不更加积极地介入公司治理。

(三)善意地位之辩

1. 独立义务说

此说主张将独立的善意义务作为第三种受信义务,其主要支持者 Eisenberg 就此给出了两方面理由。

第一,善意义务在成文法与判例法中都具有深厚的渊源。在成文法上,已被多州采用的《美国标准公司法》(Model Business Corporation Act,MBCA)第 8.30

---

〔41〕 See In Re Walt Disney Co. Derivative Litig., 825 A. 2d 275 (Del. Ch. 2003). In re Walt Disney Co. Derivative Litig., 907 A. 2d 693 (Del. Ch. 2005).

〔42〕 See In re Walt Disney Co. Derivative Litig., 906 A. 2d 27 (Del. 2006).

〔43〕 See Stone v. Ritter, 911 A. 2d 362 (Del. 2006).

〔44〕 参见于丹翎:《萨班斯—奥克斯利法案——美国公司治理领域中的重大变革》,载《环球法律评论》2003 年第 3 期。

条、纽约等州的公司法均要求董事以善意的方式履行职务，且几乎所有州都将管理者的善意作为诉讼补偿与章程豁免条款的适用条件。在判例法上，善意是商业判断规则的适用前提，Cede Ⅱ案后特拉华州高级法院更是长期坚持受信义务三元论。

第二，在规范必要性上，Eisenberg 认为善意义务在性质上与忠实、注意义务不同，不仅能够解决二元框架下的两重困境，还能为法院未来规制新出现的不当行为类型留下空间。Eisenberg 认为善意标准是行为标准而非责任标准，换言之，缺乏善意的效果是排除豁免条款、诉讼补偿或商业判断规则的适用，而非直接导致违信责任的产生。在 Eisenberg 的设想中，通过独立的善意义务，公司法将能够规制忠实或注意义务涵射不到的不当行为，并对部分忠实或注意义务框架下的不当行为进行更充分的规制，如在结构性偏见影响下被批准的利益冲突交易、部分恶劣的重大过失行为等。[45]

Eisenberg 将善意义务的基本概念界定为四个要素：(1)主观上的忠诚；(2)经营行为符合恰当标准；(3)遵从社会期待与行业规范；(4)忠于职守。[46]如前文所述，虽然违反善意义务并不直接导致责任承担，但董事被诉行为将因此接受更严格的司法审查。例如，即使在忠实义务规则下，自利交易仍可因条件公平而有效，但违反善意义务的行为将被一律禁止。此外，善意义务将提供金钱赔偿之外更加丰富的救济手段，包括禁令、司法撤职以及剥夺从业资格。[47]

2. 忠实义务说

此说认为善意义务实质上仍然是忠实义务。

首先，包括此说在内的二元论支持者普遍批驳了三元论者从成文法或判例法对善意的表述中解读出的“独立地位”。二元论者认为《特拉华州普通公司法》第102条(b)(7)的表述并非以并列暗示“good faith”是独立义务，而仅属于立法中常见的为避免意外后果的冗余现象，否则采取类似表述的“fidelity”

---

〔45〕 Melvin A. Eisenberg, *The Duty of Good Faith in Corporate Law*, Delaware Journal of Corporate Law, Vol. 31, p. 1－76(2006).

〔46〕 参见梁爽：《董事信义义务结构重组及对中国模式的反思——以美、日商业判断规则的运用为借镜》，载《中外法学》2016年第1期。

〔47〕 Melvin A. Eisenberg, *The Duty of Good Faith in Corporate Law*, Delaware Journal of Corporate Law, Vol. 31, p. 1－76(2006).

“prudence”“diligence”等均可被解释为与忠实或注意义务并列的义务。[48] 事实上，为了避免重复与模糊，MBCA 第 2.02 条（B）（4）在其修正案中去掉了忠实义务的违反和非善意行为两个例外。[49] 在判例法上，正如衡平法院 Jacobs 法官所说，特拉华州高级法院“违反了忠实义务和/或善意”的表述实际上并未明确忠实义务和善意义务的区别。[50]

其次，忠实义务说通过构建扩张的忠实义务以囊括善意义务试图规制的不当行为。此说的支持者均强调忠实义务不仅对管理者提出消极不作为的要求，亦包含积极作为的要求。在 Disney Ⅳ 中，Chandler 法官就提到善意要求实际上符合忠实义务的积极方面。[51] 在此基础上，学界存在不同的扩张思路。一种思路强调，善意是忠实义务对董事主观状态的要求（“主观状态说”），善意作为商业判断规则的适用条件也是为了证明被诉董事尽到了忠实义务，换言之，忠实义务要求董事以善意方式履行注意义务。[52] 另一种思路认为，在符合通常理解的忠实概念下，包括“保持诚实”（staying true）、“全身心奉献”（devotion to duty）和“不背叛”（non-betrayal），董事不仅应按照公司最佳利益行事，还应对股东诚实、信守对股东的承诺并遵守法律（均属于“known duty”），顺着这一逻辑，忠实义务要求董事不得故意违反其已知的义务（“已知义务说”）。[53]

针对三元论者声称传统二元架构无法规制的部分行为，此说的支持者在扩张的忠实义务框架下进行了解释。第一，就故意使公司违法的行为，两种思路给出了不同的解释路径。根据主观状态说，成文法与公司章程均要求公司守法，违法经营即违背了公司存在的根本，因此合规是比逐利更高位阶的公司使命，善意

---

〔48〕 Leo E. Strine Jr., Lawrence A. Hamermesh, R. Franklin Balotti & Jeffrey M. Gorris, *Loyalty's core demand: The defining role of good faith in corporation law*, Georgetown Law Journal, Vol. 98, p. 629 – 696 (2010).

〔49〕 参见施天涛：《公司法论》，法律出版社 2018 年版，第 424 页。

〔50〕 See In re Emerging Commc'ns, Inc. S'holders Litigation, 753 A. 2d 467 n. 41 (Del. Ch. 2000).

〔51〕 See In re Walt Disney Co. Derivative Litigation, 907 A. 2d 693, 755 (Del. Ch. 2005).

〔52〕 Leo E. Strine Jr., Lawrence A. Hamermesh, R. Franklin Balotti & Jeffrey M. Gorris, *Loyalty's core demand: The defining role of good faith in corporation law*, Georgetown Law Journal, Vol. 98, p. 629 – 696 (2010).

〔53〕 Andrew S. Gold, *The New Concept of Loyalty in Corporate Law*, U. C. Davis Law Review, Vol. 43, p. 457 – 528 (2009).

仅允许董事为公司实现其合法目的而行事,为逐利违法属于不忠行为。[54] 根据已知义务说,由于公司章程要求公司守法,且董事承诺遵守章程,因此故意使公司违法即违反了董事已知的行为义务。[55] 第二,就混合动机行为,根据主观状态说,董事只要主观上并非追求公司最大利益即违反忠实义务,不论其动机是否与金钱相关。根据已知义务说,董事违反了其应知的不得将其他利益置于公司利益之上的义务。第三,严重漠视职责的不作为,在主观状态说的分析框架下属于董事并未积极为公司利益最大化行事、缺乏主观善意,而在已知义务说的分析框架下则属于违反董事根据章程承担的,如持续监督、建立合规体系等义务。第四,对于越权操控、拒绝坦白或违反承诺的行为,由于此类行为不必然违反法律且董事可能具有谋求公司最佳利益的主观动机,因此,已知义务说有更强的解释力。在司法实践中,特拉华州也采取了强硬态度。在管理者故意欺骗股东(如不披露期权回溯[56])、故意违反自己承诺遵守的限制(如为规避股东对行权价格的限制,董事会在公开利好消息前发行期权[57])的情况下,司法实践一律认定被诉行为缺乏善意、违背忠实义务,不再考察背后的具体动机以及被诉董事是否获利。

3. 有限功能说

部分学者肯定了善意概念的制度价值,但否认其作为独立可诉的义务。

有学者认为,善意概念源自合同关系,要求当事人遵守合同条款,不得恶意违反其自愿承担的义务;迁移到公司语境下则要求董事行事不得违反其已知的、自愿承担的义务及其精神。相比平等交易的合同关系,在受信义务关系中,董事在追求公司最佳利益的目标下具有更广泛的决策自由,因此产生于受托人—受益人关系的受信义务必然比产生于合同条款的善意义务具有更高的强度。参照合同关系中善意要素对遵守合同义务的要求,公司法语境下的善意并非独立的

---

〔54〕 Leo E. Strine Jr., Lawrence A. Hamermesh, R. Franklin Balotti & Jeffrey M. Gorris, *Loyalty's core demand: The defining role of good faith in corporation law*, Georgetown Law Journal, Vol. 98, p. 629 – 696 (2010).

〔55〕 Andrew S. Gold, *The New Concept of Loyalty in Corporate Law*, U. C. Davis Law Review, Vol. 43, p. 457 – 528 (2009).

〔56〕 See Desimone v. Barrows, 924 A. 2d 908 (Del. Ch. 2007).

〔57〕 See In re Tyson, 919 A. 2d 563 at 576 (Del. Ch. 2007).

受信义务或某种受信义务的分支,而是用来解释董事是否违反忠实或注意义务的工具。[58] 与这一观点类似,Strine 法官在 Desimone v. Barrows 案中认为善意既是忠实义务也是勤勉义务的组成部分。[59]

也有学者认为,由于善意概念难以把握和证明,将其作用限制在排除商业判断规则、诉讼补偿和章程豁免条款的适用是最合适的,即通过缺乏善意使被诉行为接受注意义务框架下一般过失标准的审查并无法援引减免董事责任的保护机制。[60] 这种观点反对在善意概念下发展出一系列行为规则,而建议通过解释忠实义务积极层面的"奉献"(devotion)概念丰富对董事的行为约束。[61]

4. 修辞工具说

此说认为,三元表述仅仅是特拉华州为了保持其在公司法领域的优势地位使用的修辞手段。支持者指出,在公司法的历史上,每当出现丑闻,法院就会更加积极地追究董事责任;但当风波平静下来,法院又会恢复更加尊重董事商业判断的态度。法院态度的来回游移正是通过发明"善意""中度审查标准"(intermediate scrutiny)等修辞工具来实现的。可以预见,随着大众对公司造假等行为的愤怒逐渐平息,法院将更保守地使用善意标准追究董事责任。[62]

二、其他域外法对董事受信义务体系的日渐完善[63]

下文选取善意义务的代表性立法例——日本、澳大利亚公司法进行进一步的比较法分析。

(一)日本:扩张的善管注意义务

日本以"委任说"作为解释董事受信义务的主流学说,并规定董事执行职务

---

〔58〕 David Rosenberg, *Making Sense of Good Faith in Delaware Corporate Fiduciary Law: A Contractarian Approach*, Delaware Journal of Corporate Law, Vol. 29, p. 491 – 516(2004).

〔59〕 See Desimone v. Barrows, 924 A. 2d 908 (Del. Ch. 2007).

〔60〕 Cede Ⅱ案在提出受信义务三元论并以"缺乏善意"排除商业判断规则的适用后,错误地使用了忠实义务框架下的完全公平标准对被诉行为进行了审查。

〔61〕 Carter G. Bishop, *A Good Faith Revival of Duty of Care Liability in Business Organization Law*, Tulsa Law Review, Vol. 41, p. 477 – 512(2006).

〔62〕 Sean J. Griffith, *Good Faith Business Judgment: A Theory of Rhetoric in Corporate Law Jurisprudence*, Duke Law Journal, Vol. 55, p. 1 – 74(2005).

〔63〕 "注意义务""勤勉义务""善管注意义务""注意和勤勉义务"的概念大体对应,本文主要采用"注意义务"的说法,但在比较法的引用中保留了各个法域的不同表述。

应尽到“一名善良管理者的注意”；根据多数说“同质说”，忠实义务是善管注意义务具体化的一种表现。[64] 由于狭义的忠实义务容易识别，在排除金钱利益冲突行为后，美国法上试图用善意标准规制的诸多行为即落入广泛的善管注意义务分析框架之下。虽然日本法上并无“商业判断规则”的确切表述，但其司法实践构建了类似的制度。针对注意义务的违反，美国法院以实体上的合理性为一般标准，但在多数情况下通过商业判断规则将司法干预阻却在形式审查层面；而针对善管注意义务的违反，日本法院采取相反思路，以形式审查为原则，商业判断规则成为司法介入、实质审查的桥梁。具言之，日本法院尊重董事对经营判断的广泛裁量权，实施“过程—内容”两阶段审查，若“过程”（信息收集过程）阶段审查通过，除非内容存在非常不合理之处，否则不再审查决策内容。这一设计的优越性在于注重董事外在行为的客观方面，避免涉及善意等模糊不清的主观概念。[65]

（二）澳大利亚：独立的善意行使权力之义务

澳大利亚为避免忠实、注意义务二元框架下的不确定性，详细设置了较为繁杂的义务体系。就董事懈怠渎职的问题，澳大利亚公司法设置了“注意和勤勉义务”以及专门的“防止破产交易义务”；就董事自我交易和滥用权力的问题，澳大利亚公司法上有“善意行使权力之义务”以及“忠实义务”。

善意行使权力之义务要求董事行使权力同时满足三个要素：(1)主观善意；(2)为了正当目的；(3)为了公司整体利益。[66] 具言之，“主观善意”要求董事具有为公司追求最佳利益的良好动机，否则即使权利行使符合公司利益，董事仍违反善意义务；同时，若董事客观上未能以符合公司利益的方式行使权力，亦不满足善意义务的要求。“正当目的”与“为了公司整体利益”存在一定程度的重叠。在混合动机行为的情况下，法院将从客观上考察董事行使权力的主要目的；主要目的即直接目的，换言之，如果不是出于该目的董事就不会行使权力。[67]

---

〔64〕 参见梁爽：《董事信义义务结构重组及对中国模式的反思——以美、日商业判断规则的运用为借镜》，载《中外法学》2016 年第 1 期。

〔65〕 参见梁爽：《董事信义义务结构重组及对中国模式的反思——以美、日商业判断规则的运用为借镜》，载《中外法学》2016 年第 1 期。

〔66〕 Australia Corporations Act 2001 § 181.

〔67〕 参见黄辉：《澳大利亚董事义务制度研究》，载《商事法论集》2007 年第 2 期。

此外,澳大利亚允许公司批准董事的义务违反行为,但不允许公司完全豁免董事责任(但存在个别例外情况,如股东会与董事会实质上一致的小型私人公司);不过,董事可援引公司章程条款获得诉讼补偿或依据责任保险得到补偿。[68]

三、中国公司法上的董事受信义务

(一)公司与证券法律体系中的受信义务规范群

《公司法》在法律层面对管理者受信义务及合规义务进行了总体规定,其中《公司法》第 147 条第 1 款将忠实义务和勤勉义务列为管理者须遵守的两类义务,第 149 条则规定了管理者因违反法律、行政法规和公司章程而给公司带来损失时的赔偿责任。

1. 忠实义务

就忠实义务而言,《公司法》第 148 条虽未给出具体内涵,但列举了违反忠实义务的七种典型行为及一个兜底条款,并规定了"归入权"以纠正董事、高管的不忠行为;《公司法》第 21 条则规定了管理者利用关联关系损害公司时的赔偿责任。这些要求在《上市公司章程指引》等部门规章中被梳理和重述。

2. 勤勉义务

《公司法》并未给出勤勉义务的含义和具体标准,仅以僵化的"签名认定标准"判断董事决策责任。根据《公司法》第 112 条,董事免于承担决策责任的唯一条件是在董事会决策时签名反对该决议。这一标准一定程度上打击了董事积极作为、商业冒险的热情。值得注意的是,《到香港上市公司章程必备条款》第 4.4 条与《到境外上市公司章程必备条款》第 115 条对勤勉义务标准进行了规定,要求董事"以一个合理的谨慎的人在相似情形下所应表现的谨慎、勤勉和技能为其所应为的行为",但这些规范性文件并不能适用于非上市公司与内地上市公司。

证监会进一步细化了勤勉义务的具体内容。《上市公司治理准则》第 21 条要求董事"忠实、勤勉、谨慎履职",该准则第 22 条要求董事保证足够的时间和

---

[68] Australia Corporations Act 2001 § 199.

精力履行职责并具体规定了出席会议、发表明确意见等客观要求。《上市公司章程指引》第98条要求董事及时了解公司业务经营管理状况、保证信息披露的真实、准确、完整。从证监会的表述上来看,我国的勤勉义务以客观标准要求董事积极作为,更靠近英国法上的“勤勉义务”(duty of diligence)而非美国法上的注意义务。[69]

3. 善意概念与相关行为义务

在《到香港上市公司章程必备条款》第4.4条中出现了类似澳大利亚式善意行使权力之义务的表述。根据该条,董事在行使权力时须遵守诚信义务,不得从事利益冲突行为,须遵守“真诚地以公司最大利益为出发点行事”和“按赋予权力时所规定的目的行使权力”等要求。

证监会等部门在多部规范性文件中提出了对公司行为合规、禁止董事越权操纵或违反坦白义务的要求。《上市公司章程指引》第98条在勤勉义务项下要求董事保证公司的商业行为合法合规、商业活动不超过营业执照规定的业务范围。《上市公司治理准则》第24条禁止董事在违反法律法规或公司章程的情况下从责任保险中获得补偿。适用范围包括非上市企业的《企业内部控制基本规范》第12条规定了董事建立内控机制的责任,第42条要求企业建立反舞弊机制并重点防范违反信息披露义务、财务造假、管理者滥用职权等行为的发生。国务院国有资产监督管理委员会层面针对国有企业、国有控股公司的董事问责亦有类似规则[70],例如,北京市人民政府国有资产监督管理委员会关于印发《企业重大经营决策失误责任追究暂行办法》要求对违反法律法规、规范性文件、企业内部控制程序或越权决策导致国有资产流失的管理者采取告诫、扣除绩效年薪、免职或禁入处理的惩罚措施。

就董事违反监督义务、严重漠视职责的不作为,《上市公司章程指引》第99条硬性规定连续两次未亲自出席且不委托其他董事出席董事会会议的董事应予撤换。《企业国有资产监督管理暂行条例》第38条规定了企业负责人因玩忽职守而造成国有资产损失的赔偿责任、行政处分和刑事责任;《上海市市属国有企

[69] 参见邓峰:《普通公司法》,中国人民大学出版社2009年版,第501页。

[70] 参见朱羿锟:《论董事问责的诚信路径》,载《中国法学》2008年第3期。

业违规经营投资责任追究实施办法(试行)》规定未履行或者未正确履行职责、因未建立内控及风险管理制度或者内控及风险管理制度存在重大缺陷造成重大资产损失的管理者将接受组织处理、扣减薪酬、禁入限制、党行政务处分,并可能被移送监察机关或司法机关等。

(二)董事违信责任的司法追究现状

在司法实践中,我国追究董事违信责任的诉讼并不活跃,以涉及有限责任公司的案件为主,有观点据此认为,我国董事义务与责任体系的缺陷对股份公司的负面影响最为明显。[71] 不同于所有者与管理者高度重合的部分有限责任公司,股份公司客观存在董事滥用职权不当作为或漠视职责的现象,但股东或公司难以依赖不完善的董事义务规则体系有效追究董事的民事责任。此外,上市公司更多依赖执法机构的行政处罚,私人诉讼机制则无法充分发挥作用。

在规则适用上,针对忠实义务的司法裁判极少引用《公司法》第148条的兜底条款[72],且由于兜底条款缺少“维护公司利益”的目的指向,董事忠实义务的范围面临复杂的解释问题。[73] 就涉及管理者勤勉义务的案件,不少法院在判决书中界定了包含善意要素的判断标准,如“董事对公司的勤勉义务主要要求董事处理公司事务必须出于善意,并尽到普通谨慎之人在相似的地位和情况下所应有的合理的谨慎、勤勉和注意”[74],“公司高管的行为出于善意,为了公司的根本利益而非个人利益,且尽到了审慎注意义务,即可免于承担法律上的责任”等[75]。

四、善意对我国董事问责的可能实际效用与本土方案

上文分别分析境外的善意标准和中国公司法受信义务,下文结合二者进行

---

〔71〕 据调查,2014～2017年,基于《公司法》第149条追究董事违信责任的案件仅111件,涉诉公司均为有限责任公司。参见王艳梅、祝雅柠:《论董事违反信义义务赔偿责任范围的界定——以世界银行〈营商环境报告〉“董事责任程度”为切入点》,载《北方法学》2019年第2期。

〔72〕 参见《【纪实】董事义务与责任:“公司法修改巡回论坛”第四场》,载有章:https://www.ilawpress.com/material/detail/550475276744655360,最后访问日期:2021年5月28日。

〔73〕 参见叶林:《董事忠实义务及其扩张》,载《政治与法律》2021年第2期。

〔74〕 参见金星路特士汽车有限责任公司与让-马克·皮埃尔·盖尔斯损害公司一审民事判决书,(2018)闽05民初537号。

〔75〕 参见上海雅昌艺术印刷有限公司与戴虎一审民事判决书,(2019)沪0114民初928号。该案原告上诉后,二审法院维持原判。

进一步讨论。

（一）善意标准境外实际效用的启发

无论如何解释善意标准与忠实、注意义务的关系，多数学者普遍认可了善意标准对董事追责的促进作用。以前文所述的两大困境检视善意标准的实际效用，可以发现善意标准能够避免各类责任限制机制对董事的过度保护，部分解决审查标准的失灵问题，但无法触及股东举证负担过重的问题。

1. 责任限制的破除：立竿见影

按照三元论者的设计，一旦法院认定被诉行为缺乏善意，被告董事将无法援引章程豁免条款或接受公司的诉讼补偿，甚至无法激活责任保险的赔偿。这一效果作用于所有善意标准试图规制的董事不当行为，有利于激励股东通过私人执法追究董事责任，提高董事的违信成本，形成威慑并规范董事的履职行为。

2. 审查标准的调整：略有成效

为公司逐利而使公司违法、违背公司准则越权操控，以及违反坦白义务或违反对股东的承诺等行为具有较为确定的可责性。尽管董事主观上积极为公司利益行事，但其对公司外法律或公司一般准则的违反往往损害社会利益或股东对管理层的信任。由于此类义务违反的举证难度较低，一旦以缺乏善意排除商业判断规则的适用，董事很有可能无法通过实体上的合理性审查而被追究责任。

对于漠视职责的严重不作为，其不合理性也是显然的。董事对公司利益漠不关心的主观态度与一般的履职疏忽具有质的差别。值得注意的是，三元论者设想通过否认商业判断规则的善意要件实现以一般过失标准审查董事的持续不作为，但存在更直接、简洁的路径促使司法机关不停留在形式审查阶段。商业判断规则以“作出商业决策”为其适用的根本前提，没有决策作出时，应当适用一般过失标准下的严格审查，即董事须证明其不作为具有“合理性”。[76] 不过，即使采纳这一思路，善意概念仍有价值，即为解释这种不作为的可责性提供理论支撑。

与上述两种行为不同，混合动机行为的主要动机有待求证、决策合理性涉及复杂商业判断，因此其可责性是不确定的。因此，法院无法按照规制违反坦白义

---

〔76〕 参见施天涛：《公司法论》，法律出版社 2018 年版，第 424 页。

务或打破对股东承诺等行为的思路强硬要求被诉董事承担责任。那么，在排除商业判断规则的适用后，混合动机行为的实体审查标准是应当一律适用忠实义务框架下的实质公平标准，还是注意义务框架下的合理标准？部分混合动机行为被认为具有低于不公平的利益冲突交易，但高于决策失误的主观恶性，适用上述二者的审查标准似乎都不合适。事实上，混合动机行为的复杂性使得对所有情景适用同一审查标准的想法显得不切实际。

对于无利害关系董事批准董事自利交易过程中的结构性偏见，Eisenberg 实际上认可了两条规制路径。一条路径即由法院具体探究董事是否主观上具有非金钱动机而缺乏善意，另一条路径（也是许多州在司法实践中的选择）即规定自利交易即使被其他董事批准仍要接受公平性的司法审查。〔77〕 这种评估客观交易的方案虽然相较审查主观善意更好把握，但将使得非利害关系董事的同意没有意义。有学者提出可采用中间公平标准：法院无须审查该种交易是否实质公平，但若非利害关系董事仅“理性地相信”交易符合公司最佳利益（仅达到商业判断规则标准）也是不充分的，而要“合理地相信”交易对公司是公平的。〔78〕

一个类似的问题是股东的先诉请求被董事会或特别诉讼委员会基于商业判断拒绝时可能存在的结构性偏见问题。MBCA 着眼于决策机关，规定法院经公司请求可任命工作组作为又一先诉请求的审查机构；美国法学会（American Law Institute，ALI）则在此基础上进一步区分了被诉管理者违反忠实义务和注意义务的派生诉讼，并规定了不同的法院审查标准与董事会证明责任。〔79〕

对于反收购行为，特拉华州设计了一套相比普通商业判断规则更加严格的司法审查制度，包括必要性与相称性原则、拍卖原则和一般不得干预股东权原则。其中，必要性与相称性原则又被称为强化的商业判断规则，要求董事证明反收购的必要性，以及其反收购措施与收购威胁的相称性〔80〕；一般不得干预股东权原则将对股东权的干预划分到商业判断之外，即董事会除非有无法驳倒的理

---

〔77〕 Melvin A. Eisenberg, *The Duty of Good Faith in Corporate Law*, Delaware Journal of Corporate Law, Vol. 31, p. 1 – 76 (2006).

〔78〕 参见施天涛：《公司法论》，法律出版社 2018 年版，第 424 页。

〔79〕 参见施天涛：《公司法论》，法律出版社 2018 年版，第 476 ～ 477 页。

〔80〕 See Unocal Corp. v. Mesa Petroleum Co., 493 A. 2d 946 (Del. 1985).

由,否则不得在反收购中干预股东表决权的行使。[81]

3. 证明规则的完善:爱莫能助

遗憾的是,善意标准并不能重构失衡的证明责任分配,而举证难往往是原告股东在诉讼中面临的首要难题。举例而言,内化的非金钱动机、不当行为(尤其是董事不作为与混合动机行为)与损害结果间的因果关系等都对股东的举证与论证提出了挑战。Disney 案中,特拉华州高级法院为解决此类问题明确了独立的善意义务,但这几乎无助于缓解原告的困境。[82]

4. 善意规则的其他效用

除了司法审查的调整、个人责任追究的推进,三元论者还赋予了善意标准更丰富的救济手段,包括禁令、司法撤职以及剥夺从业资格等。此外,在程序上,基于善意标准提起派生起诉的股东将无须履行先诉请求程序,以避免董事会或相关诉讼委员会出于结构性偏见拒绝起诉。[83]

综合上述分析,可知善意标准虽不是让立法一劳永逸的"万金油",但也绝非仅仅是少数学者所认为的"修辞手段"。考虑到在我国司法实践中,受信义务概念的模糊使得不少判决同时适用忠实义务和勤勉义务规制同一董事不当行为,有必要借鉴域外经验,发挥善意标准的漏洞填补功能。[84] 同时,就善意标准功能上的不足,亦应寻求其他制度设计的配合,与善意标准共同完善董事问责规则体系。

(二)完善董事问责机制的本土方案

1. 在忠实、勤勉义务之外完善董事义务体系

如引言所述,《公司法》的快速迭代并不排除纳入商业判断规则,虽然应否纳入商业判断规则并非本文主要研究的问题,但前一部分对善意标准在特拉华

---

〔81〕 See Blasius Industries, Inc. v. Atlas Corp. , 564 A. 2d 651 (Del. Ch. 1988).

〔82〕 参见王建文:《论董事"善意"规则的演进及其对我国的借鉴意义》,载《比较法研究》2021 年第 1 期。

〔83〕 参见梁爽:《董事信义义务结构重组及对中国模式的反思——以美、日商业判断规则的运用为借镜》,载《中外法学》2016 年第 1 期。

〔84〕 例如,在(2017)沪民再 2 号审判监督民事判决书中,被告基拉德同时担任制品公司与吊顶公司董事长,并利用此关联关系阻碍制品公司向吊顶公司收取合法的土地租金,同时违法解除了制品公司总经理季某某的职务;此利益冲突交易与违法人事变动被认定为"怠于履行忠实义务和勤勉义务"。

州的效用分析将有助于我国在商业判断规则模式下完善董事义务体系与问责机制。这一部分将主要基于现行《公司法》展开讨论，设想如何引入善意标准完善董事义务体系，强化董事责任追究。

就纳入善意概念后的受信义务体系设计，存在三种选择。

第一种选择即效仿美国，以忠实义务吸纳善意义务。特拉华州选择这一方案的重要考量之一，即尽量减少对既存责任规则与商业判断规则的冲击。以责任豁免条款的适用为例，由于违反忠实义务的行为不得援引此类条款，缺乏善意的行为在忠实义务框架下可顺理成章地排除豁免条款适用，无须大改。支持此说的中国学者认为，由于忠实义务是基于诚信原则的具体规则，可依据诚信原则扩充《公司法》第 148 条第 1 款第 8 项兜底条款的内容。[85] 不过，结合我国立法现实，贸然将上述不当行为纳入第 148 条，有混淆概念、混乱体系的风险。一方面，现行法对忠实义务的界定本就不算清晰，《公司法》第 148 条第 1 款列举的行为（尤其是第 1 项、第 2 项、第 3 项、第 7 项）并不必然全都属于违反忠实义务[86]；另一方面，各类缺乏善意的不当行为包含对公司利益截然不同的态度，从概念上无法一概放在勤勉或忠实义务之下，在忠实义务框架下一律适用最严苛的审查标准亦不合适。

第二种选择即效仿日本，将善意义务纳入勤勉义务。支持这一方案的学者认为我国在理论与实践层面均具备了参照日本模式的条件。[87] 在理论层面，我国与日本均以“委任说”为通说，而日本依据这一理论以“注意”为核心解释了包括忠实义务在内的董事义务。在实践层面，最高人民法院已有指导案例认定董事严重漠视职责的行为属于违反勤勉义务。[88] 然而，嫁接日本模式将颠覆现行法对忠实义务与勤勉义务并列的定位，即忠实义务针对品行，勤勉义务针对能力

---

〔85〕 参见叶林：《董事忠实义务及其扩张》，载《政治与法律》2021 年第 2 期。

〔86〕 参见叶林：《董事忠实义务及其扩张》，载《政治与法律》2021 年第 2 期。

〔87〕 参见张国琪：《董事信义义务体系扩张的实现路径——最高人民法院再审案件“斯曼特案”的价值发现》，载《河南科技学院学报（社会科学版）》2021 年第 1 期。

〔88〕 斯曼特微显示科技（深圳）有限公司与胡秋生损害公司利益责任纠纷案，（2018）最高法民再 366 号。该案中，股东欠缴约 500 万美元出资，被诉董事即使在该股东被另案强制执行仅能清偿不到 10 万美元的情况下依然持续多年不履行催缴义务，最终公司被债权人申请破产。最高人民法院认为，公司注册资本认缴制下，董事同样对设立股东具有催缴义务，被告董事以消极不作为的方式违反了勤勉义务，严重削弱了公司偿债能力，应当承担赔偿责任。

和态度。[89] 在我国的二元框架下，强行将混合动机行为、故意误导行为等通常观念理解为“不忠”的不当行为纳入勤勉义务框架下未免太过牵强。

第三种选择即在忠实、勤勉义务框架之外完善董事义务体系。虽然这种方案可能让我国董事义务体系向着澳大利亚的多重义务体系演化，但它能够在丰富董事行为规则的同时，最小限度地打乱既存规范体系，这种选择应当被认为是最理想的选择。

2. 以广义合规义务与诚实信用原则拟合善意标准的效用

正如英国司法机构在判例中所述，董事承担的受信义务因其自身特点而无法被完全归为信托法或代理法上的受信义务。董事义务的构建本就是基于信托和代理义务的模型，结合公司治理实践加以改造的结果，且现代董事义务的丰富内容已超出了受信义务范畴。[90] 特拉华州试图以善意概念规制的种种董事不当行为在主观态度和客观表现上存在较大差异，且我国的勤勉义务又与美国的注意义务在内涵上不尽相同，因此不应拘泥于以某一种新型董事受信义务实现善意标准全部效用的思维定式。具言之，三类行为的规制宜分别对应三种解决方案。

对于为公司最佳利益“不按规矩办事”的行为，存在以广义合规义务实现善意标准功能的空间。在理论解释层面，善意标准要求董事遵守其自愿承担的义务，例如，法律法规要求董事不得欺瞒股东，公司章程要求董事不得越权操纵，行使期权应当遵守董事会向股东承诺的条件限制。在实践落实层面，可对接《公司法》第 149 条，探索是否将因故意或重大过失违反部门规章纳入董事承担赔偿责任的情形；另外，针对具体合规义务的规定散见于位阶较低的规范性文件，应在司法解释或部门规章中就相关行为规则加以梳理和呈现。董事合规义务规范群的体系化不仅能够指引董事行为、增强管理者与所有者之间的信任进而提高企业效率[91]，更能指引股东在董事不当行为的场合下积极起诉，维护公司利益，

---

〔89〕 参见王建文：《论董事“善意”规则的演进及其对我国的借鉴意义》，载《比较法研究》2021 年第 1 期。

〔90〕 参见黄辉：《澳大利亚董事义务制度研究》，载《商事法论集》2007 年第 2 期。

〔91〕 Andrew S. Gold, *The New Concept of Loyalty in Corporate Law*, U. C. Davis Law Review, Vol. 43, p. 457 – 528 (2009).

使私人诉讼协同公权力机关的行政执法和刑事追诉,共建更完善的董事问责机制。

对于混合动机行为,参照《到香港上市公司章程必备条款》第4.4条与澳大利亚善意行使权力之义务的表述,可依据诚实信用原则要求董事在行使权力时须遵守诚信义务,真诚地以公司最大利益为出发点行事。在此要求下,当董事行为的主要动机并非追求公司最佳利益,即视为缺乏善意,从而排除章程豁免与责任保险赔偿的适用。如前文所述,由于善意标准无法帮助法院确定如何合理分配原、被告双方的举证负担、以何种标准对被诉行为进行实体审查,在立法政策上应抛弃一劳永逸的幻想,针对不同特点的混合动机行为精细化制定规则。例如,对基于社会关系的一般情感性行为(如离职补偿、相互免责、公司捐赠等)要求被告董事证明其个人动机与被诉行为无因果关系,通过举证责任倒置降低股东的证明负担,并配合"合理性"实体审查标准;对于关联交易的批准,适用"中间公平标准"要求被诉董事证明其决策时合理地相信交易公平;对于较为复杂的反收购行为,可具体设置类似美国法上必要性与相称性原则的独立审查规则。审查规则的具体适用可通过最高人民法院个案批复、各地高级人民法院指导意见等形式不断完善。[92]

与前两类行为不同,漠视职责的不作为依据我国对勤勉义务的要求即可有效追责。在我国语境下,增强董事的监督义务越发必要。一方面,虽然我国现行《公司法》对公司治理模式的设计基本符合董事会中心主义的特点,但实践中许多公司或为控制股东中心主义(所有权结构相对集中、控制股东直接出任董事长或总经理),或为经理层中心主义,公司治理改革的整体方向亦将经营管理权力进一步下放到经理层,充分发挥职业经理人的作用。另一方面,监事会在我国实践中并未充分发挥理想中的监督功能,不少学者提出不再将监事会作为所有公司的必设机构,而独立董事制度的引入则已经赋予了董事会一定的监督职能。董事会经营管理职能弱化、监事会监督职能缺位都指向增强董事会监督职能的改革方向。因此,董事的监督义务及相应责任也需要更详尽的规则设计。[93] 在

---

〔92〕 参见王建文:《论董事"善意"规则的演进及其对我国的借鉴意义》,载《比较法研究》2021年第1期。

〔93〕 参见赵旭东:《公司法修订中的公司治理制度革新》,载《中国法律评论》2020年第3期。

此趋势下,应充分发挥我国成文法为司法审查提供确定性的强大功能,参照证监会部门规章进一步完善对董事积极参与治理的具体行为要求。例如,可要求非上市公司自行制定对董事出席会议、听取管理层报告、参与决策的考核标准,并作为股东指控董事违反勤勉义务的重要依据。另外,应在董事不作为案件的裁判实践中结合复杂多样的案件事实不断完善违反勤勉义务的认定标准,将持续时间、是否忽视警讯(red flags)等纳入考量因素。

(三)董事类型区分:非执行董事问责的特殊考虑

对于外部董事尤其独立董事来说,应考虑其兼职特点与专业背景具体问题具体分析,区分不同事项适当放宽或收紧审查标准。一方面,独立董事通常为兼职,且为保持独立性难以深度参与公司日常经营管理,因此其获取信息、进行调查的能力受限。在精力投入有限、信息获取受阻的情况下,独立董事还要承担除董事一般义务之外的特殊义务,如重大关联交易的事先认可、对重大事项发表独立意见、维护社会公众股股东(尤其是中小股东)的权益、在公司年报编制和披露过程中进行实地考察等。[94] 此时,若不适当放宽要求,独立董事将仅领取微薄薪水,却与享受高薪的执行董事承担相当的责任和处罚风险。[95] 另一方面,独立董事个体的专业背景又在特定事务上对其课以更严格的要求,如会计背景独立董事发现和纠正违反会计准则的事项、法律背景独立董事关注法律领域内的信息披露合规等。[96] 以上两种调整方向在域外均有体现:在英国,司法机关已在晚近的判例中开始注意到外部董事的兼职特点并相应调整其责任大小;德国法则对具备特殊资质的董事(如银行业者、律师、会计师等)提出了更具体的要求。[97]

---

〔94〕 参见《上市公司治理准则》第36条、第37条,《上市公司重大资产重组管理办法》第20条、第21条,《上市公司收购管理办法》第51条,《关于在上市公司建立独立董事制度的指导意见》(已失效)第5条、第6条,《关于加强社会公众股股东权益保护的若干规定》(已失效)第2条和《中国证券监督管理委员会关于做好上市公司2007年年度报告及相关工作的通知》第4条。

〔95〕 参见汤欣:《谨慎对待独董的法律责任》,载《中国金融》2019年第3期。

〔96〕 参见王怡丞、左进玮:《独立董事的信息披露监督定位与勤勉义务研究》,载《金融监管研究》2020年第12期。

〔97〕 Brian R. Cheffins & Bernard S. Black, *Outside Director Liability across Countries*, Texas Law Review, Vol. 84, p. 1385 – 1480(2006).

五、结语

回溯特拉华州对善意标准的探索，不难发现善意义务无法同时缓解受信义务二元框架下董事问责的多重困境。一方面，善意标准能够破除各类责任限制机制对董事不当行为的过分保护，同时使部分缺乏善意的不当行为在“合理性”标准的实体审查下得到有效规制。另一方面，善意标准无法为形式多样的混合动机行为提供适当且足够有效的审查标准，亦无法调整股东与董事间失衡的举证负担。据此，大洋彼岸对善意标准的讨论主要为我国董事问责机制的完善提供了两点启示：第一，受信义务二元框架存在漏洞，使得部分董事不当行为缺乏有效规制；第二，漏洞填补不必然以创造某一个囊括一切的义务类型而实现。

相较于扩张忠实或勤勉义务，在二元框架之外丰满董事义务体系能够尽可能避免加剧现有体系的混乱与概念的模糊。结合我国具体情况，可对三类董事不当行为施以不同的制度设计方案，从而在整体上实现善意标准的规制目的。对“不按规矩办事”的公司逐利行为，应以广义合规义务作为追究董事责任的依据。混合动机行为杂糅了商业判断的专业性与不当动机的内化特点，宜依据诚实信用原则要求董事以公司最佳利益为其行事的主要动机，并配合精细化设计的实体审查标准。严重漠视职责的不作为情况较为特殊，在勤勉义务规则体系中即可找到规范依据。

现代公司作为一种资本组织方式承载着投资者追求财富的美好期望，董事与股东据此形成的受托人—受益人关系也紧密围绕着逐利这一根本目的。董事利益冲突行为对公司逐利造成最直接的威胁，因此适用最严格的审查标准；董事商业判断的偶然失误是大胆商业冒险的必然成本，因此司法往往给予董事更多保护。在这两种情况之间的种种不当行为则包含着董事对公司逐利目标的不同态度，以不同的客观表现阻碍公司最佳利益的顺利实现。针对愈加复杂的市场实践，立法应当以“精细作业”为趋势，为各类董事不当行为设置类型化的审查标准与证明规则，不断调节所有者与管理者在公司治理中的平衡，避免董事义务体系过于简陋或臃肿。

清华金融法律评论·第7辑
金融与公司法之交融
第76～109页

公司资本流出偿债能力测试与减资

田相珍*

目　次

摘　要:偿债能力测试自1980年美国《示范公司法》创制以来得到广泛的适用,以偿债能力测试为核心,该法将所有导致公司资本流出的行为,如回购、减资、利润分配等都视为公司分配,并且统一适用偿债能力测试进行法律规制,借以判断公司是否具备偿债能力,从而决定公司是否能够进行分配。我国减资制度存在制度缺陷,进而在司法裁判中存在管制无效、责任不明等问题。结合域外法比较分析以及我国资本制度改革现状,以偿债能力测试为核心重构我国的减资制度是优选,同时还应当建立完备的董事责任体系以及债权人保护机制。

* 田相珍,清华大学法学院2022届法律硕士。

关键词：偿债能力测试；减资制度；董事责任体系；债权人保护

一、引言

1980 年美国《示范公司法》将所有导致资本流出的公司行为定义为分配，1984 年美国《示范公司法》进行全面修改，以偿债能力测试标准规制公司分配行为，该测试包括衡平偿债能力与资产负债表偿债能力双重测试，随着法律及判例的发展，资本充足率测试也成为测试公司偿债能力的有效方法。以偿债能力测试为核心的公司分配体系在美国各州以及英美法系国家得到普遍适用，成为公司资本流出阶段的宽松化规制的典型代表。而我国公司资本制度的改革也迫在眉睫，我国公司资本制度经过不断改革，在资本流入阶段的法律制度逐渐完备，但是资本流出阶段的改革一直限于资本维持模式中，对公司的运营发展造成了诸多阻碍。以我国的减资制度为代表，《公司法》对其设置了严格的程序[1]，2021 年 12 月公布的《中华人民共和国公司法（修订草案）》中，公司减资的制度限制仍未得到解除。[2] 同时，现行法之下的我国减资法律体系存在先天不足，造成了裁判实践的混乱，减资制度亟须改进。那么，如何改进减资制度，是否能够以偿债能力测试解决当前的制度问题成为本文探究的核心问题。

二、偿债能力测试及其适用体系

公司能否到期还债，即公司是否具备偿债能力是其债权人最为关心的问题，公司资本外流能够直接引起公司偿债能力的变动，从而对债权人的利益产生影响。偿债能力测试是英国衡平法院在 Wood v. Dummer 一案[3]中确定的，该测试用来判断公司能否到期还债，从而决定公司是否能够进行财产分配行为。这一测试通过公司的利润表及现金流量表关注公司的现金流情况，在美国各州的公司法当中普遍包含偿债能力测试的内容。普通法院也存在以资产负债比确定公司是否达到破产标准的现象，这实质上是在破产清算情况下对公司的偿债能

〔1〕 参见《公司法》第 177 条。

〔2〕 参见《中华人民共和国公司法（修订草案）》第 220 条、第 221 条。

〔3〕 See WOOD et al. v. DUMMER et al. , 30 F. Cas. 435 (1824).

力的测试。除此之外,《统一欺诈性转让法》(Uniform Fraudulent Conveyance Act, UFCA)判断是否构成债权人欺诈时也存在类似的规则。[4]

现行美国法律中存在三种形式的偿债能力测试标准,包括衡平偿债能力测试、资产负债表偿债能力测试以及资本充足率偿债能力测试。三种测试标准从不同的角度对公司的偿债能力进行判断,三种测试标准的适用在公司法与破产法中也有不同的组合。

(一)偿债能力测试的应用阐释

1. 衡平偿债能力测试

衡平偿债能力测试公司是否能够在债务到期时如期还债,本质上是对公司现金流的测试。[5] 确定公司在未来某个不确定的时间偿还债务的能力,该测试显然具有前瞻性,通过测试要求公司仅仅能够履行当前的偿债义务是不够的,还必须能够履行其未来的债务。[6]

理论上衡平偿债能力测试是清晰的,然而在实践中却很难应用。如果一家公司的现金流和债务完全不受任何不确定因素的影响,那么要验证在一段时间内发生的现金流是否能与公司的到期债务相匹配并不容易。预期公司在未来某个时点能否按时偿债需要明确公司在该时间点需要偿还的债务及公司能够产生的现金流。但是,一家公司的未来现金流通常会有一些不确定性,而且公司可能有或有负债,如与公司担保、未决诉讼、信用证等,由此,很难测试二者的匹配程度。[7] 美国《示范公司法》第 6.40 条的官方评论承认了这个问题,在确定衡平偿债能力时可能包含的判断与估计包含以下可能性:"(a)基于公司对于现存的以及预期产品或者服务的需求,在一定的期间内,公司是否可以筹备出必要的资金,以偿还公司现存的或合理预期之内的债务;(b)基于公司的现行以及预期内财务状况,同时结合公司的未来发展状况的预期以及商业信用的可用情况,对于

---

〔4〕 参见[美]罗伯特·W. 汉密尔顿:《美国公司法》,齐东祥组织翻译,法律出版社 2008 年版,第 141~142 页。

〔5〕 See James J. Hanks, Jr., Legal Capital and the Model Business Corporation Act: An Essay for Bayless Manning, 74 L. & Contemp. Probs. 211 (Winter 2011).

〔6〕 See J. B. Heaton, Solvency Tests, 62 Bus. Law. 983 (2007).

〔7〕 See J. B. Heaton, Solvency Tests, 62 Bus. Law. 983 (2007).

当期到期的债务公司是否能够展开重新融资。"[8]

衡平偿债能力测试应当在公司具有或有负债的可能性的情况下，作出相应的预期，其应当考量公司或有负债的可能性、数额以及补救措施的预期情况，对于可获得的确定性补偿加以排除。现金流分析在衡平测试中也是必要的，该分析以对公司发展的商业预期以及公司的经营预算为基础，通过这种预期分析来判断公司是否具备偿还到期债务的能力。这种预期性的判断显然具有很强的主观性，美国判例法在这方面也并没有相关的指导，衡平偿债能力测试的结果本质上还是依赖于董事会的主观判断。[9]

2. 资产负债表偿债能力测试

资产负债表偿债能力测试关注公司的资产量与负债量的对比，该测试评估公司在作出资产分配之后的公司资产负债的情况，若此时公司的资产高于负债，那么公司即通过资产负债表偿债能力测试。在具体的操作中涉及估值的问题，美国《示范公司法》在第6.40条(d)[10]中规定了董事会可以根据在不同情况下合理的会计惯例和原则编制的财务报表，或根据在不同情况下合理的公平估值或其他合理方法，其官方评注中也明确允许董事会可以基于"公平估价或具有实际合理性的办法"评估公司的偿债能力。[11] 实践中，董事会在确定偿付能力时最常使用的是非公认会计原则方法，当公司的资产远高于公司公认会计原则下资产负债表上资产的价值时，这种方法尤其普遍。[12]

资产负债表测试的操作应用一般分为两步：第一步，法院确定债务人是"持续经营"还是"濒临破产"；第二步，法院根据第一步调查中确定的状况对债务人的资产进行估值，并应用简单的资产负债表测试来确定债务人是否有偿付债务的能力。[13] 但是，如前文所述，按照持续经营标准还是按照破产清算标准进行

---

〔8〕 See Model Bus. Corp. Act § 6.40 cmt. 2.

〔9〕 See James J. Hanks, Jr., Legal Capital and the Model Business Corporation Act: An Essay for Bayless Manning, 74 L. & Contemp. Probs. 211 (Winter 2011).

〔10〕 See MODEL BUS. CORP. ACT § 6.40(d).

〔11〕 See MODEL BUS. CORP. ACT § 6.40 cmt. 4(A).

〔12〕 See James J. Hanks, Jr., Legal Capital and the Model Business Corporation Act: An Essay for Bayless Manning, 74 L. & Contemp. Probs. 211 (Winter 2011).

〔13〕 See Michael Schillig, Balance Sheet Insolvency-Controversy In Different Jurisdictions, Part 3., US 10 JIBFL 627 (2012).

资产负债表偿债能力测试,法律并没有作出明确的规定,实践中标准的选择也非常困难,因为大多数诉讼中,接受偿债能力测试的公司在测试日都介于持续经营企业与破产清算之间。[14] 在实践中,法院通常认为,适当的估值标准是持续经营之下公司公平市场价值,破产清算标准仅仅在公司已经名存实亡,停止营业无法运作,财务状况岌岌可危,破产清算已经迫在眉睫的情况之下适用,然而迅速恶化的财务状况或专家评估意见本身并不足以否定持续经营的推定。相比之下,公司由于信贷资金收紧、库存不足、无法获得融资等处于没有希望"复活"的状态更容易实现对破产清算标准的适用判定。[15] 总体而言,资产负债表测试的施行依赖于董事会依据自选标准进行的"公平估价",实质上具备主观性。[16]

3. 资产负债表偿债能力测试

资本充足率可以根据支付能力测试或资产负债表测试来定义,资产负债表测试可以根据持续经营或清算来定义。这只是要求我们增加一个关键项目的可变性指标,如未来现金流和清算价值,并设定一定程度的风险要素。在这种情况下,如果公司能够承受足够多的不利变化,并且仍然有偿债能力,它就有足够的资本。资本充足率测试只是简单地检验一家公司是否能够承受一些不利干扰,并能够仍然保持偿债能力。资本充足率偿债能力测试中对公司财务的预测是很重要的评估,此处的资本不足是指资不抵债之外的,会给公司运营带来资不抵债风险的情况,通过评估公司的财务水平,预测公司是否有能力承受合理范围内的业务和经济波动,维持公司正常的营运水平。资本充足率测试需要通过对公司资本水平进行财务预测,从而对公司陷入资本不足的风险作出判断。然而,公司维持正常营运需要多少资本,这一问题并没有明确的答案,所以资本充足率测试总体而言也属于董事会管理层的主观评估与预测。[17]

(二)以偿债能力测试为核心的公司分配体系

1987 年美国《修订示范公司法》(Revised Model Business Corporation Act)

---

〔14〕 See J. B. Heaton, Solvency Tests, 62 Bus. Law. 983 (2007).

〔15〕 See Michael Schillig, Balance Sheet Insolvency-Controversy In Different Jurisdictions, Part 3, US (2012) 10 JIBFL 627.

〔16〕 See James C. Bonbright & Charles Pickett, Valuation to Determine Solvency under the Bankruptcy Act, 29 Colum. L. Rev. 582 (1929).

〔17〕 See J. B. Heaton, Solvency Tests, 62 Bus. Law. 983 (2007).

在第1.40条(6)对“分配”作出以下规定,即“分配”是公司资本流出的行为,是一项公司向股东或者为增加股东的利益而进行财产转移的行为,公司对股东进行分配的财产基础是股东所持的股份,对股东转移的财产为公司的资产资金,但是并不包括公司的股票,这是由于给予股东以公司的股票并未导致公司资产的降低,不属于公司资本流出的行为;公司通常通过向股东支付红利、进行股份回购以及回赎等方式对股东进行分配,法律也对公司分配的形式作出了确认。[18]需要注意的是股票股利不属于分配,因为股利的分配只是股票形式的纸面交易,并不涉及资金资产的变动转移,公司对股东发行新的股票,并没有获得任何财产的增加,当然以股票形式支付的股利也并不会导致任何公司财产流向股东。由此,将所有导致公司资本流出的行为归类于公司“分配”的《示范公司法》规制中,法律对于各种分配行为进行平等地规制。[19]

1. 制度渊源:法律资本制度

公司的发展不仅依靠股东投入资本资产,还需要债权人的借款。虽然同为公司的资产投入,股东与债权人的利益并不是一致的,这是由于二者对所投入资产的收益获取不同,股东投入资产组建公司,其收益取决于公司的运营发展情况,而债权人通过借款获取的收益限于利息率之内,与公司的运营发展情况并无相关性,股东们希望通过较小的资产投入撬动最大化的收益,而债权人的利益保障在于公司的资产足够充足,其债权利益才能得到有效保障。债权人希望保持公司的财产不被分配给股东,股东们也坚持在债权存续期间依然可以得到分配,这两种利益冲突产生的问题就是公司资本制度所需要解决的问题。在资本流入阶段,传统美国公司法中通过面额制度、声明资本制度以及之后的库藏股制度等的法律资本条款来解决。[20] 而在股东分配方面,法律资本制和资产分配的限制是存在持续利益冲突的,这个冲突存在于对债权人利益的保护的迫切需要同商业实际的压力之间。早期美国各州公司法对股东分配的限制标准规定,如果公

---

〔18〕 See Model Bus. Corp. Act § 1.40(6).

〔19〕 参见Bayless Manning、James J. Hanks Jr.、后向东:《法律资本制度》,载《商事法论集》2007年第1期。

〔20〕 参见Bayless Manning、James J. Hanks Jr.、后向东:《法律资本制度》,载《商事法论集》2007年第1期。

司“无偿债能力”或如果向股东支付红利会使公司无偿债能力的话，那么向股东分配的行为是被禁止的。另外，许多州公司法以及1980年之前美国《示范公司法》等对于分配采用了盈余标准、营业盈余(earned surplus)标准、从资本中分配、净利润(net profit)标准等〔21〕。传统的资本制度设置了多重限制规则，但也并没有很好地解决债权人最关心的三个问题，即对公司据以偿债的现金流的侵蚀，公司另行举债，公司设定有担保的或者优先的债权〔22〕。1980年，美国《示范公司法》进行了彻底修订，颠覆了传统的公司资本制度。1984年又进行了全面修订。在1980年官方评注的开篇即写道，修订包括取消声明资本与公司股票的面值；广义定义“分配”，将分红、回购等资本流出的行为以同样的标准进行规制；取消库藏股概念。〔23〕

2. 偿债能力测试标准的应用

偿债能力测试标准的具体操作与应用规定于美国《示范公司法》第6.40条(c)中，该条规定了双重的偿债能力测试标准，包括衡平偿债能力测试标准(equity solvency test)与资产负债表测试标准(balance sheet solvency test)，判定公司能够进行分配的两项偿债能力标准需要同时得到满足，即公司必须同时具备衡平偿债以及资产负债表偿债能力方能进行公司分配。〔24〕美国《示范公司法》第6.40条(c)(1)规定的衡平偿债能力测试是对公司在衡平意义上是否能够偿还到期债务的测试，该测试标准下的“偿付不能”(insolvency)是对Story大法官就Wood诉Dummer〔25〕一案中所作“偿付不能”定义的确认，是对旧法在公司已经或者经过分配后会陷入财产偿付不能的境地下禁止向股东分配的规定的保留，其具体规定为：“如果在分配后根据通常的商业规则，公司不能偿还到期债务则不允许这种分配。”美国《示范公司法》第6.40条(c)(2)规定的是一种强

〔21〕 参见［美］罗伯特·W. 汉密尔顿：《美国公司法》，齐东祥组织翻译，法律出版社2008年版，第440～443页。

〔22〕 参见Bayless Manning、James J. Hanks Jr.、后向东：《法律资本制度》，载《商事法论集》2007年第1期。

〔23〕 参见Bayless Manning、James J. Hanks Jr.、后向东：《法律资本制度》，载《商事法论集》2007年第1期。

〔24〕 See Model Bus. Corp. Act §6.40(c).

〔25〕 See WOOD et al. v. DUMMER et al., 30 F. Cas. 435 (1824).

制的资产负债表净资产测试，其简单规定如下："如果在分配后公司总资产低于总负债，则不允许进行这种分配。"此条对于传统法律资本制度的分配限制标准[26]进行了调整，在确立分配的统一规制的前提下，在净资产（公司总资产减去总负债）的计算中将发行在外的优先股的清算请求权计入负债，赋予优先股持有人等同于公司债权人的保护，从而赋予优先股优先清算请求权。

对于偿债能力测试的公司分配规制，美国《示范公司法》将测试的执行权赋予公司的董事会管理层。对于偿债能力测试中所包含的估价的具体应用，法律也出台了完备的操作方法与规定，美国《示范公司法》第6.40条（d）规定了董事会能够在进行资产负债表偿债能力测试时自主决定选取的会计准则依据，该条并没有强制性地要求选择公认的会计准则（Generally Accepted Accounting Principles，GAAP），而仅仅要求所采用的会计系统应当具有实际合理性，即允许董事会在基于"公平估价或其他具有实际合理性的方法"的基础上作出决定以符合美国《示范公司法》第6.40条（c）的要求。此项对于会计准则的适用与选择规定显然同样适用于衡平偿债能力测试。[27]

针对偿债能力测试的具体应用，美国《示范公司法》第6.40条还包含了很多实用技术性条款。第6.40条（b）规定了登记日的问题；第6.40条（e）对偿债能力测试标准适用的时间作出了规定[28]；第6.40条（f）给出了一个负债股利形式下的优先请求权。1987年添加的第6.40条（g）规定了在发生偶然性债券的情况下对第6.40条计算公式的适用方法。[29] 这些技术性条款有利于解决在实践中无法找到案例支持的问题。

3. 公司分配的董事责任体系

偿债能力测试存在董事的主观评估，其包含对公司资产或者债务的评估，对公司未来一段时间的偿债能力的评估，对公司商业计划开展的评估等。董事的主观判断对偿债能力测试影响很大，美国《示范公司法》也正因此而对董事责任

---

〔26〕 See Model Bus. Corp. Act § §45 - 46, 66 - 67 (1969) (amended 1980).

〔27〕 See James J. Hanks, Jr., Legal Capital and the Model Business Corporation Act: An Essay for Bayless Manning, 74 L. & Contemp. Probs. 211 (Winter 2011).

〔28〕 参见[美]罗伯特·W. 汉密尔顿：《美国公司法》，齐东祥组织翻译，法律出版社2008年版，第444页。

〔29〕 See Model Bus. Corp. Act § 6.40 cmt.

作出了特别规定。

(1)董事行为标准及相关法律责任

美国《示范公司法》将所有的董事行为准则于第8.30条[30]作出了详尽的规定,关于董事行为标准,其规定了董事的善意行事且以合理的方式为了公司利益的最大化而行事,同时也规定了董事的审慎注意义务。违法分配的责任人为公司的董事,同时也涉及因分配而获利的股东。股东的参与程度与董事开脱责任的范围之间应该有直接的关系,可以说股东参与限制其董事责任的决定的权利越大,董事可获免责的行为范围就应越大。[31] 在美国《示范公司法》第8.33条对董事向股东不当分配的责任作出了特别规定,其规定了当公司存在分配不当时,支持赞成该分配行为,投出赞成票的董事要对公司承担连带责任,承担责任的范围为对此次公司分配中的非法部分,承担责任的董事可以向其他同样对违法分配负有责任的董事进行追偿。[32]

对于在公司无偿债能力,而董事又授权进行分配或股份回购时的裁判理论依据,可以按照制定法和普通法的"信托基金"理论对董事追究责任。例如,在Munford v. Valuation Research Corp.一案中,美国佐治亚州北区地区法院对Munford公司违反信托义务、疏忽、管理不善和浪费公司资产的指控作出有利于高管和董事的即决判决,美国第十一巡回上诉法院对此判决进行了确认,同时支持在确定董事和高管是否履行了法定职责时佐治亚州法院对商业判断规则的适用。[33]

美国《示范公司法》第8.33条(Ⅱ)(B)[34]规定了公司分配所涉及的相关股东的责任,即在该股东对公司的分配违法事实明知的情况下,仍然接受该项分配时,其要对非法所得予以返还。这一规定实际上对那些很有可能信赖分配的无辜股东提供了保护。当然授权非法分配的董事仍然要承担恢复非法分配的责

〔30〕 See Model Bus. Corp. Act §8.30.

〔31〕 See James J. Hanks, Jr., Evaluating Recent State Legislation on Director and Officer Liability Limitation and Indemnification, 43 Bus. Law. 1207 (1988).

〔32〕 See Model Bus. Corp. Act §8.33.

〔33〕 参见[美]罗伯特·W.汉密尔顿:《美国公司法》,齐东祥组织翻译,法律出版社2008年版,第445页。

〔34〕 See Model Bus. Corp. Act §8.33 (Ⅱ)(B).

任。如果股东明知这种支付是非法的，他可能有义务向公司返还，那么董事的责任也会相应减轻，但并不是所有的州都对无辜股东提供类似的保护。[35]

(2)违法分配的救济请求权利人

美国《示范公司法》并未明确有权就董事违法分配救济请求的权利人，那么拥有此救济申请权利的人是公司、股东抑或是债权人呢？首先需要明确的是，董事需要履行的合法分配义务是向公司承担的法定义务。该义务之内，公司是董事的权利义务相对人，公司自然享有救济权利。此问题取决于向谁负有义务，上述董事的注意义务是对公司承担的。虽然违法分配会损害债权人的利益，但是对债权人承担偿债责任的是公司，债权人权利的相对人是公司，而不是董事。那么债权人以债权为基础只能请求公司承担无法偿还债务责任，并不能直接请求董事承担违法分配的责任。对于股东而言，股东无法超过限度干预公司事务，否则可能引起"揭开公司面纱"的后果，但是在授权股份制之下的公司制度，董事在授权范围内对股东具有信义义务，由此股东在对应的权限内对违法分配也具有救济申请权。

在公司即将破产时，公司违法分配的救济权利人范围也会发生相应的变化。违法分配的责任追究是基于公司的董事责任体系，董事对于公司的股东负有信义义务是法律所规定的，公司即将破产严重危及公司债权人的利益，此时为债权人利益提供法定的保护措施是必要的，赋予公司的债权人以公司违法分配的救济申请权需要将债权人设定为董事信义义务的责任对象，这是债权人救济申请权的法理基础。此时，董事对债权人也应当履行相应的忠实义务和勤勉义务。[36] 该项规则在近些年得到了美国部分法院的确认，公司如果在事实上无法按期偿还其所负的债务，董事将需要对债权人履行信义义务。[37]

(3)抗辩手段

美国《示范公司法》也为董事保留了通常的抗辩手段，最典型的就是商业判

---

〔35〕 参见[美]罗伯特·W.汉密尔顿:《美国公司法》，齐东祥组织翻译，法律出版社2008年版，第446页。

〔36〕 See J. B. Heaton, Legal Solvency Tests and Financial Economics, The Journal of Risk Finance. 4 (1)2002.

〔37〕 See Production Resources Group, L. L. C. V. NCT Group, Inc. ,863A. 2d 772,790 - 791(Del. Ch. 2004).

断规则，该规则规定，如果董事或高管的决定存在任何合理的商业目的，那么当他们的决定导致对公司不利的结果时，他们不对错误判断负责。[38] 美国《示范公司法》第8.31条[39]规定了董事的责任标准，该条规定了董事因利害关系不能保持独立性、做出违反董事与公司及其股东公平交易的义务的行为等，将导致相应责任的承担。从本质上讲，该责任准则是商业判断标准。[40]

在美国的某些州，董事可以以其达到了注意义务标准，或出具了善意的财务报告，或以公司相关的高管、律师和其他人员的意见为由主张抗辩。然而，法律规定的董事权利在实践中并不当然得到全部运用，在美国的大多数州，即使董事遵循善意的行事标准并且尽到了规定的注意义务，对于违反法定义务的行为，董事仍然要去承担义务范围内的个人责任。同时，美国《示范公司法》将所有的一般抗辩事由适用于这些法定责任，从而进一步降低了这些法定责任的重要性。[41]

（三）破产法与欺诈性转让法中偿债能力测试的适用

通过偿债能力测试的方法对公司的行为进行限制的法律规定并不仅仅存在于美国《示范公司法》中，在关于公司破产与欺诈性转让的规制中也存在对于公司偿债能力测试的应用[42]。在《联邦破产法》中，第101条将破产（insolvency）定义为"按照公允价值计算负债高于所有资产的财务状态"[43]，公允价值（fair value）是指在持续经营的情况下资产的公平市场价格，通常认为，在市场平等竞争中形成的价格最能代表一种商品的真实价值。[44] 在French诉Nardolillo一案中，美国破产法院指出破产的这一定义实质上提供了"一个确定破产的资产负债表测试"。[45] 在此之下的资产负债表测试实际上提出了这样一个问题，即公

---

〔38〕 See Marcia M. McMurray, An Historical Perspective on the Duty of Care, the Duty of Loyalty, and the Business Judgment Rule, 40 Vand. L. Rev. 605 - 628. 1987.

〔39〕 See Model Bus. Corp. Act §8.31.

〔40〕 参见[美]罗伯特·W.汉密尔顿：《美国公司法》，齐东祥组织翻译，法律出版社2008年版，第336页。

〔41〕 参见[美]罗伯特·W.汉密尔顿：《美国公司法》，齐东祥组织翻译，法律出版社2008年版，第368页。

〔42〕 See Robert F. Reilly, *Fraudulent Transfers and the Balance Sheet Test*, 31 Am. Bankr. Inst. J. 58 (February 2012).

〔43〕 See 11 U.S.C. § 101(32)(A)(2012).

〔44〕 参见刘燕：《会计法》，北京大学出版社2009年版，第163页。

〔45〕 See French v. Nardolillo (In re Perry), 158 B.R. 694, 697 (Bankr. N.D. Ohio 1993).

司资产的市值是否高于债务的面值。在实践中,公平估值意味着对持续经营的企业应用标准估值方法,包括贴现现金流和基于倍数的估值,债务按面值估值,或有负债根据其发生概率进行贴现。[46]

《联邦破产法》在第548条也规定了自己版本的欺诈性转让法。[47] 其中包含了三种偿债能力测试标准,即资产负债表测试、现金流测试以及资本充足性测试。《联邦破产法》第548条(a)(1)(B)(ii)(Ⅰ)规定了在进行转让或承担义务之日无力偿债,或因转让或义务而无力偿债属于欺诈性转让。[48] 这属于资产负债表测试的方式。[49] 第一巡回法庭根据该条在Constructora Maza, Inc. v. Banco de Ponce[50]一案中适用了资产负债表测试的标准。《联邦破产法》第548条(a)(1)(B)(ii)(Ⅱ)规定,如果公司目前或者分配后所拥有的资本相对于其经营的业务来说数额并不合理的时候又进行公司分配,则该分配是欺诈性的转让。[51] 此条实质上是衡量公司资本的充足性,通过考量公司的现金流,确定公司是否有足够的资本维持正常的运营。[52]《联邦破产法》第548条(a)(1)(B)(ii)(Ⅲ)规定,如果公司在进行分配时打算或相信它将产生超出公司支付到期债务能力的债务,则分配属于欺诈性转让。[53] 在此之下,偿债能力测试检验公司是否可以合理地期待其在到期时偿还债务。如此,公司仅能够履行当前的债务是不够的,公司还必须具备履行未来债务的能力。该测试与美国《示范公司法》衡平偿债能力测试功能相同。

美国《示范公司法》与《欺诈性转让法》以及《联邦破产法》之间存在规制重

---

〔46〕 See J. B. Heaton, *Debt and Insolvency*, 38 Rev. Banking & Fin. L. 363 (2018).

〔47〕 参见[美]道格拉斯·G. 贝尔德:《美国破产法精要》,徐阳光、武诗敏译,法律出版社2020年版,第143页。

〔48〕 See 11 U. S. C. § 548 (a)(1)(B)(ii)(Ⅰ)(2012).

〔49〕 See James E. Tucker, *Director and Shareholder Liability for Massachusetts Corporations' Distributions to Shareholders: A Suggestion for Change in Standards of Director Liability*, 28 New Eng. L. Rev. 1025 (1994).

〔50〕 See Constructora Maza, Inc. v. Banco de Ponce, 616 F. 2d 573, 577 (1st Cir. 1980).

〔51〕 See 11 U. S. C. § 548 (a)(1)(B)(ii)(Ⅱ)(2012).

〔52〕 See James E. Tucker, *Director and Shareholder Liability for Massachusetts Corporations' Distributions to Shareholders: A Suggestion for Change in Standards of Director Liability*, 28 New Eng. L. Rev. 1025 (1994).

〔53〕 See 11 U. S. C. § 548 (a)(1)(B)(ii)(Ⅲ)(2012).

叠是必然的,公司的运营并不是定格在一个时刻的,而是处于不断发展的期间内,公司分配必然涉及运营期间的财产转让以及公司破产的情况。美国《示范公司法》第 6.40 条官方评注研究了针对公司分配中的法律交叉问题并随后进行了评论,根据修订的《示范公司法》第 6.40 条其从公司法的角度认定分配的合法性,并通过第 8.30 条和第 8.33 条决定董事们对不当分配的责任,而《联邦破产法》和各州《欺诈性转让法》被设计授权给委托人或其他利益代表为了债权人的利益就被分配的资金进行追偿。根据目的上的差异,没有必要使得美国《示范公司法》第 6.40 条的测试标准同这些不同法律的破产标准趋于一致。[54] 目前,对于欺诈性转让中的资本充足率测试也逐渐加入股东分配的要求中,对分配之后公司能够正常运营作出保证。[55]

(四)偿债能力测试的适用与引进

美国《示范公司法》所创制偿债能力测试的分配制度体系获得了州法院的引进适用,到 2011 年,引进适用偿债能力测试的公司分配体系的州已经扩展到三十多个。[56] 《特拉华州公司法》规定仍然采用"股本外余额"的分配方式,但是实践判例中已经出现了偿债能力测试的应用。2011 年,加利福尼亚州进行了公司法的改革,取消了财务比率的分配约束标准,从而向美国《示范公司法》规定的偿债能力测试分配方式靠近。

20 世纪 90 年代之后,各国公司法对资本维持原则与偿债能力测试的选择与探讨都成为公司法的重要议题。从资本维持原则的公司法适用最终转向了美国《示范公司法》对于公司分配所创制的偿债能力测试法律体系,英美法系国家与大陆法系国家公司法都进行了不同程度的引进。

在英美法系国家公司法改革中,加拿大《公司法》在 1985 年即引进偿债能力测试,即在 1984 年美国《示范公司法》完成偿债能力测试的修改时引进。新西兰《公司法》在 1993 年全面引进了偿债能力测试,以此建立了全面的统一分

---

〔54〕 参见 Bayless Manning、James J. Hanks Jr. 、后向东:《法律资本制度》,载《商事法论集》2007 年第 1 期。

〔55〕 See Irina Fox, Protecting All Corporate Stakeholders: Fraudulent Transfer Law as a Check on Corporate Distributions, 44 Del. J. Corp. L. 81 (2020).

〔56〕 See James J. Hanks, Jr. , Legal Capital and the Model Business Corporation Act: An Essay for Bayless Manning, 74 L. & Contemp. Probs. 211 (Winter 2011).

配体系。澳大利亚《公司法》则在2010年引进偿债能力测试，并以此建立了全面的分配体系。2006年英国《公司法》在减资制度中引进偿债能力测试，规定在私人公司可以选择通过董事偿债能力声明的方式进行公司减资，虽然其仍然保留法院确认的严格资本维持模式下的公司减资程序，但是立法中引进偿债能力测试仍是很大的突破，并且在司法实践中，越来越多的公司选择以偿债能力声明的方式进行公司减资，大大节约了公司成本。〔57〕

而在大陆法系国家，同样对严格资本维持模式进行突破的还有日本《公司法》，2005年在公司进行回购以及利润分配的情况下，日本《公司法》引进了偿债能力测试，2005年日本《公司法》第641条是大陆法系国家对偿债能力测试的尝试。〔58〕

三、审视我国的减资制度

我国公司减资相关的法律主要规定在《公司法》以及《公司登记管理条例》（已失效）中。《公司法》第43条〔59〕规定了减资的股东会决议的要求；第177条〔60〕规定了公司减资的程序以及债权人的相关权利；第204条〔61〕规定了公司未履行通知公告义务的法律责任，《公司登记管理条例》（已失效）第31条〔62〕规定了减资的登记变更事项，此外，2018年《公司法》新增了关于在股份回购情况下的减资〔63〕。

（一）立法渊源及特点

我国减资制度的立法采用德国模式，对公司减资的程序进行严格的限制，同时规定了公司减资进行信息披露的必要程序，即通知与公告。除此之外，对于债权人的保护，还要求公司能够对债权人提供提前清偿或者担保，可以说对公司减

〔57〕 See Rickford J. ,Legal Approaches to Restricting Distributions to Shareholders: Balance Sheet Tests and Solvency Tests,Eur Bus Org Law Rev 7, 135 - 179 (2006).

〔58〕 参见朱慈蕴、皮正德：《公司资本制度的后端改革与偿债能力测试的借鉴》，载《法学研究》2021年第1期。

〔59〕 参见《公司法》第43条第2款。

〔60〕 参见《公司法》第177条。

〔61〕 参见《公司法》第204条第1款。

〔62〕 参见《公司登记管理条例》（已失效）第31条第2款。

〔63〕 参见《公司法》第142条。

资作出了法律上的严格限制。但是我国对德国法的引进是部分的，对公司进行减资形式的区分、减资的生效以及无效制度等都没有在我国立法中加以体现，而在实践中也并没有对此进行适用。

我国奉行大陆法系国家之下的法定资本制度。在法定资本制度之下，资本不变原则意味着公司的注册资本不得变更，但是这是不可想象的。实质上资本不变原则逐渐为资本维持原则所吸收，在资本维持模式下，我国的减资制度要求对资本变动进行公告披露，同时以严格的法定程序加以限制。

（二）我国公司减资纠纷的司法裁判现状及反思

笔者在北大法宝的司法案例中按照高级检索，将案由选取为“公司减资纠纷”，时间选取为2018年10月26日至2022年4月26日，检索区间为3.5年，共获取117份判决书，剔除未公布文书的案件以及重复案件，共有90份判决书，其中有57份涉及公司未履行通知程序而进行非法减资。

因此，经过对减资纠纷的判决书的整理，可见司法实践中关于减资的纠纷涉及公司与债权人两方的居多，由于减资时未履行通知债权人的义务，公司往往会被债权人诉上法庭，对公司违反法定程序瑕疵减资的行为如何定性成为法院判决中的争议问题。法院判决实践中产生两个裁判焦点，一是公司未履行通知义务是否导致公司减资无效；二是在判决焦点一的效力性之下，公司未履行通知义务进行减资之后法律责任承担的问题。对于焦点一，法院的裁判观点并无争议，即程序的瑕疵并不影响减资的有效性，公司即便未履行通知义务，减资行为仍然是有效的。在判决减资有效的前提下，对于未履行通知义务的程序瑕疵的定性问题，法院判决产生了不一致的情况，法律适用的不同从而也导致公司瑕疵减资责任承担的差异。

总体而言，法院判决中对违反法定程序瑕疵减资的定性主要有三种〔64〕：其一，类推适用最高人民法院《关于适用〈中华人民共和国公司法〉若干问题的规定（三）》第14条第2款〔65〕的规定，将其认为是抽逃出资，判定股东在抽逃出资

〔64〕参见余斌：《公司未通知债权人减资效力研究——基于50个案例的实证分析》，载《政治与法律》2018年第3期。

〔65〕参见最高人民法院《关于适用〈中华人民共和国公司法〉若干问题的规定（三）》第14条第2款。

本息范围内对公司债务不能清偿的部分承担补充赔偿责任;其二,类推适用最高人民法院《关于适用〈中华人民共和国公司法〉若干问题的规定(三)》第13条第2款的规定,将其定性为"出资不实",判决股东在减资本息范围内对公司债务不能清偿的部分承担补充赔偿责任的;其三,适用民法上第三人侵权的规定,责任承担上类推适用抽逃出资的规定。

以上司法裁判在对未履行通知义务的公司减资行为的定性以及相应法律责任的承担出现了法律适用不一致从而导致同类案件裁判结果不一的情况。反思此类减资行为以及司法裁判的现实,针对未履行通知程序的公司减资行为,法律并没有作出明确的规定,虽然在裁判实践中法院认定一致,认为程序瑕疵并不影响公司减资的有效性,但是此种认定是否一定合乎法理?此种减资行为责任如何承担,责任承担主体、范围以及责任承担方式如何确定?再者,通知义务的减资应当如何履行?义务主体以及履行方式等如何界定?同时,在全面认缴制之下,除了已全部实缴的股东,还存在股东认缴期已届至未缴纳出资或者股东认缴期限未届至的情况,对于这两类股东的责任该如何界定?以上都是减资制度的改进中需要明确的问题。

(三)减资制度的法律瑕疵

1.减资法律的管制无效

《公司法》第177条规定了公司减资所需要履行的必要程序以及对债权人需要承担的责任。公司减资需要股东会通过合法的程序进行决议。在公司需要减少注册资本时,必须编制资产负债表及财产清单。同时,自作出减少注册资本决议之日起10日内,公司应当通知债权人,并且在30日内在报纸上公告。另外,对于公司减资的债权人保护措施方面,公司法也作出了相关的规定,即债权人自接到通知书之日起30日内,未接到通知书的自公告之日起45日内,有权要求公司清偿债务或者提供相应的担保。

上述严格的程序限制是我国法律对公司减资的规制措施,然而这些限制是否得以有效落实以实现对债权人利益的保护呢?观察我国的司法实践,这个答案并不是肯定的。公司未履行程序性的要求,在事前并未对债权人的利益作出实质性的保护,司法裁判一致认为其并不影响减资的效力;而后公司减资普遍未对债权人进行清偿或者提供担保,法律也并未对此作出规制。法律为保护债权人利益设置的多重程序并未得到履行，缺乏追责制度保障，其管制也陷入无效的状态。因此，法律所规定的程序在实践中未得到履行，法律的规定实际上并未发挥其规制作用。

2. 通知公告程序虚置

实践中，我国公司减资的减资公告内容非常简略。笔者经检索发现，公司减资多集中于回购减资，减资公告由董事会作出，公告目前仅包括减资主体、减资原因、减资金额以及债权人权利期限。[66] 对于债权人所关心的公司偿债能力，并未作出适当的说明，仅有注册资本的减少数额无法对公司的财务状况作出确定性的描述，债权人仍旧难以判断是否需要提出清偿或者担保的请求，对于减资的原因，有些公告进行了简要的说明，有些公告并没有说明。同时，对于未提出清偿或担保的债权人，因公司减资而利益受损时，也难以证明公司减资的不当。

公司减资纠纷多源于公司未履行通知义务，部分原因在于公司往往误把工商登记作为公告。[67] 但是实际上，对于公司减资是否履行债权人通知程序以及是否履行提供担保或者清偿的债权人利益保障程序，工商部门仅作出形式性审查而非实质性审查，由此工商登记的形式性审查本身无法构成公司非法减资的债权利益的保障，更无法成为公司以及股东非法减资时的抗辩手段。[68] 对于通知方式与公告方式的适用，公告仅为未知或者无法联系到债权人的时候方可适用，不可作为对已知债权人的通知方式，法律对此未作出明示。

3. 瑕疵减资的法律责任不明

公司的瑕疵减资行为，包括股东会决议瑕疵，未履行通知义务以及不履行提前清偿和提供担保的义务等，法律对违法减资的法律后果并未作出明确的规定，债权人的救济方式也不明确。司法实践中往往产生对责任主体以及责任承担范围的裁判争议，类推适用不同的法律及责任承担方式导致了同案不同判的后果。同时对于董事的责任并未作出适当的规制。对此，法律也应当作出明示，规定责

---

〔66〕 参见 http://www.sse.com.cn/disclosure/listedinfo/announcement/，最后访问日期：2022 年 4 月 8 日。

〔67〕 参见余斌：《公司未通知债权人减资效力研究——基于 50 个案例的实证分析》，载《政治与法律》2018 年第 3 期。

〔68〕 参见刘玉妹：《认缴资本制视野下公司减资制度的构建》，载《法律适用》2016 年第 7 期。

任主体以及责任承担的范围,区分适用股东及董事的责任,对公司违法减资中董事责任承担范围作出适当的法律分配。同时对于董事责任承担的方式,连带责任抑或损害赔偿责任,该问题主要是针对债权人利益的保护,如何能够实现对债权人利益保护的同时尽量降低对公司发展的损害与阻碍,应当是责任承担方式适用需要思考的重要问题。

通过对法律条文以及裁判实践的观察,我国减资制度的现行法缺陷对债权人以及公司的发展均造成了不利的影响。债权人的利益保护是公司减资制度构建的重要一环,公司减资对债权人利益的影响是显著的,现行法的规定对债权人利益的保护存在诸多纰漏,同时现行法的减资严格规制对公司的发展也造成诸多不利的影响。

四、减资制度域外立法之对比与对中国的启示

(一)域外立法现状考察

减资制度的域外立法在英美法系与大陆法系有不同的表达,英美法系中的减资属于公司分配,采用偿债能力测试标准进行规制,大陆法系以信息披露制度下的严格债权人保护机制为主。两种法系对公司减资的规制源自于不同的资本规制方式,这种制度差异在减资程序以及债权人保护措施方面都有体现,对这两种规制方式进行分析比较可以对我国公司减资制度的改进提供有益借鉴,这种借鉴更应当关注减资的实质以及债权人的保护,而不是进行同法系模式的复制。由此,引进适用方法探析具有关键意义,这决定了公司减资制度能否进行实质化的有益改进。

1. 大陆法系

大陆法系国家的减资制度坚持严格的资本维持原则,规定了严格的信息披露制度,并设置以严格的程序对公司的减资行为进行限制,法律为债权人设置了异议制度,为债权人提供周全的保护机制。我国的公司减资也是大陆法系之下的严格减资制度,但是由于并未完整借鉴造成了我国减资制度法律体系的缺陷,导致裁判实践适用的混乱。

(1)德国经验——信息披露模式下严格的债权人保护机制

德国的公司减资制度对股份有限公司与有限责任公司进行了不同的规制。

德国《股份公司法》规定了公司的减资形式有一般减资、简易减资以及通过股份回赎或强制股份收购进行的减资，提供了法定的减资方式。[69] 关于有限责任公司的减资行为规制，德国《有限责任公司法》也对减资形式作出了规定，同时规定减资需通过公司决议并需要公证人记录，决议通过后在官方报纸进行公开刊登，以使债权人知悉而决定是否向公司进行债权申报，公司有义务按其要求进行清偿或者提供担保。[70]

减资制度尤其需要保护债权人的利益。在进行实质减资时，必须保证不得将用于清偿债务所需的资金退回股东。因此，如果在公司进行实际减资以前，债权人就已经拥有债权，而且在公司破产时，该债权人并不享有优先清偿权，那么只要该债权人在公告减资决议后的 6 个月内向公司登记了其债权，公司就必须对该债权人的尚未到期债权提供担保。[71] 同样的担保要求还适用长期债权。然而，对于这样的长期债务，必须对照适用德国《商法典》第 160 条的规定，最长期限为 5 年。[72] 只有在清偿债权人的债务或者债权人提供担保后，并且在 6 个月的公告期结束后，公司才能将股金退回股东。[73]

(2) 日本经验——类似德国模式的适用

日本《公司法》在第 447 ~ 449 条规定了公司减资事项，同时在第 309 条规定了公司减资需要经由股东大会决议。[74] 日本的减资制度还对不同的资金来源进行了区别规制，要求资本金以及公积金减资决议程序内容符合法律规定。[75] 同时，关于减资的决议，其在生效之前可以随时经由股东大会特别决议予以撤销。日本《公司法》同样规定了公司对减资事项有义务进行通知公告，并对其期限、内容及方式作出了法律限制。债权人对其具有异议权，同时公司应当对已知的债权人进行催告。对于债权人的异议，公司须向其清偿提供担保，或让该债权

---

〔69〕 参见德国《股份公司法》第 222 ~ 228 条。

〔70〕 参见德国《有限责任公司法》第 58 条。

〔71〕 参见德国《股份公司法》第 225 条第 1 款。

〔72〕 参见［德］托马斯·莱塞尔、吕迪格·法伊尔：《德国资合公司法》，高旭军等译，上海人民出版社 2017 年版，第 428 页。

〔73〕 参见德国《股份公司法》第 225 条第 2 款。

〔74〕 参见日本《公司法》第 309 条。

〔75〕 参见日本《公司法》第 447 条、第 448 条。

人以取得清偿为目的,向信托公司等信托相应财产。[76]

(3)韩国经验——类似德国模式的适用

韩国《公司法》规定减资必须经由股东大会决议,并规定减资决议需要明确方式。采用降低面值的减资方式时,需要对公司章程作出相应的变更。韩国《公司法》同样规定了公司需要履行通知公告程序,对已知债权人有催告义务,也规定了债权人异议的制度,对债权人利益进行周全的保护。[77] 关于债权人异议,该异议应由公司债权人集会决议,在此期间法院根据利害关系人之请求可以延长异议期间。对于提出异议的债权人,公司应清偿债务或提供相当的担保,或以此为目的将相当的财产信托给信托公司。同时规定在减资的程序或内容上有瑕疵时,即资本减少的方法或其他程序违反股份平等的原则、违反其他法令、章程或显著不公正时,股东、董事、监事、清算人、破产财产管理人或者不承认资本减少的债权人均可以提起诉讼。[78]

2. 英美法系

英美法系之下对于公司减资的规制随着其资本维持制度的改革出现了不同的变化,美国《示范公司法》的偿债能力测试模式不仅在多数州得到适用,而且被英国(2006 年)、澳大利亚(2010 年)等国家的公司法所引入。

(1)美国经验——偿债能力测试模式的示范

美国《示范公司法》采用偿债能力测试标准规制公司的分配行为,减资作为分配的一种自然归属于其规制,需要董事会通过衡平偿债能力测试与资产负债表偿债能力测试进行判断。对于债权人的利益保护则需要通过董事责任体系[79]进行事后的规制。对于非法分配,美国《示范公司法》对其规定了特别责任,即当公司分配不当时,对该分配投赞成票的董事就要对分配的非法部分向公司承担连带责任。[80] 当然,法律也为董事保留了抗辩权,最典型的是商业判断规则。

《特拉华州公司法》中并没有引入统一的偿债能力测试,但是其在普通法判

---

〔76〕 参见吴建斌编译:《日本国公司法:附经典判例》,法律出版社 2017 年版,第 247 ~ 248 页。

〔77〕 参见韩国《商法典》第 439 条第 2、3 款,第 232 条第 1、3 款。

〔78〕 参见吴建斌编译:《日本国公司法:附经典判例》,法律出版社 2017 年版,第 247 ~ 248 页。

〔79〕 See Model Bus. Corp. Act § 8. 30.

〔80〕 See Model Bus. Corp. Act § 8. 33.

例中也多有适用。[81]《特拉华州公司法》规定,除非公司在减资后剩余的资产足以支付公司的任何债务,否则减资不得进行或者生效。同时法律还规定公司减资免除未缴足股份的股东的任何责任。[82]《特拉华州公司法》规定了减资需要经过董事会决议,同时规定减资的形式。[83]

(2)英国经验——司法介入模式与偿债能力声明模式并存

英国的减资制度针对公众公司和封闭公司采取不同的减资规制模式,属于偿债能力测试模式与法院确认模式的结合。无论遵循哪种程序,英国《2006 年公司法》都规定,公司可以运用"任何方式"降低其股本。但它仍然规定了三种有代表性的情形,意味着对债权人保护有不同的后果。[84]

针对公众公司的减资,需要经过股东会特别决议和法院确认。法院批准的要求被假定能够对债权人提供必要的保护,以及在超级多数决无法保护少数股东时,对少数股东提供保护。法院对减资议案的确认机制,是对债权人的唯一保护。法院需要对债权人清单进行全面确认,这份清单由公司提供,公司的收集应当是主动的而不是被动由债权人进行申请。[85] 对债权人清单的审查中,法院的确认程序不允许公司减资存在异议债权人的反对,除非公司可以通过清偿或者担保的方式对其进行补偿。[86]

对于封闭公司,在保留法院确认的模式之下,英国《2006 年公司法》引入美国《示范公司法》中偿债能力测试的机制,采用董事偿债能力声明的机制对减资后公司的偿债能力作出判断与声明,公司减资可以有两种方式选择适用。偿债能力声明包括两项,第一项声明根据公司财务的历史信息作出,第二项声明是关于未来的预期,涵盖了声明作出之后 1 年的期间,需要将公司的或然债务和潜在债务考虑在内。[87] 董事应当对其作出的偿债能力声明负责,英国《2006 年公司

---

[81] See Stearn R. & Kandestin C. D. , Delaware's solvency test: What is it and does it makesense-a comparison of solvency tests under the bankruptcy code and delaware law, 36(1) Del. J. Corp. L. 165 (2011).

[82] See Del. Code Ann. tit. 8, § 244(b).

[83] See Del. Code Ann. tit. 8, § 244(a).

[84] See James J. Hanks, Jr. , *Legal Capital and the Model Business Corporation Act: An Essay for Bayless Manning*, 74 L. & Contemp. Probs. 211 (Winter 2011).

[85] 参见英国《2006 年公司法》第 646(3)条。

[86] 参见英国《2006 年公司法》第 648(2)条。

[87] 参见英国《2006 年公司法》第 643(1)条。

法》甚至以刑事责任进行规制。[88] 英国《2006年公司法》对于偿债能力测试模式的应用非常谨慎，但是也是对其严格资本维持模式的突破，为资本维持为主导的公司制度引进偿债能力测试提供了范例。

(3)澳大利亚经验——偿债能力测试模式的适用

澳大利亚《公司法》同样关注减资对公司偿债能力的损害与否，该法律规定了减资的法定程序，即通过决议提交审核，并且禁止任何未完成决议的减资。这自然是出于对债权人利益的保护，但同时也实现了对少数股东利益进行保护。除此之外，澳大利亚《公司法》也规定了减资信息披露的方式，即通知与公告，同时对其内容作出了明确的实质性要求。除了以下情况，如果公司已经将公司减资的相关信息披露给股东，那么在此种情况之下公司可以免除公告的法定义务。澳大利亚公司还详细规定了在减资过程中涉及的如董事责任、信息披露等各种责任。[89]

(二)域外法对比分析

两大法系之下减资制度的安排具有很大不同，这反映出两大法系之下国家奉行的制度理念差异，同时对公司权力中心的归属也并不相同，在减资制度的操作中，对于公司资本的会计处理方法也不尽相同，由此，不同的减资制度安排下所赋予债权人的保护手段与保护方式，以及不同制度程序下所能达到的减资效率也大有不同。笔者将从制度理念、减资制度的权力中心、规制措施顺序、制度效率以及债权人保护手段方面分析两种减资制度的不同。

1. 制度理念

两大法系之下减资制度的差异化体现出其所依赖制度理念的不同，大陆法系之下减资制度的构建奉行资本维持的规范。资本维持原则要求公司缴纳一定数额的资金方可成立，该资金不仅是公司成立的基础也是对于债权人的保证[90]，不可随意抽回[91]，且在运营中也要保持，即资本维持原则。在实践中存在多种抽取公司资本的方式，法律通过限制回购、发行以及分配等防止公司的资本

---

〔88〕 参见英国《2006年公司法》第643(2)条。

〔89〕 See Australia Corporations Act(2010), Section 256.

〔90〕 See WOOD et al. v. DUMMER et al., 30 F. Cas. 435 (1824).

〔91〕 See Trevor v. Whitworth, (1887) 12 App Cas 409, [1886 - 90] All ER Rep 46, 57 LT 457.

流失。

公司分配制度的偿债能力测试模式的理论基点在于:第一,所有按比例支付给股东的股份,无论是通过股息、赎回、其他再收购,还是部分清算,对公司(其资产的减少,通常是现金)和股东(每个股东拥有的股份百分比没有变化)都有相同的经济影响。因此,它们的法律待遇应该没有区别。第二,将公司有权分配的资产数额建立在任意的、与经济无关的数字上,如面值及其衍生品的声明资本,即使是部分的,也没有经济意义。第三,库藏股作为公司发行但后来重新获得的股份,无论是通过赎回还是回购,与授权但从未发行的股份之间没有区别,因此,库藏股在概念上没有任何作用,应该被废除。[92] 这三点论断是 Bayless Manning 教授在美国律师协会任职期间的主张,也是美国《示范公司法》建立偿债能力测试的统一分配模式的依据。

2. 减资制度的权力中心

在减资制度中,英美法系奉行董事会中心主义,大陆法系奉行股东会中心主义。偿债能力测试下,董事会的主观预测是公司能否减资的决定因素;而大陆法系之下,公司的减资需要股东会的决议,董事会则成为股东会的执行机关,对减资的程序进行具体的操作,公司减资与否并不体现董事会的主观意志。由此也导致对于公司减资决策的意志来源不同,偿债能力测试下更能体现公司运营策略的需求,而资本维持模式下的股东会决议反映根本股东利益。

两种公司减资制度权力中心归属的不同也体现了公司运营方式的不同,董事会中心主义之下,经营权是公司发展的核心,减资制度自然归属于对公司最为熟悉的管理层;而在资本维持模式下,股东出资是公司得以成立运营的关键,公司的发展是为股东的利益而服务的,由此公司减资的最终决策权自然也属于公司的股东层,董事会仅仅是股东的执行机关。

3. 规制措施顺序

关于公司减资的法律规制,资本维持模式与偿债能力测试模式采用不同的法定程序,从减资规制的先后顺序来看,资本维持模式下公司减资发生前需要通

〔92〕 See James J. Hanks, Jr., *Legal Capital and the Model Business Corporation Act: An Essay for Bayless Manning*, 74 L. & Contemp. Probs. 213 (Winter 2011).

过股东会决议,公司的通知公告程序履行以及债权人异议处理,属于事前的严格规制;而在偿债能力测试模式下,公司减资仅需要董事会的测试,董事需要遵守注意义务,债权人无权参与公司减资的操作,对于非法减资的规制以及债权人利益的保护则是通过董事责任体系进行事后的追责,因而偿债能力测试的减资规制主要是事后的规范与归责。两种模式的不同源自两种制度理念的差别,资本维持模式要求公司维持一定的资本量以作为公司信用的担保,对于公司资本流出的行为慎之又慎;而偿债能力测试更加注重公司资本的运营作用,因而对公司资本调整持宽松态度。

4. 制度效率

观察资本维持模式与偿债能力测试模式下的公司减资制度,从法律条文的篇幅大致可以看出二者效率不同。解析传统资本维持体系下对资本流出端的规制,债权人的同意成为公司资本流出的门槛,法律设定了严格的限制程序,包括对适用情况的限制、执行程序的严格限制以及债权人异议制度,还设定了不同的法定期间,对公司资本的流出设置层层关卡,由此公司减资的效率并不高。相较而言,偿债能力测试体系下公司减资并不需要履行法定的期间程序,董事声明为债权人提供保障,公司减资并不需要债权人的同意。这种方式提升了公司资本行为的灵活性,降低了公司资本调整行为的成本,但偿债能力测试在保证债权人偿付预期不受威胁的情况下,使公司拥有了更大的分配权力。[93]

对于减资制度中偿债能力测试适用,英国公司法的适用提供了现实的对照实验。根据英国的一项调查,起初让 8 家公司对分配方式进行选择,只有 1/4 选择了偿债能力测试声明的模式,尽管他们表明偿债能力声明模式更加简洁省时,节约成本。然而根据最新迹象表明,越来越多的公司倾向采纳偿债能力声明的方式,其被认为是更具备成本收益平衡的操作方式。[94] 这显示了偿债能力测试在以资本维持模式为主导的公司法下的适用成果。英国公司法在减资制度中构建了完整的减资制度,对我国减资制度中引进偿债能力测试提供了有益的经验

〔93〕 参见朱慈蕴、皮正德:《公司资本制度的后端改革与偿债能力测试的借鉴》,载《法学研究》2021 年第 1 期。

〔94〕 See Eilís Ferran, *Revisiting Legal Capital*, European Business Organization Law Review. 20:521 - 545(2019).

借鉴。

5. 债权人保护手段

资本维持模式与偿债能力测试模式的公司减资程序大不相同，由此体现出债权人保护手段不尽相同。资本维持模式下公司减资需要履行严格的程序，公司的通知公告义务、债权人异议制度以及清偿、担保、信托的义务，甚至是取得所有已知债权人的同意都体现了对债权人的严密保护。而偿债能力测试模式下，债权人在减资之前并没有法定的参与权。债权人的保护通过董事责任体系进行事后追责，同时在公司因减资分配无法偿债时，判例法倾向于将董事的信义义务扩至债权人，由此赋予债权人直接追责权。

债权人的利益保护需要解决其最关心的公司的偿债能力的问题，资本维持模式通过层层限制"围堵"公司资本流出的渠道，这并不能保证公司能够到期还债，这是由于公司的投入资本与债权并不全然对等，与其设置层层关卡而无法实现对债权人利益的实质保护，不如抛开诸多形式限制，抓住公司偿债能力这一核心，采用偿债能力测试的模式。

五、减资制度的偿债能力测试模式构建

（一）我国减资制度的偿债能力测试适用性考量

对在我国减资制度中适用偿债能力测试，不仅需要考虑偿债能力测试所能带来的优势，还要考虑我国现行法律能否承载偿债能力测试的着陆，偿债能力测试与我国减资制度的匹配影响之后减资制度的有效适用。

1. 我国资本制度改革的体系化

我国《公司法》颁布于1993年年底，2005年对《公司法》进行了修订，对公司资本制度出资环节进行了宽松化改革；2013年《公司法》修正，推行全面认缴制，进一步对资本流入环节进行放松化管制；2018年《公司法》对公司回购制度进行修改，首次资本流出环节进行了有益化的尝试。[95] 2019年，上海证券交易所、深圳证券交易所分别发布的《上海证券交易所上市公司回购股份实施细则》与《深

---

〔95〕 参见朱慈蕴：《中国公司资本制度体系化再造之思考》，载《法律科学（西北政法大学学报）》2021年第3期。

圳证券交易所上市公司回购股份实施细则》均对资本流出端进行了偿债能力测试的尝试，细则规定了董事应当对公司的股份回购作出承诺，承诺内容包含回购不损害公司偿债能力和持续经营能力，此种制度安排实质上是采用了“偿债能力声明”的机制对公司资本流出的行为进行规制。上市公司的股份回购必然造成公司的资本减少，根据《全国法院民商事审判工作会议纪要》第 5 条的规定，未完成减资不得进行股份回购[96]，由此公司股份必须履行减资的全部操作程序，这在实质上对上市公司的股份回购而言，嵌套了两套制度，包括偿债能力测试以及资本维持模式下严格的减资程序，造成了法律规制的重叠与冗余。

2. 资本信用到资产信用的改革方向

我国在《公司法》立法上体现出鲜明的资本信用的理念，体现在公司减资制度的构建中，即使我国减资制度立法并不完备，其程序性要求仍然对公司的减资作出了严格的限制。在我国法定资本制度之下，减资意味着注册资本的减少，注册资本正是我国资本信用为核心的背景下的公司信用的代表，减少注册资本是对公司资本信用的直接减损。那么严格限制公司的减资，是否真正维持了公司的信用呢？又是否对债权人的利益起到了真正的保护作用呢？实践中公司的减资有形式减资与实质减资之分[97]，在形式减资之下，公司的实际资产早已减损，此时的减资并不发生资产的流动，也不论及公司信用的降低，因为公司的实质资产本就降低了，这也正能够表明公司的资本信用并不能实际反映公司的资产水平以及实际偿债能力，对于债权人的保护也流于形式。而在实质减资之下，注册资本的减少也并不能反映公司信用水平的降低，公司的资产在动态的经营中每时每刻都发生着变化，公司的资本随着经营变化很难反映公司真实的资产水平，而公司减资之后可能仍然拥有银行的信用贷款支持的现金流能力，减资也并不意味着公司偿债能力水平的下降。资本维持模式归根结底关注公司的资本信用，偿债能力测试关注公司的资产信用。公司信用并不仅仅由公司的资本所决定，公司资产对公司的信用基础起着更为重要的作用，中国公司资本制度改革的基本思路与方向是从资本信用到资产信用。[98]

---

〔96〕 参见王军：《抽逃出资规则及公司分配制度的系统性改造》，载《法学研究》2021 年第 5 期。

〔97〕 参见李建伟：《公司法学》，中国人民大学出版社 2008 年版，第 220 页。

〔98〕 参见赵旭东：《从资本信用到资产信用》，载《法学研究》2003 年第 5 期。

3. 司法裁判的适用实践

案例中也常常用有损公司实际偿债能力解释，资产负债表核算会出现公司通过资产负债表测试但是实际上减资使得公司偿债能力降低的现象。实践中，人们在现行《公司法》的资本维持规范之外，尝试运用实际偿债能力标准来分析公司的分配事项。[99] 在减资纠纷的裁判中，法院也出现以损害公司实际偿债能力为由判定公司减资是否属于抽逃出资，裁判理由中往往出现以损害了公司的实际偿债能力、实际上降低了公司的偿债能力等语句用以阐释公司减资是否构成抽逃出资。

4. 公司减资的实质及利益考量

股东的出资是公司成立的基础，公司的资本也是应当与公司运营发展情况保持一致的，无论是减少资本以匹配公司的发展情况，还是调整资本以实现公司融资等情况，公司的减资本质上是一种资本调整行为，属于公司发展中资本运行的行为。同时，减资作为公司资本流出的一种形式，其制度的设计不仅需要考量债权人的利益，也需要考虑公司股东的利益。在资本市场上，公司减资往往作为公司资本返还的方式，如回购、回赎等。我国《公司法》也允许以减资为由进行股份回购。减资有时会作为公司盈余返还的一种，以减资方式返还盈余的优势在于资本返还后，剩下的小规模企业可能产生较小的利润总量，但因资本的减少，公司未来基于压力可减少分配股利。[100]

（二）以偿债能力测试为核心构建我国的减资制度

1. 偿债能力测试标准适用

偿债能力测试包含多种方式，美国《公司法》与《破产法》中的适用也并不相同，三种偿债能力测试功能不尽相同，测试操作也不同。我国减资制度对三种标准做何选取是需要结合三种标准之间的关系以及我国减资资本制度现实来决定的。

衡平偿债能力测试规定对公司进行分配之后仍然需要具备偿债能力，资产负债表测试要求公司在正常的经营中总资产高于总负债，资本充足率测试则建

[99] 参见王军：《抽逃出资规则及公司分配制度的系统性改造》，载《法学研究》2021年第5期。
[100] 参见傅穹：《重思公司资本制原理》，法律出版社2004年版，第177页。

立在两项测试之上，对于公司是否满足维持正常经营所需要的资本水平进行测试。每一项偿债能力测试的通过并不意味着能够满足其他的偿债能力测试。衡平偿债能力测试对于公司的经营与发展而言是相当重要的，但其测试方法在实践中很难做到准确评估，进行多项的偿债能力测试对公司偿债能力的判断具有积极意义，公司偿债能力测试作出了偏误结果而进行减资造成的损失是远高于三项测试成本的。[101]

我国减资制度可以同时适用三项标准，公司减资需要同时通过三项测试。三项测试不同的侧重点对公司偿债能力进行了完善的评估。衡平偿债能力测试在公司经理困难或者处于流动性状况和运营不明了的情况下能够很好地发挥其作用；资产负债表测试明确清晰，对公司正常经营过程中的偿债能力可以作出明确的评估；以及资本充足率测试所要求的公司正常运营都是在我国公司减资中不必可少的对公司偿债能力的要求。尤其，我国在以资本维持为主导的模式下，对于资本制度的转型也应当更加谨慎，三项测试的结合更能够表明公司的偿债能力，对债权人的保护也更加可靠。

2. 赋权：董事会执行

美国《公司法》实行董事中心主义，董事主要是股东的代理人，他们管理股东的资金，任命和解雇股东。在中小型公司中，股东往往自己担任董事。公司董事作为公司的管理层，对公司的经营现状以及未来的商业计划的情况最为了解，偿债能力测试中依靠公司董事对于公司的偿债能力判断，除了会计财务数据之外，更多地包含对公司发展的预期，对公司偿债能力的判断根本上属于商业判断。然而，让制订公司商业计划的人依据公司前景判断其未来现金流状况，对于偿债能力测试结果的准确度很难保证。[102] 因此，我们必须找到程序性和实质性的条款和制裁措施，以确保董事不会做其行为方面似乎最有可能做的事情，即对公司未来满足其债权人的能力过于乐观。英国和美国的“本能”似乎是首先信

---

〔101〕 See J. B. Heaton, *Solvency Tests*, 62 Bus. Law, p. 1001 - 1006 (2007).

〔102〕 参见刘燕、王秋豪：《公司资本流出与债权人利益保护——法律路径与选择》，载《财经法学》2020 年第 6 期。

任董事，因此这些国家选择灵活的标准和事后制裁。[103]

我国公司一般由控股股东主导，借鉴偿债能力测试模式，依赖于董事会管理层对于公司的未来预期与商业判断，由此对于董事会中心主义的确立方面，以及相配套的董事责任方面，在引入偿债能力测试时需要逐步构建起完整的体系。

董事需要对三项偿债能力测试进行具体的执行参与，在会计中介机构的测试核算中对公司资产、负债、商业计划等的预期进行合理的评估，以作出对公司偿债能力合理的估值。在会计准则的适用方面，参考美国《示范公司法》的规定匹配宽松的会计准则选用规则，来与董事的主观判断相匹配。在董事的保护措施方面，建立董事的抗辩权，除了商业判断规则的构建，还可以引入董事的否决权，当公司未通过三项偿债能力测试而不具备公司减资的条件时，董事会此时可以据此否决公司减资行为。

董事应当对偿债能力测试作出声明以强化董事责任，偿债能力声明的减资公告，包含声明的具体内容以及偿债能力测试通过的结果，同时向债权人公开不涉及公司财务秘密的财务信息，保障债权人知情的权利，为债权人对分配的异议申请违法分配救济权提供依据。减资信息公开的内容还应当包含实质性的信息，对于减资的主体、减资事由、减资的具体时间，减资金额的变动，减资之后公司的资本资产情况都要作出明确的实质性内容规定。对于减资信息公开应当规定法定的公开平台，同时，对公司的已知债权人要通过适当的通知方式告知减资的发生并进行公告的发布，以保障债权人能够尽可能地获取信息。

3. 归责：董事责任体系构建

董事责任体系是保护债权人的手段，也是偿债能力测试体系之下必不可少的。鉴于我国股东会中心主义的传统，对董事责任体系的构建应当更加明确，同时要对体系进行完整地构建，以避免归责混乱的后果。

对于董事的行为标准，美国《示范公司法》规定董事以“善意行事且以合理的方式为了公司利益的最大化而行事”是对董事的注意义务的规定。在我国减资制度的偿债能力测试模式的构建中，董事的行为标准是必须要明确的。我国

[103] See Schön W., *Balance Sheet Tests or Solvency Tests—or Both?*, Eur Bus Org Law Rev. 7, p. 181 - 198 (2006).

《公司法》第 147 条第 1 款规定:“董事、监事、高级管理人员应当遵守法律、行政法规和公司章程,对公司负有忠实义务和勤勉义务。”这实质上是我国版本的董事、监事、高级管理人员的注意义务,但是法律表述过于简单,概念及标准都无法明确,在实践中难以适用。现阶段,我国的注意义务更多关注事后对受害者的损失填补和对管理者的究责,行为标准和司法判定标准合一的方式更利于我国法律的适用。[104]

责任标准的不确定性会导致司法责任规则的混乱,确定董事责任的标准对于公司减资分配中董事判断的有效性具有重要的意义,董事的商业判断对公司减资的偿债能力具有关键性的作用,而商业判断是一套极具主观性的判断,对董事商业判断的合理性进行评估应当以确定时期的具体情况为准,而不能以事后的情况变化对其进行追责。[105] 确立在公司处于不可清偿境地时董事对公司债权人的信义义务,同时当董事出于善意,并且与分配决策无利害关系,以谨慎的态度、合理地相信公司是具备偿债能力进行公司分配时法律不应向董事施加分配责任。[106] 在我国董事责任体系不完善的情况下,在我国的减资制度中适用偿债能力测试,对于商业判断规则的适用具有关键性的意义,为董事执行解除任意归责的风险是减资制度中偿债能力测试模式有效运行的关键。我国可以借鉴美国《公司治理原则:分析和建议》,排除相关利益因素,关注善意标准,构建我国的商业判断法律规则。[107]

偿债能力测试下,董事的主观判断对偿债能力测试结果具有举足轻重的影响,由此对董事责任的规制是尤为重要的。美国《示范公司法》第 8. 30 条规定,“公司董事如果对非法分配持赞成的态度,就要对超过合法分配的部分承担个人责任”。但董事无须对无法预见的发展事态承担责任。针对债权人义务的承担,美国法中当公司处于濒临破产的边缘时,董事对公司债权人也负有信义义

---

〔104〕 参见翁小川:《董事注意义务标准之厘定》,载《财经法学》2021 年第 6 期。

〔105〕 参见刘燕、王秋豪:《公司资本流出与债权人利益保护——法律路径与选择》,载《财经法学》2020 年第 6 期。

〔106〕 See James E. Tucker, *Director and Shareholder Liability for Massachusetts Corporations' Distributions to Shareholders: A Suggestion for Change in Standards of Director Liability*, 28 New Eng. L. Rev. 1025 (1994).

〔107〕 参见傅穹、陈洪磊:《商业判断规则司法实证观察》,载《国家检察官学院学报》2021 年第 2 期。

务，这时候，董事不再局限于对股东承担忠实义务和勤勉义务，而应对包括公司债权人在内的整体负责。[108] 我国2021年12月发布的《公司法（修订草案）》第190条规定了董事、监事、高级管理人员在故意或者重大过失给第三人造成损害的情况下，应当与公司承担连带责任。[109] 该条明确了公司对债权人应当承担义务，并且明确责任承担方式为连带，但是并未明确董事的赔偿限度。董事作为公司的代理人或者代表，其建立的债权债务法律关系的双方为公司与债权人，债权人并不能跨越合同双方关系对董事进行追责，董事的责任承担是公司内部的，在公司非法减资中应当设置董事的追偿权利。法律应当避免对董事过重苛责，应当对其作出适当的限制，将利益返还作为法定的赔偿限额是更为合理的方式。[110] 对于违法减资所涉及的股东，股东因违法减资所获收益无论是善意还是恶意都应当返还。同时对于违法减资事实明知的股东，可以适当减轻董事的责任，这也是对董事进行保护的措施。

（三）偿债能力模式下债权人保护的配套措施

从美国法的实践来看，偿债能力测试模式下，有关于债权人利益需要由其他部门法的共同保障来实现。美国的偿债能力测试模式通过其他部门法的配套法律制度，设定债权人的合同保障机制，对债务人的欺诈性转让进行规制以保证债权利益的资产交易限制。[111] 同时结合偿债能力测试制度配套董事责任体系，对债权人的利益提供事前、事中以及事后的全程保障机制。我国在减资制度中引进偿债能力测试也应当完善相应的机制以实现对债权人利益的有效保护。

1. 健全债权人的合同保障机制

在合同设置对债权人行为的约束条款，借以对债务人的财产交易行为进行一定程度的控制。债权人可以通过对债务人的基本情况进行考察，对债务人易于发生的财产交易行为设置必要的合同保障，以实现对债务人偿债财产的事前

---

[108] See J. B. Heaton, Legal Solvency Tests and Financial Economics, The Journal of Risk Finance, 4 (1). 2002.

[109] 参见《中华人民共和国公司法（修订草案）》第190条。

[110] 参见叶林、叶冬影：《公司董事连带/赔偿责任的学理考察——评述〈公司法修订草案〉第190条》，载《法律适用》2022年第5期。

[111] 参见刘燕、王秋豪：《公司资本流出与债权人利益保护——法律路径与选择》，载《财经法学》2020年第6期。

限制,从而保护自己的债权利益。债权人的合同保障机制具有多种不同的条款与方式,如对债权人财产另行担保设定必要的限制、对债务人财产的偿债顺序进行明确的约定、对公司的继续性融资进行限制、对债权人财产的流出与分配进行限制等,这些举措通过明确的合同义务的设定易于落实与操作,同时也有利于债务合同责任的追责,超出资本维持模式所能够产生的债权人利益保护程度。〔112〕在英国讨论是否需要向美国学习废除资本规制的规则的过程中,一些理论分析被提了出来。Armour 教授分析了包括融资出资、最低资本要求、资本维持以及财务资助四种资本规制的法律制度。〔113〕 这些资本的规制模式必然会带来相应的限制,但是相较于其能够获得的收益,所付出制度限制的损失是值得的。在 Armour 教授分析的四种资本制度规制中,资本维持和财务协助的限制更能够发挥有效的作用,但是采用这两种资本限制仍然不如采用标准合同来提供保护更加有益。〔114〕

债权人保护的合同机制的有效性依赖于担保机制的完善,同时通过限制性的交易措施限制公司资产交易的行为。资本具有交易性,资本制度的规制不仅需要关注资本流入的开端与资本流出的末端,资本活动最频繁的阶段是公司的运营阶段。通过建立债权人保护的合同机制,加强对资本运营过程中公司的交易行为的监管,利于规避债权人利益的损失,而又不同于资本维持模式下对公司资本的严格限制,是一种低成本的保护措施。

2. 借鉴适用欺诈性转让规制机制

欺诈性转让债务人为逃避债券责任而对自己的财产违法进行转移的行为,债权人通常采取的欺诈性转让方式包括债务人通过各种方式减少其财产或者降低其财产的价值,使得财产的价值不合理地减少,如对他人赠予、信托或低价转让财产等。债务人承担的有限责任为其逃避债务承担提供了制度便利,债权人只能对特定的财产主张债权,而无法对债权人追究无限的债权责任,由此就会导

〔112〕 参见刘斌:《认真对待公司清偿能力模式》,载《法律科学(西北政法大学学报)》2021 年第 4 期。

〔113〕 See John Armour, Legal Capital: An Outdate Concept, 7 EUR. BUS. ORG. L. REV. 5, 6 (2006).

〔114〕 参见邓峰:《资本约束制度的进化和机制设计——以中美公司法的比较为核心》,载《中国法学》2009 年第 1 期。

致债权人滥用其有限责任，其对特定财产具有充足的支配权，同时对进行欺诈性的财产转让以逃避债务的承担也具有充足的动机，由此，债务人的有限责任制度对债权人的利益容易造成损害。[115]

1984年《统一欺诈性转让法》对于损害债权人利益的欺诈交易行为进行了详细的规制。该法将欺诈交易区分为事实欺诈与推定欺诈，债权人可以其中任意一种行为作为行使撤销诉权的依据。欺诈交易的认定也需要满足较为严格的条件，具体包括以下几个方面：交易的目的在于隐藏财产、延迟支付或者欺诈债权人；交易没有对价或者不存在合理的对价；交易导致债务人出现了无力清偿债务的局面。对于这些欺诈转移财产的行为，债权人可以提起撤销之诉进而请求法院宣告相关合同无效和撤销相应交易。[116]

欺诈性转让法下推定欺诈囊括了一个广义的股东分配规则，从构成要件来看，不论是利润分配、股份回购，还是公司与股东进行的对价不公允的交易行为，都可能符合推定欺诈的构成要件。欺诈性转让法对债权人的保护是事后的救济而非事前的预防，尽管对于什么样的情况属于丧失清偿能力或者资本过低，在实践中仍然基于法院对个案的判断，但相比公司法下将偿债能力标准理解为一个事前标准仍然有本质上的不同。[117] 当偿债能力测试适用于我国减资制度时，由于我国的董事责任体系尚不完善，对于减资的追责，能够实现的对债权人的保护程度尚不完备，在减资交易的事中以及事后适用欺诈性转让法规制违法减资，能够更好地发挥偿债能力测试的效果，同时实现对债权人全流程的保护。

3. 完善信息披露机制

信息披露是现代公司治理中的重要一环，对公司的运营起到监督与保障的作用。在公司减资中，以偿债能力测试标准的法律体系需要董事的承诺和声明，这是对公司偿债能力判断的结论也是减资的依据，这种测试的声明就是一种信息披露，但是减资的信息披露并不限于声明的内容和方式。公司对债权人的信

---

[115] 参见王海明：《美国〈统一欺诈性转让法〉一瞥及其借鉴》，载《环球法律评论》2007年第2期。
[116] 参见邹海林、陈洁主编：《公司资本制度的现代化》，社会科学文献出版社2014年版，第244页。
[117] 参见刘燕、王秋豪：《公司资本流出与债权人利益保护——法律路径与选择》，载《财经法学》2020年第6期。

息披露应当加以增强,以实现在偿债能力测试下的债权人利益保护。公司应当对债权人披露关键的减资信息,对影响债权人利益的关键财务及法律信息作出关键的提示,这些对于实现债权人的利益保护具有重要作用,同时也提醒债权人能够在适当的时候作出保护自己利益的决策,避免事后的法律纠纷。减资的偿债能力机制对公司的会计财务制度有强烈的依赖,严格完备的财务制度对于偿债能力判断具有关键的影响作用,而相应的必要财务信息的披露制度是债权人利益的重要保障。除了信息披露的内容,信息披露的标准以及方式都需要法律作出适当的规制,在减资中信息披露应当以债权人知晓公司减资对自己的利益影响为标准,匹配的减资的方式以信息的送达为目标。法律应当明确信息披露需要达到的内容以及形式标准,对信息披露的履行方式作出明确的形式规定能够避免实践中的混乱。

六、结语:全面构建“大分配”体系

公司的减资必然导致资本的流出,减资制度是公司分配法律规制中的重要一环。我国的减资法律体系存在诸多先天不足,导致裁判适用的混乱,同时现行法之下的减资制度也无法实现对债权人利益的有效保护,而以资本维持为核心的重重限制也不利于公司的资本运营。以偿债能力测试为核心构建我国的减资制度能够解除制度限制,同时解决债权人的核心关切,即公司的偿债能力。而我国公司资本流出阶段改革并不止于此,以减资制度为起点,将所有公司资本流出的行为以偿债能力测试模式进行规制,完善我国公司资本流出制度的宽松改革,在激发经济活力的同时保护好债权人的利益,适应经济发展的现状,构建我国资本制度的“大分配”体系。

金融法

清华金融法律评论·第7辑
金融与公司法之交融
第113~147页

短线交易主体范围研究

陆 晨*

目 次

摘 要:短线交易制度是维护证券市场秩序的重要制度,该制度具有客观责任、自动适用的特点,主体构成要件是短线交易行为认定中的重点。现行《证券法》将法定内部人的配偶、父母、子女及利用他人账户持股的情形纳入监管范围,但实践中如何认定短线交易主体标准仍不统一,有必要对短线交易主体认定标准予以细化。本文结合域外国家的立法经验、我国短线交易执法实践以及法经济学理论,对短线交易主体要件及其认定标准进行研究,认为对短线交易的主体认定应当划分为三个层次,分别为短线交易制度直接适用的主体范围,短线交易制度推定适用的主体范围以及利用他人账户持股交易的情形。

* 陆晨,2022届清华大学法律硕士生。

关键词:短线交易;主体要件;认定标准;实际持有

短线交易制度是吓阻内幕交易行为、维护证券市场秩序的重要制度。从构成要件来看,短线交易制度明晰且简易,具有自动适用的特点。通过预设法定内部人具有利用上市公司内部信息交易的高度可能性,该制度不问法定内部人是否实际利用内部信息,凡上述主体在6个月内进行一组反向股票交易行为,则自动将其利润归入公司。这种"粗略而实际"的方法,对立法及实践中精确划定法定内部人范围提出了难题,特别是对短线交易主体的认定标准,我国在立法规定中并未予以明确规定,在司法判断及行政执法中也存在分歧。随着我国对证券违法违规交易行为日益关注,立法上短线交易行为的处罚标准被提高,如何认定短线交易主体也有待深入。基于此,本文拟对我国短线交易主体范围及认定标准展开研究。

具体而言,本文将借鉴域外先进国家的经验,结合我国证券市场上的执法与司法实践,分析与短线交易主体范围及认定标准有关的三个问题。其中,第一个问题旨在回答当法定内部人与证券交易主体不一致时,如何运用"实际持有"标准;第二个问题旨在分析短线交易制度下的"利用他人账户"是否同时构成现行《证券法》第58条相关法律责任,二者的法条关系如何适用;第三个问题为对大股东身份界定的5%的持股比例是否要提高到10%?

一、短线交易主体范围概述

短线交易制度是指对上市公司的董事、监事及经理等高级管理人员,以及持股数额达到一定比例的股东,在法定期限内从事一组买入并卖出,或卖出并买入该上市公司证券的反向交易行为,来源于该反向交易行为的利润归公司所有的法律规制。短线交易制度赋予公司在法定内部人员于特定期限内从事证券反向交易行为时,将交易利润归入公司的权利。

(一)短线交易制度的历史演变

短线交易制度可追溯至美国《1934年证券交易法》,在1929年股灾的冲击下,美国参议院对证券市场与证券交易所进行了翔实的调查,发现证券市场中的欺诈、操纵及内幕交易行为严重损害了证券市场投资者的信心。[1] 为克服此种弊端，美国《1934 年证券交易法》应运而生，其中第 16 节(b)款规定公司的内部人士在 6 个月期限内进行买进后卖出或卖出后买进的反向交易行为所获利润，公司董事会有权要求此内部人士返还。

制度出台后，美国各级法院根据案情细节差异，判决了诸多相关案例，丰富完善了短线交易制度的基本原则，其中一些原则最终被美国证券交易委员会(SEC)吸纳至实施规则中，形成环环相扣、具有可操作性的制度。例如，第 16 节(b)款将主体界定为上市公司的董事、经理、高级管理人员，以及 10% 以上证券的"受益所有人"，在几起涉及利用他人账户交易的代表性案例中，"受益所有人"的涵盖范围不断拓展，并从形式标准向实质标准迈进，最终 SEC 于 1991 年颁布了规则 16(a) - 1(a)(2)，正式界定了这一概念。

我国参考并借鉴了美国法域的短线交易制度，现行《证券法》第 44 条规定，持有上市公司 5% 以上股份的股东及董事、监事、高级管理人员，在 6 个月内对所持有的该公司股票进行的反向交易，所得收益归该公司所有。从条文可看出，我国短线交易制度与美国《1934 年证券交易法》的规定几乎完全相同[2]，仅在少量细节上有所改动，如我国对"大股东"的界定为 5% 而非美国的 10%、责任成立的门槛更低。

此外，我国证监会通过行政规章或部门规范性文件，沪深证券交易所通过自律规则，已建立起一套较法律规定更为具体的限制转让及权益披露规则。[3] 伴随着立法的细密化，短线交易制度在实践运用中也产生一系列复杂的"技术问

---

〔1〕 Stock Exchange Regulation: Hearings on H. R. 7852 and H. R. 8720 Before the House Comm. On Interstate and Foreign Commerce, 73d Cong. 2d Sess. (1934).

〔2〕 美国《1934 年证券交易法》第 16 节(b)款规定：为防止受益所有人、董事或高级管理人员因与发行人之间的密切关系而获得消息且为不正当之使用，如受益所有人、董事或高级管理人员于未满 6 个月之内，对发行人之股权证券(豁免证券除外)买进后再卖出，或卖出后再买进，除该证券之取得系忠实履行前已签订之合同义务者外，不论受益所有人、董事或高级管理人员买卖证券时，是否有意将证券继续持有超过 6 个月以上，或无意在 6 个月期间内再行买入其已出售之证券，其因此所获利益应归于发行人，并由发行人向其请求。

〔3〕 例如，《上海证券交易所股票上市规则》及《深圳证券交易所股票上市规则》均规定如存在短线交易主体违反短线交易制度，公司董事会不仅应收回其所得收益，还应及时披露相关人员违规买卖等情况。

题”,主要围绕交易主体、交易行为、交易客体及短线交易归入权的行使。[4] 从交易主体来看,现行《证券法》规定短线交易主体为上市公司与新三板公司“持有百分之五以上股份的股东、董事、监事、高级管理人员”,此外还包括上述主体的“配偶、父母、子女”及“利用他人账户”的情形。

(二)短线交易主体认定的理论基础

传统观点认为,短线交易制度的立法目的是限制证券市场上利用内幕信息牟利的行为,通过打击内幕信息获利空间从而保证证券市场的公平性以及完整性。[5] 在立法构造技术上,立法者为增强法条的威慑性,并未将行为人的主观意图纳入构成要件,从而免除了起诉者举证证明被告主观意图的繁重义务。相较于内幕交易制度,短线交易制度建立在经验式的认知基础上,在行为认定上采取了一种较为粗糙的推定方式,即立法划分出最有可能获取内幕信息并从中获益的人,将其在6个月内的短线交易行为收益归入公司,剥夺极有可能滥用内幕信息的交易所获利润。这种看似机械的主体认定方式与短线交易制度的立法宗旨密不可分。为实现立法目的,短线交易制度在立法技术上量体裁衣,通过免除证明责任突出了制度的明确性、可预期性。一方面,短线交易制度的稳定性和可预期性要求法律对主体进行明确规定,压缩司法判断中的自由裁量权限,以降低执法成本的方式,使该制度能在最大程度上自动适用;另一方面,短线交易制度自动适用的严苛性则需要对主体范围进行限定,不能扩大打击范围以违反公平性。

美国《1934年证券交易法》第16节立法的首要目的就是摧毁“高级管理人员和董事肆无忌惮违背他们的受信义务的种种邪恶操作”。[6] 从条文语义来看,短线交易责任表面看来似乎建立在董事、高级管理人员在公司的职务或名分上,但深层次的立法原因在于这类人员背负着受信义务,他们与公司间的特殊关系使之比其他人有更多获取内幕信息的便利渠道,他们也成为美国《1934年证

---

〔4〕 汤欣:《美国证券法上的短线交易——制度、理念及其移植》,载高鸿钧等编:《英美法原论(下)》,北京大学出版社2013年版,第791~832页。

〔5〕 Pamela J. Reardon, The Significance of Congressional Intent and Statutory Purpose in Defining Profits Realized in Section 16(b) Litigation: CBI Industries v. Horton, 16 CONN. L. REV. 433, 438(1984).

〔6〕 Sen. REP. No. 1455, 73d Cong., 2d Sess. 55(1934).

券交易法》第16节(b)款规制的首要目标。

美国法上短线交易制度同样适用于持有上市公司10%股份的股东。现代公司的经营与所有相分离,股东除非担任公司的董事、经理或监事等职务,一般不能接触到公司的内幕信息。但是持有上市公司一定比例以上股权的大股东,则可以通过其表决权对公司施加相当的控制力或影响力,因而有机会接触公司的内幕消息。鉴于此,持股一定比例以上的大股东也成为短线交易制度规范的对象主体。

我国短线交易制度遵循相同的立法宗旨,在立法主体范围界定上与美国《1934年证券交易法》第16节(b)款并无明显差异,仅增加了公司监事作为法定内部人,并将大股东的持股比例门槛降至5%。

此外,短线交易的构成要件中并不包括法定内部人实际利用内部信息的要件,一旦法定内部人的行为要件吻合客观标准,则证券交易利润自动归入。法定内部人范围的宽狭,直接影响短线交易制度打击的精确度。如主体范围囊括所有潜在利用内部信息交易的人士,则必然导致实践中从严适用法条而"误伤无辜",因此要求立法对主体范围有所限制。

在立法过程中对美国《1934年证券交易法》第16节(b)款的几处修改体现出立法者对该条款有限的目的定位:立法者曾经删除了一条关于"信息领受人"责任的条款,该条款规定,公司内部人不得泄露公司的机密信息,如信息领受人在信息泄露后的6个月内进行了证券交易,其所获利益应当归入公司。这一条款的目的是防止公司内部人将"信息领受人"作为"替代主体"(alter-egos)来掩盖内部人进行的短线交易。但最终由于适用的可行性受到质疑,这一条款被删除。类似早期草案中对从事短线交易的动机因素的要求也被删除。此外,美国《1934年证券交易法》第16节(b)款草案中对"大股东"持股5%以上的标准被提高至持股10%,原因是在较低的持股比例要求下,股东并不拥有取得内部信息的便捷渠道,由于不知悉内部信息,不应该对持股5%~10%的股东课以严格责任。[7]

---

〔7〕 Stock Exchange Regulation: Hearings on H. R. 7852 and H. R. 8720 Before the House Comm. On Interstate and Foreign Commerce, 73d Cong. 2d Sess. (1934).

通过检视美国《1934 年证券交易法》第 16 节(b)款的立法历史,可以看出国会对该法有限目标与有限责任主体的定位,这与“未经打磨”的简单立法技术相吻合。

(三)我国短线交易制度主体范围界定漏洞

我国短线交易制度几经立法上的完善,但由于我国并不像英美法系国家拥有具有拘束力的判例制度,同时短线交易制度的立法语言又相对粗糙,使得短线交易制度体系并不完备。在行为主体方面,我国缺乏美国法中“受益所有人”“代表董事”这样的法理概念,也缺少兜底性的概括条款,导致对内部人的短线交易禁止很容易在实践中被规避。具体来说,我国短线交易制度主体范围存在以下问题:现行立法对主体认定采用了“实际持有”标准,但并未说明何为“利用他人账户”,以及法定内部人在“利用他人账户”进行短线交易的情形下,如何处理短线交易制度与现行《证券法》第 58 条之间的冲突。

“实际持有”标准主要是为了解决法定内部人利用他人账户规避短线交易的法律漏洞。“实际持有”标准与“名义持有”标准相对,“名义持有”标准指按股东、董事、高级管理人员名义持有的股份来计算;“实际持有”的计算标准,即以大股东、董事、高级管理人员所实际持有的股份(包括以自己名义和他人名义持有的股份)来计算。

我国现行立法已将短线交易法定主体由上市公司的董事、监事、高级管理人员及持股 5% 以上的股东拓展至前述主体的配偶、父母、子女及代持主体,这也有利于打击实践中公司内部人利用亲属等他人名义规避证券监管的情形。[8] 然而,法条并未对“利用他人账户”作出具体定义,证券监管机构也未对此发布解释类文件,亟待完善。从比较法的视角来看,美国《1934 年证券交易法》采取“受益所有人”概念计算内部人持有的股票,虽然法律并未规定“受益所有人”的具体含义,但随着司法判例的发展,SEC 吸收并形成了一套具有操作性的行政规则。

此外,现行《证券法》第 58 条禁止借用他人账户进行证券交易,当短线交易的法定内部人利用他人账户进行短线交易时,则同时落入短线交易制度与《证

---

〔8〕 刘春山:《我国短线交易的规制完善与实施效果研究》,载《社会科学研究》2011 年第 5 期。

券法》第 58 条规定中,在此种情形下如何适用两种制度,法律法规尚未明确。

二、美国短线交易主体认定的“实际持有”标准

美国法对短线交易主体的认定采取了“实际持有”的标准,这一标准的确定与“受益所有人”概念的变迁存在密切关系。“受益所有人”(beneficial owner)本为信托法上的概念,在短线交易制度中引入“受益所有人”,动机在于防止内部人通过将信息传递给外部人士,从而利用他人名义交易进而规避短线交易制度的约束。“受益所有人”概念的引入为扩展短线交易主体范围、堵住法律漏洞提供了法律依据,其概念也在司法实践中得到了拓展,不仅涵盖了内部人直接利用他人名义交易的情形,还包括内部人因他人交易而享有经济利益的情形。[9]根据法律规定,“受益所有人”概念仅包含持股 10% 以上的大股东,内涵较为狭窄、形式特征明显。随着时间推进,在纷繁复杂的司法案件中,“受益所有人”概念的涵盖范围不断拓展,并从形式标准向实质标准迈进。[10]

(一)美国对短线交易主体的立法规制

美国《1934 年证券交易法》规定短线交易主体范围为受益所有人、董事或高级管理人员,“受益所有人”概念的引入体现了美国证券法采纳“实际持有”标准。“受益所有人”散见于美国《1934 年证券交易法》全文,对该概念具有明确定义,将这一概念作为构成要件的条款有第 13 节(d)款与第 16 节,分别对应证券持有信息披露制度与短线交易制度。其中,美国《1934 年证券交易法》第 13 节(d)款规定通过直接或间接方式成为 5% 以上权益证券的受益所有人的披露义务,第 16 节(a)款规定通过直接或间接方式取得 10% 以上权益证券的受益所有人的披露义务,第 16 节(b)款规定持股 10% 以上受益所有人短线交易利益归入公司。上述三款中,第 13 节(d)款与第 16 节(a)款均涉及受益所有人的披露义务,在以信息披露为监管哲学的美国证券法管制中,“受益所有人”概念在证券交易的各环节均产生影响,而不限于短线交易制度中。

---

〔9〕 Lincer, Richard S., “*Beneficial Ownership*” *under Section* 16(*b*) *of the Securities Exchange Act of* 1934, Columbia Law Review 77, No. 3 (1977): 446 – 65.

〔10〕 SEC 规则 16(a) – 1(a)(2) 规定,所谓“受益所有人”,是指直接或间接通过合同、安排、备忘录、某种关系或其他方式对所涉证券拥有或分享直接或间接金钱收益(pecuniary interest)的任何人。

本部分的关注重点是短线交易背景下对“受益所有人”的认定。美国《1934年证券交易法》第16节(b)款将“受益所有人”纳入短线交易制度的规制范围，相较于董事和高级管理人员，“受益所有人”的范围相对不明确，但此概念却是美国短线交易制度运作中的争议核心。1991年SEC出台规定之前，美国《1934年证券交易法》第16节(b)款并未对“受益所有人”明确界定，第16节(a)款将“受益所有人”定义为“直接或间接持有任何类别的任何股权证券超过10%的受益所有人”，但未明确何种情形下构成间接持有，为司法裁判提供了理论空间。

(二)美国司法实践上的“实际持有”标准

在美国《1934年证券交易法》通过之后的司法实践中，SEC与众多上市公司股东主张应扩张“受益所有人”的概念，法院则侧重关注“受益所有人”是否对系争证券取得实质上的经济利益，最终SEC于1991年以颁布行政法规的方式将“受益所有人”概念正式进行了详细界定。具体来说，SEC将持股10%以上大股东和董事、高级管理人员的“受益所有人”区别开来，采用了两套不同标准：对于前者来说，强调“受益所有人”是否对系争证券具有控制能力；对于后者来说，判断要点在于“受益所有人”是否从系争证券享有金钱利益。

1.“代表”理论

为克服短线交易主体适用范围的漏洞，美国法院在判例中发展出“代表”(deputization)理论，即公司(或合伙企业)尽管不属于美国《1934年证券交易法》第16节(b)款规定的“董事、高管人员或持股超过10%的大股东”范畴，但如果该公司指派自然人担任其他公司董事职务者，使得其他公司的利益被上市公司的董事所代表，则美国《1934年证券交易法》第16节(b)款的规定也适用于该公司或合伙企业。被委派的董事一般称为“代表董事”(deputization of director)。

“代表”理论起源于1952年的Rattner v. Lehman案。[11] 该案中，雷曼兄弟公司的合伙人之一在担任Consolidated Vultee Aircraft Corp的董事时，雷曼兄弟公司对该公司股票进行短线交易行为并获利。本案中，焦点落在是否应当认定雷曼兄弟公司属于美国《1934年证券交易法》第16节(b)款中的“董事”，从而

[11] Rattner v. Lehman, 193 F. 2d 564 (1952).

将其短线交易所获利益归入上市公司。对此,第二巡回上诉法院持否定意见,并引述国会的立法过程,指出短线交易的立法意图,将委派董事的公司排斥在监管范围之外:“立法历史表明,遗漏对这种(利用合伙人担任上市公司董事的合伙企业)责任的规定是有意的。”美国《1934 年证券交易法》早期草案中有一项条款规定,任何利用上市公司董事披露机密信息并采取证券交易行动的人都应将其收益归入公司,但该条款在最终颁布的法令中被取消。

Learned Hand 法官的意见没有对“代表”作出具体明晰的界定,但首次描述了“代表”理论,他并不认为公司委托合伙人作为董事会成员代表其利益时,他们不能被作为董事看待。就某些情况而言,普通法的确将公司作为法律上的人看待。

1962 年,美国联邦最高法院审理 Blau v. Lehman 案(以下简称 Blau 案)。[12]该案中,上诉人 Blau 为上市公司 Tide Water Associated Oil 的股东,起诉雷曼兄弟公司通过委托 Thomas 在上市公司担任董事职务以代表雷曼兄弟的利益,Thomas 知悉上市公司的特殊事务,建议并促使雷曼兄弟公司买进并卖出上市公司股票。地区法院认定雷曼兄弟公司在交易过程中并未咨询委派董事,完全是基于上市公司所公开披露的信息作出决策的。上诉法院和联邦最高法院对此均予以肯定。同时,联邦最高法院进一步论述了该案涉及的“代表”理论:如果雷曼兄弟公司事实上(通过其合伙人)起着董事的作用,该合伙人受雷曼兄弟公司委托,为雷曼兄弟公司而非为其自身利益行使董事职能,那么雷曼兄弟将被认定为该上市公司的“董事”。

Blau 案中,尽管联邦最高法院对“代表”理论表达了认可,但仍然采取了谨慎的态度。联邦最高法院提出对“代表董事”的判断必须基于个案事实,而不能根据法律的强制规定“一刀切”。在事实认定上,联邦最高法院拒绝了上诉人要求雷曼兄弟公司将股票交易收益归入上市公司的主张,理由是雷曼兄弟公司购买股票并非基于委派董事所提供的信息,而是基于上市公司公开披露的信息。此外,雷曼兄弟购买上市公司股票时,委派董事并不知情,并在知情后立即向雷曼兄弟公司发布了一项免责声明,主张其对这笔交易的风险不承担任何责任,同

---

〔12〕 Blau v. Lehman,368 U. S. (1962).

时也放弃他在这笔交易中所享有的利益份额。联邦最高法院认为这些事实不足以证明雷曼兄弟公司为上市公司的“代表董事”,雷曼兄弟公司对该董事“委托”背后,二者并不存在“代理”或“代表”关系。

该案中,SEC 作为第三方,从政策角度出发,主张应扩张美国《1934 年证券交易法》第 16 节(b)款的责任人范围,以实现该条文的立法目的,即“防止受益所有人、董事或高级管理人员不正当使用因与发行人之间的密切关系而获得的内部消息”。否则,该条款会产生巨大的法律漏洞,使华尔街的大型公司通过任命其成员在其他公司担任“内部人”,利用这一渠道获取内部信息并交易获利,来逃脱短线交易制度的约束。然而,联邦最高法院并未采纳 SEC 的意见,认为扩张责任人范围与国会立法目的不符。

Feder v. Martin Marietta Corp 案(以下简称 Feder 案)进一步阐释了“代表”理论,并进行了适用上的扩张。[13] 该案中原告为上市公司 Sperry Rand 的股东,被告 Martin Marietta Corp(马丁公司)委派其首席执行官 Bunker 担任上市公司的董事,并在委派期间买入该上市公司的股票,并在 6 个月内出售。原告认为 Bunker 是马丁公司的代表,马丁公司实际上是上市公司的董事从而应落入美国《1934 年证券交易法》第 16 节(b)款涵盖的主体范围。

本案的争议焦点是马丁公司与 Bunker 之间是否存在代表关系,第二巡回上诉法院支持了原告的请求,认为 Bunker 实际上代表着马丁公司的利益:Bunker 作为马丁公司的董事会主席和首席执行官,拥有对马丁公司投资决策的最终决定权。Bunker 可以在知悉上市公司内幕信息并不披露的情况下为马丁公司牟利。此外,马丁公司有众多成员在不同上市公司担任董事职务,Bunker 与其他董事发挥的职能没有本质差异,均是为了代表马丁公司。

联邦最高法院和第二巡回上诉法院对具体案件中合伙企业是否构成上市公司“代表董事”观点不一,既是由案情的差异造成的,也和法院采取的界定标准有关。

就具体案情而言,Blau 案中 Thomas 对雷曼兄弟公司的投资决策没有批准权力,雷曼兄弟公司的投资决策也并未咨询 Thomas 的建议。尽管 Thomas 担任

---

〔13〕 Feder v. Martin, 406 F. 2d 260(1969).

上市公司董事,但 Thomas 并不知道雷曼兄弟公司购买该上市公司股票的动机,在股票交易完成后 Thomas 才知情。在交易前,Thomas 也从未和雷曼兄弟公司的任何人讨论过上市公司的运营细节。然而,在 Feder 案中,Bunker 作为委派主体马丁公司的董事会主席和首席执行官,对马丁公司投资决策拥有最终决定权,Bunker 也曾与马丁公司两名职员讨论上市公司事务。

除事实层面的差异外,联邦最高法院和第二巡回上诉法院界定"代表"的标准也不同。联邦最高法院判断"代表"关系是否成立的方式是检验委托主体是否"发挥董事作用",如果一家企业与自然人董事发挥功能相似,则企业可以通过"代表"机制成为上市公司的董事。在 Blau 案中,联邦最高法院判断的焦点落在雷曼兄弟公司是否通过其委托的合伙人在上市公司发挥着董事的作用。

Feder 案中,第二巡回上诉法院认为,Bunker 为了给马丁公司提供关于上市公司的内部信息而担任上市公司董事,在此期间 Bunker 并未试图按照马丁公司的指令影响上市公司的决策。换言之,Bunker 起到了信息传递的"听筒"的作用。根据以上事实,第二巡回上诉法院认可了 Bunker 与马丁公司的"代表"关系。

综合 Blau 案与 Feder 案中法院对"代表董事"的界定标准,可以看出法院的判断原则包括:(1)委托人是否"控制"了"代表董事","代表董事"是否按照委托人的指示行事;(2)"代表"是否确实代表了委托人的利益,能够行使表决权;(3)"代表"是否具有获得内部信息的渠道,并且实际向委托人透露了内幕信息;(4)"代表"是否有能力影响委托人的证券交易活动。Blau 案中,联邦最高法院更关注前两条原则,将是否"发挥董事作用"作为判断标准;而 Feder 案中,第二巡回上诉法院更关注后两条原则,从内部信息传递渠道(earpiece director)与投资决策的角度界定委托人与董事之间是否存在"代表"关系。

对"代表"的两种界定标准反映了美国《1934 年证券交易法》第 16 节(b)款的双重功能:一方面,短线交易可以遏制内部人利用内部信息牟利的动机;另一方面,短线交易制度也遏制了内部人通过操纵公司业务,影响公司股价从而牟利的动机。[14] 由于证明存在操纵事实与动机非常困难,要实现反操纵的政策目

---

〔14〕 Wagner C. (1969), Deputization under Section 16(b): The Implications of Feder v. Martin Marietta Corporation.

标,最有效的方式是对拥有操纵权力的内部人课以严格责任。当一家企业通过委托其成员担任上市公司董事,并事实上行使着对上市公司的投票权时,委托的企业拥有操纵上市公司的权力。在这种情况下,根据“代表”理论,掌握操纵公司权力的企业应当被认定为“代表董事”,这和反操纵的政策取向是一致的。

当企业出于获取内部信息而委托其成员担任上市公司董事,并借由内部信息在证券市场牟利时,这种行为违反了10b5－1规则对内幕交易的规制。但由于10b5－1规则下责任的承担对证明要求较高,为了避免内部信息的滥用,委托其成员担任上市公司董事、发挥“听筒”作用以获取内部信息的企业应当被认定为美国《1934年证券交易法》第16节(b)款规则下的“董事”,该“代表董事”利用内部信息、在6个月内买卖证券获得的收益应当归入上市公司。这与第二巡回上诉法院在Feder案中确定的判断“代表”关系的方法逻辑相同。

2. 家庭成员持股

在实践中,公司内部人利用家庭成员持股以逃避美国《1934年证券交易法》第16节(b)款的规制很常见。如果内部人在其配偶或其他家庭成员所交易的股票中享有“直接或间接的金钱利益”,则其配偶或家庭成员买卖股票的行为有可能被视为其本人的交易行为。

在Whiting v. Dow Chemical Co案中,原告Whiting自1959年起担任被告Dow Chemical Company(Dow)的董事职位。[15] Whiting妻子于1973年9～11月出售Dow公司股票,同年12月,Whiting通过行使认购权契约买进Dow公司股票。

Whiting提出,他和妻子的股票投资是分开的,两人股票投资的日常管理不是由一家投资银行来进行的。第二巡回法院基于Whiting从妻子的股票交易中获得了直接的经济利益,判定Whiting负有法律责任。这种金钱上的获益基于以下事实:Whiting夫妇的投资账户虽然形式上是分开的,但由同一家金融机构共同管理;他们提交了联合所得税申报表,并将年度赠与税免除作为共同财务规划的部分;他们已就管理各自产业的理念达成一致;他们的资源均是为了共同的增值,而且他们很容易就与这种财产增值有关的问题进行沟通。最后,Whiting

〔15〕 Whiting v. Dow Chemical Co. 532 F. 2d 680(2d Cir. 1975).

利用妻子借来的资金行使了股票期权，这些资金是她根据他们的共同投资计划出售 Dow 公司股票所得收益的一部分。

对此，法院认为出于同居家属共同生活的目的，利用由配偶单独所有的证券所得报酬，可以认为其他家庭成员因该证券“实质上受益”。在本案中，家庭生活开销主要来自 Whiting 妻子的证券投资所得，即使夫妻双方财产并未混同，只要婚姻生活存续且夫妻相互扶持，就不能认定 Whiting 未分享其妻子的证券财产所得。由于 Whiting 是其妻子持股的“受益所有人”，Whiting 应当承担美国《1934 年证券交易法》第 16 节(b)款的责任。该案中，法院判决标准为是否共同生活、是否分享证券交易所产生的经济利益，以决定该利益是否为“受益所有人”所享有。[16]

Whittaker v. Whittaker Corporation 案则涉及董事是否为其母亲所持股份的“受益所有人”。[17] 该案中，Whittaker 为 Whittaker 公司的董事长，1965 年，Whittaker 用他母亲的账户购买 Whittaker 公司普通股及可转换公司债，6 个月内 Whittaker 又用自己账户卖出了这笔普通股和可转换公司债。公司认为，由此产生的利润应由 Whittaker 吐出以归入公司。地方法院在综合考量 Whittaker 与其母亲的关系、Whittaker 对这些股票的控制以及因由此所实现的利益，认定 Whittaker 是他母亲股份的“受益所有人”。

第九巡回法院认可了地方法院的意见，认为判断此类案件时必须特别考虑：其一，内部人对其亲属持有证券的控制程度；其二，内部人是否因亲属证券交易而获利。

涉及家庭成员持股的两起案件中，法院都采取了扩张性解释的方法，突破了立法时美国国会对美国《1934 年证券交易法》第 16 节(b)款狭窄覆盖范围的限制。尽管这种扩张性解释的方法遭受了很多批评，如违背立法本意、不合理限制内部人亲属的证券交易行为、突破了条文原意等，但在这些案件判决后，SEC 采纳了这些判决中确立的原则，据此制定了在各种情形下用于确定某人是否为美国《1934 年证券交易法》第 16 节所规定的“受益所有人”的详细标准。

---

〔16〕 Shreve C. (1967), *Beneficial Ownership of Securities Held by Family Members*, The Business Lawyer, 22(2), p. 431 -437.

〔17〕 Whittaker v. Whittaker Corp., 639 F. 2d 516(9th Cir. 1981).

(三)SEC对“受益所有人”概念的界定

1991年SEC颁布法规命令,吸收了既往判例中对“受益所有人”概念的界定,但采取双阶段的分析方式,区分持股超过10%以上的大股东以及董事、高级管理人员“受益所有人”的定义,对“受益所有人”的概念作出了更明确的规定。[18] 具体而言,Rule 16a-1(a)(1)认为,在判断某人是否为持有有价证券超过10%以上大股东的“受益所有人”时,标准为该股东是否对系争证券享有投资决策权,但当判断涉及董事与高级管理人员的“受益所有人”时,需要判断董事与高级管理人员是否能从系争证券中获得直接或间接的金钱利益。

1. 持股超过10%以上大股东的“受益所有人”概念辨析

SEC认为,在判断是否为持有10%以上股权证券的“受益所有人”时,必须依照美国《1934年证券交易法》第13节(d)款及相关规则对“受益所有人”的规定。[19] 当持股主体为个人时,“受益所有人”的判断标准为该人是否直接或间接地行使系争有价证券的投票权(voting power)或投资决策权(investment power)。[20] 当持股主体为团体时,根据13d-5(b)(1)规则,当两人及以上团体

---

〔18〕 上述SEC规则Rule 16(a)-1(a)(2)具体表述为:“受益所有人”指任何直接或间接,通过任何合同、安排、互谅关系或其他方式,在股权证券中拥有或者分享某种直接或者间接的金钱利益的人。具体如下:(1)“金钱利益”指在相关证券的交易中直接或间接地获取或者分享利益的机会。(2)“间接的金钱利益”包括但不限于以下情形:a. 与当事人共同居住的近亲属(immediate family)持有的证券,但此种权益所有的推定可以推翻;b. 普通合伙人在普通合伙或有限合伙企业持有的证券中按比例分享的份额;c. 除列举的情形外,由经纪人、交易人、银行、保险公司、投资公司、投资顾问、投资高级管理人员、受托或担当类似职能的人士或者机构所享有的业绩报酬(performance-related fee);d. 对于从相关证券中分离出来的或可分离的股利所享有的权利;e. 在信托中享有的利益;f. 从衍生证券的行使或转换中获取股票证券的权利。(3)公司或类似机构的股东如果不是该等机构的控股股东并且不对该机构的股权投资具有控制力,则不应当认为其在该机构持有的证券中具有金钱利益。

〔19〕 Rule 16a-1(a): The term beneficial owner shall have the following applications: (1) Solely for purposes of determining whether a person is a beneficial owner of more than ten percent of any class of equity securities registered pursuant to section 12 of the Act, the term "beneficial owner" shall mean any person who is deemed a beneficial owner pursuant to section 13(d) of the Act and the rules thereunder; see Ownership Reports and Trading by Officers, Directors and Principal Security Holders, Exchange Act Release No. 34-28869, 56 Fed. Reg. 7242 (Feb. 21, 1991).

〔20〕 Rule 13d-3(a): For the purposes of sections 13(d) and 13(g) of the [1934] Act a beneficial owner of a security includes any person who, directly or indirectly, through any contract, arrangement, understanding, relationship, or otherwise has or shares: (1) Voting power which includes the power to vote, or to direct the voting of, such security; and/or, (2) Investment power which includes the power to dispose, or to direct the disposition of, such security.

为取得、持有、表决或处分证券而合意一起行动，则组成该团体的成员应被视为取得对系争证券的受益所有权。[21]

SEC 在正式文件中说明了援引美国《1934 年证券交易法》第 13 节(d)款判断 10% 以上大股东"受益所有人"概念的依据。SEC 认为，美国国会在将美国《1934 年证券交易法》第 16 节运用至持股 10% 以上大股东时，是基于持股 10% 以上大股东在发行人证券中拥有特殊利益，从而推定这部分群体具有获得内部信息的渠道。因此，SEC 在决定持股 10% 以上大股东的"受益所有人"时，分析重点聚焦于行为人对证券控制的潜在可能，其制定的 16(a)规则也直接援引美国《1934 年证券交易法》第 13 节(d)款规定。[22] 因此，在判断持股 10% 以上大股东的"受益所有人"时，SEC 并没有采取推定的形式，而是给予法官在充分考察案情的基础上确定"受益所有人"的自由裁量权。

2. 董事、高级管理人员"受益所有人"概念辨析

SEC 对董事、高级管理人员是否为内部人的"受益所有人"规定为："受益所有人"指通过任何合同、安排、互谅关系或其他直接或间接的方式，在股权证券中拥有或者分享某种直接或者间接的金钱利益的人。该条进一步说明了何谓间接的金钱利益，并推定内部人对共同居住的近亲属(immediate family)持有证券享有间接的金钱利益，除非被反证推翻。[23]

可以看出，SEC 对持股 10% 以上大股东和董事、高级管理人员的"受益所有人"采用了两套不同标准。对于前者来说，可直接援引美国《1934 年证券交易法》第 13 节(d)款的相关规则，判断要点是"受益所有人"是否直接或间接对系争证券行使投票权或者投资决策权，强调"受益所有人"是否对系争证券具有控制能力；对于后者来说，SEC 吸收了既往相关案例中的判决意见，制定了一套新

---

〔21〕 Rule 13d－5(b)(1): When two or more persons agree to act together for the purpose of acquiring, holding, voting or disposing of equity securities of an issuer, the group formed thereby shall be deemed to have acquired beneficial ownership, for purposes of sections 13(d) and (g) of the Act, as of the date of such agreement, of all equity securities of that issuer beneficially owned by any such persons.

〔22〕 Ownership Reports & Trading by Officers, Directors & Print Stockholders, Release No. 16669 (Dec. 2, 1988).

〔23〕 17 C. F. R. § 240. 16a－1(a)(2)(ii)(A). "Securities held by members of a person's immediate family sharing the same household; provided, however, that the presumption of such beneficial ownership may be rebutted."

的判断规则,推定董事、高级管理人员对其近亲属等人持有的证券享有间接金钱利益,判断要点在于"受益所有人"是否从系争证券享有金钱利益。

由于在实际情况中,对证券具有投资决策权的人往往也能从证券中享有金钱利益,但从证券中享有金钱利益的人未必对证券具有投资决策权,因此对证券享有投资决策权的主体范围比从证券中享有金钱利益的主体范围要小。例如,持股10%以上大股东的配偶或其他亲属可以从大股东的证券交易中享有金钱利益,但如果他们不能控制对这些证券的投资决策,那么他们就不被视为10%以上大股东的"受益所有人"。然而,对于董事或高级管理人员的配偶或其他亲属来说,不管他们是否对证券投资决策具有投票权,只要他们能从证券交易中获得直接或间接的金钱利益,即被视为"受益所有人"。因此,这种区分二者的制度安排对公司的董事与高级管理人员的行为限制尺度更大,更为严厉。

此外,在证明责任上,需要原告证明持股10%以上大股东的"受益所有人"对系争证券具有投票权或投资决策权,才能确定持股10%以上大股东的"受益所有人"身份。但在涉及董事与高级管理人员时,法律先以推定的方式预设其同居近亲属享有间接金钱利益,除非被告举证推翻这一推定,这也使得作为被告的董事与高级管理人员举证责任更重。

考虑到对持股10%以上大股东"受益所有人"的判断直接援引了美国《1934年证券交易法》第13节的既有规定,而SEC对董事、高级管理人员"受益所有人"的界定则避开既有规定,转而采纳吸收了法院在判断相似案件时的标准,这种制度设计显得并不经济。为此,SEC给出以下依据:金钱利益测试的目的是"将法院对金钱利益的重视法典化","间接的金钱利益足以使得报告义务有必要,(间接金钱利益)足以让短期内收回这些证券的利润成为可能"。[24] 究其根本,对董事、高级管理人员"受益所有人"采取较为严格的金钱利益标准,并推定董事、高级管理人员对其近同居亲属持有的证券享有间接金钱利益,符合短线交易制度自动适用的特点,保持了对公司内部人足够的威慑力。

---

〔24〕 The pecuniary interest test was designed to codify the courts' emphasis on pecuniary interests and deem that indirect pecuniary interests are sufficient to establish a reporting obligation and the potential for short-swing profit recovery with respect to those securities. Ownership Reports & Trading by Officers, Directors & Print Stockholders, Release No. 16669 (Dec. 2, 1988).

梳理“受益所有人”在美国立法、司法及行政执法变迁的过程，可以看出“受益所有人”概念在短线交易归入权制度中涵盖主体范围不断拓展，并从形式标准向实质标准迈进，体现了法律适用从客观路径(objective approach)向务实路径(pragmatic approach)的发展。

三、我国对短线交易主体的认定标准

我国现行《证券法》中并无“受益所有人”概念，与之内涵相近的概念是“实际控制人”，但“实际控制人”概念主要指对上市企业而非对特定证券的控制，此外现行《证券法》没有将“持有”区分为“直接持有”或“间接持有”。2007年证监会发布的《上市公司董事、监事和高级管理人员所持本公司股份及其变动管理规则》(以下简称《董监高持股变动规则》，已失效)第3条第1款规定，“上市公司董事、监事和高级管理人员所持本公司股份，是指登记在其名下的所有本公司股份”。发布之时，证监会有关部门负责人专门对此解释，指出规则条文中的“持有”以是否登记在其名下为准，不包括间接持有或其他控制方式。换言之，“持有”应当采用“名义持有”或“直接持有”标准。2022年证监会对《董监高持股变动规则》作出修订，但修订内容不包括重新定义第3条第1款中的“所持本公司股份”。[25] 尽管有上述规则及解释，至今为止相关立法和官方文件中对于《证券法》短线交易制度中的“持有”无任何明确的解释和定义。2007年证监会就《董监高持股变动规则》作出的解释也并非官方文件，解读名义由个人作出，无法直接作为法律依据。

在针对短线交易处理的法律实践中，无论是证监会或其派出机构，都在实操中对短线交易主体进行扩张解释，并在处罚决定文书中用相当篇幅详尽说理论证为何构成“实际持有”。[26] 在证监会及其派出机构查处的四川圣达、高新发展、三安光电等董事、监事、高级管理人员短线交易的案例中皆未以“直接持有”作为认定依据；同样在证监会或派出机构查处的深宝安短线交易案例中未以

---

〔25〕《证监会有关部门负责人对〈上市公司董事、监事和高级管理人员所持本公司股份及其变动管理规则〉进行解释说明》，载中国证券监督管理委员会官方网站2007年4月9日，http://www.csrc.gov.cn/csrc/c100028/c1002899/content.shtml。

〔26〕邱永红：《证券短线交易规制的司法与监管案例实证》，载《金融服务法评论》2015年第1期。

“直接持有”作为认定持股5%以上大股东的依据。在证券交易所自查的长征电器短线交易、漳州发展等案例中也未以“直接持有”作为认定依据，均以间接或实际控制作为认定依据。

这些案例中作为自然人交易主体的配偶、亲属，作为企业交易主体的母子企业或者交易主体控制的他人账户均被纳入监管范围。证券监管机构在认定实际持有的案例中，主要以三种方式进行推理：通过核查流水查证他人账户用于交易的实际资金来源；通过证券交易设备的IP地址确认证券账户操作主体；通过问讯笔录、开设账户预留电话号码确认账户实际控制人。但是，考察应被《证券法》第44条纳入监管范围的，究竟是以“资金归属”“控制关系”来判断，还是仅以亲属等身份来判断，仍没有权威依据。

（一）《证券法》修订后的立法态度

现行《证券法》扩大了短线交易主体范围，由原持股5%以上的股东及董事、监事、高级管理人员（以下简称董监高）扩大到其配偶、父母、子女及代持主体。通常认为本次《证券法》修改明确了主体认定应当采用“实际持有”标准，但现行《证券法》第44条并未对“利用他人账户持有”作出具体解释。

从证监会发布的行政规则来看，《董监高持股变动规则》规定了上市公司的董事、监事和高级管理人员需要披露其持股情况，并将披露范围界定为登记在其名下的上市公司股份，但证券交易所据此制定的自律监管指引则采取了更严格的监管态度。《深圳证券交易所上市公司自律监管指引第10号——股份变动管理》除了规定董监高本人需要披露其持股情况外，还要求董监高披露其近亲属的证券账户等信息，其中近亲属的范围包括配偶、父母、子女、兄弟姐妹等；《上海证券交易所上市公司自律监管指引第8号——股份变动管理》不仅将近亲属的证券账户等信息列在披露范围内，还包括了为董监高持有股票的账户所有人信息。从沪深二市的自律监管指引来看，我国监管机构采取了“实际持有”的标准，而不仅限于监管董监高个人手中名义持股，但沪深二市监管指引并无法律效力，此外监管指引仅约束对持股情况披露，并不涉及短线交易制度。

（二）司法实践对“实际持有”标准的确认

我国涉及短线交易的司法案例较少。其中，2010年9月广西壮族自治区南宁市中级人民法院处理的“南宁糖业诉马丁居里投资管理有限公司短线交易纠纷案”为A股首例针对合格境外机构投资法（QFII）短线交易的诉讼，该案代表我国短线交易司法实践中对持股超过5%的股东采取“实际持有”的认定标准。

该案中，2007年8月23～30日，马丁居里投资管理有限公司（MCIM）、马丁居里公司（MCI）连续6个交易日合计买入南宁糖业约6.44%的股份，其中MCIM买入股份占已发行股份总数的2.5%，MCI买入股份占已发行股份总数的3.4%。MCIM与MCI在2008年1月分两次卖出南宁糖业约5.07%的股份，获利颇丰。南宁糖业认为，二者在持有超过5%的南宁糖业股票后6个月内又抛售，违反了《证券法》短线交易制度的规定，由此所得收益应归上市公司即南宁糖业所有。本案的争议焦点为，MCIM与MCI并非同一主体，其持股比例是采取“名义持有”标准分别计算，还是采取“实际持有”标准合并计算。

经过两年拉锯后，最后南宁糖业与马丁居里公司代表签署了和解协议，约定由马丁居里公司一次性向南宁糖业支付等值于人民币4000万元的美元作为和解款。尽管最终双方达成和解，并且和解协议内容中规定，双方签署和解协议并不代表马丁居里公司承认其违反了短线交易规定等中国证券法上的法律法规，但一般认为该案代表了我国司法上对短线交易主体认定采“实际持有”标准的确认。

（三）行政执法中的监管标准

2005年《证券法》首次规定了短线交易行为人的行政责任，赋予证券监管部门对短线交易行为人的行政处罚权，2014年《证券法》与现行《证券法》保留了短线交易制度的罚则，且现行《证券法》加大了对短线交易违法行为的处罚力度。2008年12月～2022年3月，证监会及其派出机构公布的92起处罚案例中，涉及利用他人账户情形的共38例，包括法定内部人操纵利用他人账户，以及一致行动人共同买卖特定上市公司证券。从处罚案例来看，实务中均采用了“实际持有”标准，监管实践并不局限于公司内部人以本人名义所持有的股票，对于利用、控制他人证券账户进行短线交易的行为也会受到证券监管部门的规制，体现了从严认定短线交易行为的执法态度。

然而，在行政执法外，证监会在国中水务及三元股份非公开发行事项的反馈意见中态度截然相反，使得实务界人士对短线交易适用的主体范围产生困惑。在国中水务案例中，国中水务于2014年7月发布增发预案，其中包括向姜某柏发行2.48亿股。在增发之前,国中水务的第一大股东为国中天津,国中天津持有国中水务约15.62%股份。自然人姜某柏通过其全资控股的两家公司,持有国中天津的母公司润中国际28.66%股份。2014年5月,即增发预案披露前,国中天津通过大宗交易系统减持国中水务7200万股,交易价格为4.33元/股,而在增发预案中,姜某柏作为国中天津母公司的最大单一股东,计划以4.01元/股的价格参与对国中水务非公开发行股份的认购。国中天津在增发预案前的减持行为,以及国中天津最大权益持有人姜某柏认购增发的行为是否涉嫌短线交易,成为证监会反馈意见的关注重点。

国中水务在回复中援引了证监会有关部门负责人对《董监高持股变动规则》的解释说明,认为国中天津的减持行为与姜某柏的认购增发并不构成短线交易,理由为《证券法》上的“持有”不包括“间接持有”或其他控制方式,对“股东”的认定以股东名册登记为准。此外,姜某柏并非发行人的董监高,也不是直接持有公司股份5%以上的股东,不具备短线交易的主体资格。然而,证监会股票发行审核委员会(以下简称证监会发审委)否决了国中水务的发行预案,否决原因与涉嫌短线交易有关。

三元股份案例的背景与之类似,但证监会却给出了不同的反馈。三元股份于2014年3月1日公告其拟非公开发行A股股票,其中首农集团认购306,278,713股。从股权结构来看,三元股份的控股股东北企食品持有其36.93%股份,首农集团则持有北企食品51.14%股份,并直接持有三元股份部分股份。在三元股份发布定向增发预案之前的6个月内,首农集团曾多次减持。证监会在反馈意见中重点关注了首农集团非公开发行前的减持行为是否损害中小投资者利益。对此,三元股份的回复意见从字面上回避了短线交易适用的问题,并称首农集团自愿延长24个月的限售期,并基于此认为首农集团不存在损害中小投资者利益的行为。最终,证监会发审委通过了三元股份的非公开发行预案。

上述两起案例中,三元股份案例相较于国中水务案例在两个方面更接近短线交易制度的监管范围:其一,首农集团对三元集团的直接及间接持股比例超过5%,而姜某柏对国中水务的间接持股比例远低于5%,二者对上市公司各自的持股比例悬殊;其二,首农集团对三元集团的持股层级仅需向上穿透两层,并且除间接持股外,首农集团还直接持有三元集团部分股份,而姜某柏对国中水务的持股层级需向上穿透至四级,持股链条更长。从"实际持有"的标准来看,首农集团通过间接方式持有的上市公司股份约为18.8%,应当被认定为持股超过5%的股东,其6个月内先减持后认购增发股票的行为应构成短线交易。此外,单纯延长股东的限售期,并不能证明限售期之前发生的短线交易行为不违反法律法规。然而,最终证监会发审委仍通过了三元集团的非公开发行方案,使得对短线交易的主体认定标准模糊不清。

四、短线交易制度主体范围的重构

短线交易制度的客观标准建立在对市场惯常内幕交易行为的经验认识之上,即公司的董事、高级管理人员及大股东最有可能利用其内部人地位获悉内幕信息,且在不超过6个月内的一对反向交易行为很有可能构成利用内幕信息的短期投机。为发挥对利用内幕信息进行短期投机行为的遏制作用,短线交易制度基于实践经验,规定特定主体属于法定内部人的范畴,并终局性地推定该等法定内部人在6个月内进行的特定交易行为具有一定的滥用内部信息可能性。[27]

然而,随着证券市场的发展,金融工具推陈出新、公司并购和重组作为公司管理的外部监督形式运用更加广泛,新型市场环境下的短线交易主体与短线交易行为样态均已超出立法之初证券市场的行为经验。尽管我国现行《证券法》已将交易主体由持股5%以上的股东及董监高拓展至其配偶、父母、子女和代持主体,但立法并未明确"实际持有"的具体判断标准,结合我国证券市场的实际情况,以及美国法域下对短线交易制度的细密规定,有必要对我国短线交易主体进行进一步细化。

本部分将从以下三个层次对短线交易主体范围进行细化剖析:第一个层次为短线交易制度直接适用的主体范围,凡是属于该主体范围内,短线交易制度即自动适用,无豁免性规定。此类主体中有争议的是大股东的持股比例问题;第二

---

〔27〕 Stock Exchange Regulation: Hearing on H. R. 7852 and H. R. 8720 Before the House Comm. On Interstate and Foreign Commerce, 73d Cong., 2d Sess. (1934) (statement of Thomas G. Corcoran, Counsel, Reconstruction Fin. Corp).

个层次为短线交易制度推定适用的主体范围,该类主体不属于上市公司内部人,但由于与内部人具有特殊关系而应推定适用,具体来说,笔者将讨论是否将内部人亲属、关联方、法人董监高纳入推定适用的主体范围;第三个层次则意图探索当行为主体既不属于法定内部人范围,也不属于推定适用范围时,如何认定“利用他人账户”,以及“利用他人账户”的情形下,如何处理《证券法》第 58 条与第 44 条的适用冲突。

(一)大股东持股比例的确定

将持股比例达到一定门槛的股东纳入短线交易主体范围,是因为这些股东对公司具有很强的控制能力,使得股东能够获取并利用非公开信息牟利。[28] 因此,确定股东持股比例并非单纯的法律问题,而是更接近法律经济学的范畴。由于各国现实经济状况不同、证券市场发展程度迥异,上市公司的股权分散程度也大不相同。一般来说,证券市场越发达,则股权分散程度越高,有能力获取公司内部信息或影响公司决策的股东持股门槛就越高。

就持有法定比例股份以上的大股东而言,各国立法有所差异,我国短线交易制度上的大股东是指持股达 5% 以上的股东,而同样实施短线交易制度的美、日、韩三国立法均将这一比例规定为 10% 。在立法过程中,美国《1934 年证券交易法》第 16 节(b)款草案中曾将“大股东”持股标准界定为 5% 以上,但最终该标准被提高至持股 10% ,原因是在较低的持股比例要求下,股东并不拥有取得内部信息的便捷渠道,由于不知悉内部信息,不应该对持股 5% ~10% 的股东课以严格责任。与此相类似,我国台湾地区“证券交易法”曾规定大股东持股门槛为 5% ,后来因考虑到与证券投资信托基金的持股比例上限不一致,鉴于公司行使归入权影响证券投资信托基金利益,便将短线交易持股比例提升至 10% ,使其与我国台湾地区“证券投资信托基金管理办法”的规定相一致。[29]

朱锦清主张,作为短线交易制度的法定内部人,5% 的持股比例太低,我国国有股占大头且持股份额相对集中,5% 的持股比例难以在上市公司中取得控股地位,应结合国情将我国短线交易股东型主体的持股比例提高至 10% 以上。[30]

---

〔28〕 REP. No. 1455, 73d Cong., 2d Sess. 55 (1934).

〔29〕 赖英照:《证券交易法逐条释义》(第 3 册),台北,三民书局 1987 年版,第 457 ~458 页。

〔30〕 朱锦清:《证券法学》(第 4 版),北京大学出版社 2019 年版,第 235 页。

笔者认为，短线交易主体中大股东持股比例的设计，需要借鉴成熟的资本市场法域立法规定与实际操作经验，更需要根据本地区上市公司治理水平、股权结构、市场交易状况等方面因素，针对本地区具体情况制定切实有效的规则。股权集中度高一直是我国上市公司股权结构的基本特征，尤其是国有企业控股的上市公司，高股权集中度主要体现在股权集中于第一大股东手中，其余的大股东持股比例偏低，难以对第一大股东形成制约。[31] 以 2008 年 9 月 30 日沪深共 1571 家上市公司为例，其中第二大股东持股比例在 5% 以下的占据所有上市公司总数的 55.8%，第二大股东持股比例在 10% 以下的占据所有上市公司总数的 69.7%。[32] 换言之，约 13.9% 的 A 股上市公司第二大股东在其公司的持股比例为 5% ~10%。如果将我国短线交易的大股东持股门槛由 5% 提高至 10%，第一大股东由于持股比例远高于 10%，因此并不受影响，但约有 13.9% 的上市公司第二大股东被排除在短线交易主体范围之外，约 70% 的上市公司仅有第一大股东符合短线交易主体范围。提高大股东持股比例门槛的政策效果与短线交易制度的立法目的背道而驰，产生短线交易制度仅针对第一大股东的情形。鉴于目前我国证券法上对实际控制人的限制性规定已十分充分，提高股东持股比例门槛后的短线交易制度将失去对大股东的替代性约束价值。诚然，受制于 A 股市场高度集中的股权分布结构，持股比例为 5% ~10% 的股东难以对上市公司控股股东和管理层形成有效制约，但并不意味着此类股东无法获取内部信息并以此谋利。否则，我国证券法上的内幕交易制度也不会将持股 5% 以上的股东纳入内幕信息知情人范围。

此外，从证券法体系的角度来看，5% 的持股比例不仅是短线交易制度上确定大股东身份的标准，也是证券法体系下诸多身份界定的“分水岭”。当股东持股比例达到 5% 时，该股东不仅成为短线交易法定内部人及内幕信息知情人，还负有向证监会、证券交易所书面报告，以及向上市公司公告的义务。此外，不管是法人股东还是自然人股东，当持股比例达到 5% 时，将被视为上市公司的关联方。从体系自洽的角度来看，将短线交易制度股东类主体的持股比例定为 5%，

---

〔31〕 彭冰：《中国证券法学》（第 2 版），高等教育出版社 2007 年版，第 302 ~303 页。

〔32〕 邓辉：《我国上市公司股权集中模式下的股权制衡问题——兼议大小非解禁带来的股权结构转型契机》，载《中国法学》2008 年第 6 期。

有利于与其他制度相衔接。

(二)短线交易主体“实际持有”标准的完善

现行《证券法》第44条在原《证券法》第47条的基础上新增一款,规定在计算短线交易主体的持股数量时,应将法定内部人与其配偶、父母、子女及利用他人账户持有的股份数量合并计算,新增条文体现了我国立法对短线交易主体认定采取了“实际持有”的标准,然而这一标准仍存在诸多疏漏,需要细化规定以完善法规适用。其一,现行条款将法定内部人的配偶、父母、子女纳入主体范围,但并未规定短线交易制度是否自动适用于法定内部人的配偶、父母、子女,也没有为前述主体留出豁免的空间;其二,现行条款未对“利用他人账户持有”的认定标准作出补充性规定,导致实操中认定标准不统一;其三,在法定内部人“利用他人账户持有”证券交易时,法定内部人的行为同时违反了现行《证券法》第58条禁止借用他人证券的规定,但优先适用短线交易制度抑或是禁止借用他人证券的规定,法律法规并无明文规定。

要回答上述问题,核心在于短线交易主体范围的边界应拓展至何处?从法经济学的视角来看,立法对部分内部主体采取推定,乃是基于证券市场上的大数据经验,即滥用内幕信息进行投机的可能性越大,将其纳入短线交易法定主体的收益也越大。若某类主体在实践中滥用内部信息的概率较低,那么将此类主体纳入短线交易的法定内部人范围,产生的“滥杀无辜”后果不仅打击精度过低,也有失公平。笔者认为,我国短线交易制度的主体范围不应直接将内部人的配偶、父母、子女纳入监管范围,使其所受规制程度与法定内部人无异,而应采用推定的方式,推定内部人的近亲属所持股票为内部人所实际持有,但允许内部人提出证据反证。

现行《证券法》将公司内部人“配偶、父母、子女”持有的股票一律视为内部人所实际持有,弥补了内部人利用亲属持股规避短线交易规制的法律漏洞,但该规定仍存在不够精确之处。相较于美国法所采用的“受益”标准,我国《证券法》确立的更类似于形式主义的“身份标准”,只要是近亲属持有的股票便一律计算内部人“实际持有”的范围内。

不可否认的是,将内部人的亲属范围纳入短线交易证券监管范围具有丰富的理论研究及实证研究的支撑。实证研究表明,近年来内部人亲属的股票交易行为越发频繁，甚至出现在数量上远超内部人本身的现象。[33] 除交易频次外，内部人亲属交易所获利润也远高于市场平均值。陈作华等以 2009 ~ 2012 年深交所上市公司为研究对象，分析了董监高的亲属（配偶、父母、子女及兄弟姐妹）买卖公司股票的 1402 个样本案例。研究结果表明，内部人亲属在证券交易中表现出了精确的市场择机能力，通过选择恰当时点交易证券获取了丰厚的超常回报，而这种精确的市场择机能力源于内部人将其占有的私有信息传递至亲属。[34]

将内部人的亲属纳入监管范围亦符合发达市场的立法经验。在证券市场发达、法律法规健全的西方国家以及我国香港特别行政区、我国台湾地区，均将内部人的亲属纳入短线交易制度规制范围内。例如，美国法上将"受益所有人"概念应用于短线交易主体，推定内部人对同居近亲属所持股票享有"受益所有权"，我国台湾地区法律也将短线交易制度的规制主体扩展至内部人的配偶、未成年子女，以及利用他人名义持有股份的情形。

然而，公司内部人并不必然对其配偶、子女、父母所持有的股票享有利益，尤其是对成年子女。如果内部人的配偶或子女在经济上独立于内部人、拥有独立的账户且在从事证券交易时独立作出决定，则不宜将其持股也计算在内部人实际持有股份范围内，因为此时内部人不因其亲属股份交易而受益。以常见的配偶持股为例，我国《民法典》婚姻家庭编认可夫妻约定婚后各自财产归属的效力，因此夫妻双方完全有可能在未征得对方同意的情况下自由处分其财产。对于内部人的父母与子女来说，二者财产的界限较夫妻间更明显，内部人对其亲属财产利益的控制程度，以及内部人因其父母或子女证券交易行为获益的程度也更低。

在监管实践中，根据《深交所第十三届 3.15 投资者网上维权咨询活动问答精选》中深圳证券交易所工作人员关于如何认定短线交易的回复，控股股东、实际控制人的配偶买卖股票的行为并不必然视同控股股东、实际控制人的行为；若控股股东、实际控制人与其配偶持有同一上市公司股份，因二者存在一致行动关

---

〔33〕 张俊生、曾亚敏：《上市公司内部人亲属股票交易行为研究》，载《金融研究》2011 年第 3 期。

〔34〕 陈作华、温琳：《内部控制与内部人亲属卖出股票交易行为的市场反应——来自深市上市公司的经验证据》，载《财经论丛》2016 年第 10 期。

系，则应当将配偶买卖股票的行为与控股股东、实际控制人买卖行为一并考虑。可见，深圳证券交易所在回复中所体现的观点为，当公司内部人与其近亲属存在一致行动关系时，才会将近亲属买卖股票的行为与公司内部人的买卖行为一并考虑，而无法直接根据近亲属买卖股票的行为认定短线交易违规。

笔者认为，采取形式主义的“身份标准”过于严苛，有打击面过大之嫌，应当采取推定的方式，将董监高及持股5%以上大股东的配偶、父母、子女对上市公司持有的证券推定为由董监高及大股东所持有，当内部人的配偶、父母及子女账户在6个月内发生一组反向交易行为，或在6个月内与内部人的证券买卖行为构成一组反向交易，则应将系争证券的交易收益归入公司。但考虑到实践中存在内部人的亲属对所持证券具有自由处理的权限，也未必从内部人处获取公司的内部信息，因此需在制度层面留出空间，使公司内部人或其亲属能够以反证的方式推翻法律预设的推定。

如此立法设计与实践经验相符合，实践中公司内部人亲属的证券交易行为有高度可能性获取超额利益，即使难以证明其谋取超额利益是建立在利用内部信息的基础上，内部人亲属的证券交易行为也影响市场预期以及普通投资者对特定上市公司乃至证券市场的信心，确有必要从严监管内部人亲属持股情况及交易行为。但实践中亦存在公司内部人亲属因“误操作”等原因进行的短线交易，公司内部人也未必对亲属的证券交易行为传递内部信息或施加决策影响，有必要留出内部人反证以推翻推定的制度空间，既能维持对公司内部人亲属证券交易的严格监管态度，也不至于打击面过于严苛，同时将证明责任分配至短线交易内部人，并不会导致司法系统疲于探寻具体案件的事实真相。

从法理层面考虑，短线交易制度仅能将其规制范围限定在公司内部人之内，公司内部人的配偶等亲属并不因与公司内部人共享证券交易收益而被纳入规制范围，短线交易制度规范的对象仅仅是配偶等亲属账户下证券。具体来说，公司内部人的亲属不属于该制度的规制主体，也不是收益归入的义务主体。

（三）“利用他人账户”的构成要件及适用

现行《证券法》第44条规定法定内部人持有的股票包括“利用他人账户”持有的股票，在立法制度上提供了“实际持有”的指导标准，堵住了法定内部人以他人名义躲避监管的法律漏洞。然而，即使是在现行《证券法》生效之前，我国证券监管部门对短线交易行为的认定与处罚也广泛采纳了“实际持有”标准，但时至今日法律法规层面尚未有任何对“利用他人账户”的解释，因此立法规定有必要对“利用他人账户”的标准进一步细化，并明确当“利用他人账户”进行短线交易行为同时违反《证券法》第44条与第58条的情况下，如何处理两者间的适用关系。

1. 短线交易制度中“利用他人账户”的认定标准

根据笔者统计，2008年以来证券监管部门对短线交易行为作出的92起处罚案例中，涉及利用他人账户情形的共38起，比例高达41.3%，可见利用他人账户进行短线交易行为较为普遍。为更好适用短线交易制度，本节拟从境外立法经验、境内执法与司法实践的角度出发，完善短线交易制度中对“利用他人账户”的认定标准。

从域外立法来看，美国《1934年证券交易法》规定上市公司的“受益所有人”为通过合同、协议等方式直接或间接持有公司股份并据此拥有投票或处分权的人，该定义体现了实质重于形式原则，其中“间接持有”的内涵可为我国证券法上的“利用他人账户”所借鉴。SEC在判断“受益所有人”时对持股10%以上大股东和董事、高级管理人员采用了两套不同标准。对于前者来说，判断要点是“受益所有人”是否直接或间接对证券行使投票权或者投资决策权，强调“受益所有人”是否对证券具有控制能力；对于后者来说，SEC吸收了既往相关案例中的判决意见，推定董事、高级管理人员对其近亲属等人持有的证券享有间接金钱利益，判断要点在于“受益所有人”是否从证券享有金钱利益。

此外，我国台湾地区对“利用他人名义持有者”也有明确界定，其“证券交易法施行细则”第2条规定：“‘利用他人名义持有者’要求具备下列要件：一、直接或间接提供股票与他人或提供资金与他人购买股票。二、对该他人所持有之股票，具有管理、使用或处分之权益。三、该他人所持有股票之利益或损失全部或一部归属于本人。”可见，我国台湾地区对于利用他人名义持股需要同时满足资金来源、控制能力以及利益归属三方面的成立要件，强调内部人与代持主体间的实质关系。

从境内行政执法实践来看，我国证监会与证券派出机关对利用他人账户进行短线交易均采取“实际持有”标准。证券监管部门在认定公司内部人利用或控制他人账户时,往往通过资金来源、控制能力以及利益归属这三方面来综合认定,并不拘泥于满足某一特定构成要件。法定内部人意图使用他人账户逃避穿透式监管,不可避免地会在银行资金往来、账户下单 IP 地址、通信信息往来等方面留下“蛛丝马迹”。通过研究利用他人账户的短线交易处罚决定书,证券监管部门往往利用以下证据论证行政相对人“利用他人账户”从事短线交易:其一,通过核查银行资金转账情况,证明他人账户用于交易的资金来自董监高、5% 以上股东及其近亲属等;其二,通过证券交易下单时的 MAC、IP 地址重合情况,证明他人账户由法定内部人所操作;其三,通过相关人员的问询笔录以及其他相关的控制迹象直接证明利用要件的存在,实践中常见情况如“他人账户”开户所预留电话号码实际为公司内部人的号码等。

我国司法裁判标准采取了以账户决策权为核心的认定标准,在李宁诉证监会一案中,证监会综合身份关系、资金关系、交易下单地址重合情况及其他关联情况等证据认定李宁控制他人账户,李宁对此行政处罚不服,提起行政诉讼。法院认为“认定行为人实际控制某一账户,需要判断行为人是否对该账户具有管理、使用或处分的权益。”[35]行为人虽非账户的名义持有人,但通过投资关系、协议或者其他安排能够实际管理、使用或处分他人账户的,也可以视为行为人实际控制该账户。

除了短线交易行为,在利用他人账户实施其他违法行为的情形下,监管部门在认定是否对其他账户具有利用、控制关系时,也重点关注行为人是否对案涉账户具有决策权。例如,最高人民检察院与证监会于 2020 年 11 月联合发布 12 起证券违法犯罪案例,其中一起涉及某投资顾问利用资管产品账户操纵市场。[36]最高人民检察院与证监会认为,账户交易决策权是认定资管产品账户控制关系的重要考量因素。通常情况下,资管计划产品中产品管理人是法律意义上的受托管理人,对产品账户具有管理、控制权。但对于通道业务,产品管理人通常不实际负责投资决策,往往根据投资顾问、委托人等其他主体的投资建议或交易指

〔35〕 参见李宁诉中国证券监督管理委员会信息公开案,北京市第一中级人民法院行政判决书,(2016)京01 行初699 号。

〔36〕 参见中国证监会行政处罚决定书(上海通金投资有限公司、刘璟),〔2018〕71 号。

令进行交易。[37] 据此，证监会认定担任通道业务资管产品的投资顾问为案涉账户的实际控制人，并处以相应行政处罚。

此外，根据2019年6月最高人民法院与最高人民检察院发布的《关于办理操纵证券、期货市场刑事案件适用法律若干问题的解释》第5条的规定，对行为人实际控制使用证券账户，以行为人客观上拥有账户买卖的决策权，即对权利客体具有支配能力为标准，不以拥有账户内股票、资金等资产所有权为要件。尽管该司法解释并非针对利用他人账户实施的短线交易行为，而是针对操纵市场行为，但该解释对实际控制账户的判定具有参考价值，再次强调了行为人对账户享有交易决策权在判定控制中的重要性。

证券法监管规则体系为有机整体，在短线交易制度的语境下探索如何认定"利用他人账户"，需要考虑立法宗旨，以及监管实践在其他制度下对类似行为的认定标准。笔者认为，证券账户是交易获利的载体，其最重要的功能在于通过证券交易实现个人财产的增值，因此应将对证券账户的交易决策权作为认定实际控制人的首要标准。对于账户所产生的金钱利益来说，法定内部人需要同时满足资金提供方与利益归属方，才能认定短线交易主体"利用他人账户"。

制度设计上，可以参考《证券市场操纵行为认定指引（试行）》（已失效）第8条的规定，将"利用他人账户"分为两类情形：其一，对他人持有的证券具有管理、使用和处分的权益；其二，直接或间接提供资金给他人购买证券，且因他人所持证券交易的利益或损失全部或部分归属于本人。

2. 短线交易制度与《证券法》第58条的关系

当法定内部人利用他人账户进行短线交易时，该行为同样构成现行《证券法》第58条所禁止的"借用他人的证券账户从事证券交易"行为，这种情形下如何界定两者之间的关系，是优先适用短线交易制度，还是优先适用《证券法》第58条规定，抑或后者吸收前者，是法律适用中难以回避的问题。为探究这一法律适用问题，有必要梳理现行《证券法》第58条的立法沿革、立法宗旨以及监管实践。

---

〔37〕《最高检、证监会联合发布证券违法犯罪典型案例》，载最高人民检察院官方网站2020年11月6日，https://www.spp.gov.cn/spp/xwfbh/wsfbh/202011/t20201106_484204.shtml。

历史沿革方面，我国证券法上关于“禁止借用账户”的规定，经历了从证券开户环节到证券交易环节，从法人主体到包括法人及自然人主体的完善过程。1998 年《证券法》第 138 条规定，证券账户开立必须由客户持有证明中国公民身份或中国法人资格的合法正件，首次对证券账户实名制作出了规定。[38] 2005 年《证券法》第 80 条进一步在账户使用环节明确规定，禁止法人非法利用他人账户，禁止法人出借自己或者他人的证券账户。该条条文释义指出，该条针对一些法人企业逃避监管、非法利用他人账户炒作股票的违法违规现象。[39] 证监会在行政处罚中指出，实践中一些法人企业以他人名义设立账户或者利用他人账户买卖证券，不仅干扰了正常的证券交易，而且为挪用公款、侵占法人财产、通过证券市场进行其他非法活动提供了可乘之机，必须坚决予以制止。[40]

此后《证券法》经历的历次修订与修正均不涉及证券账户实名制。2015 年证监会发布《关于清理整顿违法从事证券业务活动的意见》，明确规定禁止机构和个人出借自己的证券账户。现行《证券法》第 58 条在禁止法人借用他人账户规定的基础上，将禁止出借和借用他人账户的主体扩大至一般个人，禁止任何单位或者个人违反规定出借或借用他人证券账户进行交易。但考虑到现实中自然人之间借用证券账户进行交易的情况较为常见，为避免不当扩张，因此该条立法上增加了限于“违反规定”出借或借用他人账户的情形，但“规定”的具体内容和范围并不明确，行政自由裁量的空间较大。

此外，中国证券登记结算有限责任公司（以下简称中证登）作为统一证券登记结算主体，对借用账户的行为进行自律性监管，规定对证券违法案件中违反账户实名制管理的相关当事人采取注销账户、限制使用等措施。[41]

立法目的方面，对出借、借用账户的禁止性规定可谓是“项庄舞剑，意在沛

---

〔38〕 法条释义指出如此规定的意图是由于当时证券市场发育尚不成熟，不具备对外开放条件，为防止国际投机资本冲击我国证券市场，故在开立环节设立审核身份证明的环节。参见卞耀武主编：《中华人民共和国证券法释义》，载中国人大网：http://www.npc.gov.cn/npc/c2202/flsyywd_list.shtml。

〔39〕 李飞主编：《中华人民共和国证券法（修订）释义》，法律出版社 2005 年版，第 119 ~ 120 页。

〔40〕 参见证监会行政处罚决定书（东鼎投资），〔2010〕5 号。

〔41〕《中国证券登记结算有限责任公司关于对证券违法案件中违反账户实名制行为加强自律管理的通知》。

公”,现行《证券法》第 58 条并不局限于打击违反规定借用账户的行为,而是针对借用账户后从事内幕交易、操纵市场、场外配资等规避证券法律法规对特定主体买卖证券的限制等违法行为。[42] 二级市场上借用账户从事违法证券交易的情况比例极高,深圳证监局于 2014 年 1 月 1 日 ~2017 年 6 月 12 日办理针对二级市场证券违规交易的案件共 69 起,其中借用他人证券账户的案件就有 57 起,占比高达 82.60%。在各类型违法交易中,借用账户比例最高的行为类型分别是从业人员买卖股票、操纵市场、利用未公开信息交易。[43] 如不禁止出借和借用账户的行为,证券账户实名制就落不到实处,非法利用他人账户不仅成为操纵市场的工具,使内幕交易更加隐蔽,而且有利于违规者隐匿身份,助长违规行为的发生,增加执法的难度,从根本上动摇了市场规范运行的基础,成为证券市场健康发展的绊脚石。

从制度价值的角度来看,《证券法》第 58 条有利于将证券账户实名制落至实处,而证券账户实名制正是证券市场公开透明的前提,也是证券市场“穿透式”监管的路径基础,对大额持股信息披露、异常交易监控、监管稽查执法皆有重要意义。[44]

监管实践上,笔者利用威科先行数据库,对 2005 年《证券法》及现行《证券法》上短线交易制度及“禁止借用他人账户”规定的行政处罚情况进行了整理分析。目前我国援引短线交易制度的行政处罚案件中,仅有一起案例同时援引短线交易规定与“禁止借用他人账户”的规定。[45] 原因可能在于现行《证券法》生效之前,2005 年《证券法》仅规定禁止法人非法利用他人账户,而法人股东从事短线交易的行为频次极低。截至 2022 年 4 月 1 日,已公布的对非法利用他人账户的处罚案例共 52 起,这些案例具有三个特点:其一,处罚决定多由证监会作出,而短线交易处罚多由地方监管局作出,仅少数同时涉及其他证券违法行为的案例由证监会处罚;其二,仅因利用他人账户予以行政处罚的案例占比较低,行

---

〔42〕 王瑞贺主编:《中华人民共和国证券法释义》,法律出版社 2020 年版,第 107 ~108 页。

〔43〕 陈剑、王志明、蒋迅锋:《关于借用证券账户行为的问题分析与监管思考》,载《证券法苑》2018 年第 25 期。

〔44〕 王志明:《新〈证券法〉证券账户实名制的理解和适用研究》,载《证券法苑》2020 年第 30 期。

〔45〕 参见中国证券监督管理委员会广东监管局行政处罚决定书(烟台中睿新能源科技有限公司),〔2020〕8 号。

为人除借用他人账户外,参与其他违法交易行为的占比较高;其三,相较于短线交易制度,非法利用他人账户的行政处罚结果较重,没收违法所得的比例较高。[46]

监管部门对“借用他人账户”后伴随发生的证券违法行为认知清晰、把握准确。证监会于 2018 年 9 月 21 日公布四宗操纵市场案件,均涉及行为人利用控制多个账户交易,证监会指出借助杠杆资金操纵成为市场操纵类违法行为新特点,而部分市场主体为获取更大的资金优势,往往借用他人资金和账户,通过民间配资等手段“加杠杆”操纵市场。[47] 在场外配资环节中,控制他人账户行为也落入其中。[48] 基于“借用他人账户”的综合性行为特点,监管部门在调查内幕交易、操纵市场等案件时,一般将借用账户作为手段行为予以吸收,仅以内幕交易、操纵市场等违法行为认定处罚,不再就法人利用他人账户行为单独予以处罚。[49]

基于对“借用他人账户”禁止性规定的梳理,笔者认为该规定与短线交易制度在立法目的、规制行为、处罚力度上均有明显区别,二者并不冲突,如短线交易主体利用亲属之外的账户从事短线交易行为,可同时适用短线交易规定与“禁止借用他人账户”规定。

首先,短线交易主体利用亲属之外的账户从事短线交易行为,符合“禁止借用他人账户”行为的构成要件,对其援引现行《证券法》第 58 条处罚符合法律法规。从立法文义上看,现行《证券法》第 58 条并非绝对禁止借用账户的行为,而是禁止违反规定借用账户来从事证券交易,这一点从草案修订过程中可以看出。2015 年 4 月《证券法》修订草案一审稿延续了 2014 年《证券法》第 80 条的规定,

---

〔46〕 现行《证券法》生效前,2005 年及 2014 年《证券法》对短线交易行为的行政责任规定为“给予警告,可以并处三万元以上十万元以下的罚款”,对利用他人账户买卖证券行为的行政责任规定为“责令改正,没收违法所得,并处以违法所得一倍以上五倍以下的罚款”。

〔47〕 《证监会对 4 宗操纵市场案件作出行政处罚》,载中国证券监督管理委员会官方网站 2018 年 9 月 21 日,http://www.csrc.gov.cn/csrc/c100028/c1001188/content.shtml。

〔48〕 场外配资的常见模式为配资公司向客户出借证券账户和交易资金,并保留对账户的控制权。当股价波动,客户资金触及平仓线时强行平仓,如规模巨大则会引起证券市场连锁反应,危害极大。参见王瑞贺主编:《中华人民共和国证券法释义》,法律出版社 2020 年版,第 107 ~ 108 页。

〔49〕 内幕交易与操纵市场行为中借用他人账户的情形普遍,但在处罚内幕交易与操纵市场行为的监管实践中,极少有案例对借用他人账户行为作出行政处罚。

并未将自然人纳入监管范围。然而，2017 年 4 月的二审稿明确“禁止利用他人账户从事证券交易”，这种禁止性规定未对特殊情形或例外设置空间，三审稿也继续保留这一刚性规定，但最终通过的《证券法》增设了弹性空间，规定不得违反规定出借证券账户。作出特殊限定的考虑是实践中自然人亲属与朋友间相互借用证券账户炒股现象常见，除非从事违法证券交易行为，否则没有必要“一刀切”。[50]

那么，何种情况下的“借用他人账户”属于违反规定呢？证券法并未对此明确规定，通过梳理研究现行《证券法》通过后的监管实践，笔者发现证券监管部门既有对单独出借账户的处罚，也有对同时涉及短线交易、限制转让期内转让证券、信息披露违规综合情况的处罚。在同时涉及短线交易、内幕交易与信息披露违规的案例中，证券监管部门对不同类型的行为分别予以处罚。此外，虽然短线交易行为被规定在《证券法》第三章“证券交易”的第一节“一般规定”，而非被规定在与内幕交易行为、操纵市场行为相同的第三章第三节“禁止的交易行为”，但对短线交易行为课以行政责任也表明立法对该行为的负面定位。因此，利用他人账户从事短线交易的行为属于“违反规定出借证券账户”，符合现行《证券法》第 58 条的构成要件，援引《证券法》第 58 条规定对其进行惩罚并无不妥。

其次，短线交易制度与禁止借用账户的规定意图规范的违法行为、主体范围并不相同，由前者吸收后者，抑或由后者吸收前者均不符合立法宗旨。短线交易制度是作为内幕交易的补充而存在，旨在打击内部人利用未公开信息交易的行为，而禁止借用账户的规定是证券账户实名制的基础，旨在打击任何借用账户进行交易的违规行为，以点带面，打击范围几乎涵盖证券交易上所有违规行为，包括但不限于操纵市场、内幕交易等。以操纵市场为例，操纵市场行为与借用他人账户行为的伴随发生频率极高，以至于立法规定将借用他人账户视为操纵市场行为的构成要件之一，被整体吸收至操纵市场行为认定中。[51] 但短线交易行为与借用他人账户的重合概率并不高，现行《证券法》通过后仅有一起行政处罚案例同时涉及两种制度。

---

〔50〕 参见王瑞贺主编：《中华人民共和国证券法释义》，法律出版社 2020 年版，第 107～108 页。

〔51〕 现行《证券法》第 55 条第 1 款第 3 项规定，“在自己实际控制的账户之间进行证券交易”属于操纵证券市场的手段之一，此处的“实际控制的账户”包括以他人名义开设、持有的账户。

从主体范围的角度来看，绝大部分情况下，行为主体除了持股5%以上的法人股东外，大部分均为自然人，但借用他人账户进行证券交易行为规范主体最早仅包括法人主体，直至2019年《证券法》才将自然人纳入规制范围。两种制度从立法宗旨、行为主体、打击对象均具有明显不同，基于此，笔者认为《证券法》第44条与第58条在适用中不宜相互吸收，而应对符合构成要件的行为并处罚则。

五、结语

短线交易制度意图以一种“粗糙而简略”的方式打击证券市场中的内幕交易行为，该制度免除了主观意图的证明责任，并基于实践经验认知预设一部分上市公司的内部人为法定主体，不问其是否实际利用内部信息。在这种严苛的标准下，如何既准确界定行为主体，又不增设实质判断标准以削弱制度自动适用的制度价值，对司法执法实践提出了难题。基于此，笔者从理论探索的角度，结合实证研究、境外立法制度对我国短线交易主体的范围与认定标准进行分析。

笔者认为对短线交易主体采用“实际持有”标准有利于防止内部人利用他人账户持股交易以规避制度约束。然而，引入“实际持有”标准并非一劳永逸，需要针对不同主体对规定予以细化。为此，本文区分不同主体，分情况对短线交易主体的内部人亲属、关联方及法人股东的董监高进行了分析，主张应采取推定的方式，将内部人亲属持股视为内部人实际持有，但允许内部人反证以推翻。如此设计的目的有二：其一，实证研究证明内部人亲属交易频率高于内部人交易，且内部人亲属交易通常能获得超额收益。为实现制度目的，不能不将内部人亲属账户纳入监管范围中，采取一种推定的方式可以在不增加司法、执法成本的前提下实现这一目的；其二，内部人亲属的证券交易并不一定完全基于内部人所提供的内部信息，有必要留出制度空间以允许内部人及其亲属反证以消除制度过于严苛造成的“误伤”。

对于“利用他人账户”的认定标准，本文借鉴了美国与我国台湾地区对“利用他人账户”的认定标准，并整理研究了境内的司法与行政执法实践，主张应从资金来源、控制能力以及利益归属三方面对“利用他人账户”作出补充规定，供执法机关认定。其中，对证券账户的交易决策权为认定实际控制人的首要标准，包括对证券的管理、使用和处分的权益。此外，如法定内部人与他人证券账户有经济利益往来，法定内部人同时满足资金提供方与利益归属方的双重要求后，才能认定短线交易主体“利用他人账户”。

就“利用他人账户”的适用而言，本文梳理现行《证券法》第58条的立法沿革、立法宗旨以及监管实践，认为《证券法》第44条禁止借用他人账户的规定在立法目的、规制主体、打击对象与短线交易制度均截然不同，二者不应偏废或彼此吸收，应当同时适用《证券法》第44条对短线交易行为的禁止性规定，以及《证券法》第58条对借用他人账户的禁止性规定，对利用他人账户进行短线交易行为进行并罚。

清华金融法律评论·第7辑
金融与公司法之交融
第148～178页

程序化交易监管

韩深任*

目　　次

摘　要：程序化交易随着金融科技的发展而兴起并已逐渐成为资本市场重要的组成部分，其可为市场在一定程度上提供流动性，促进价格发现，但其同样会提高特殊情形下市场的波动性，传递系统性风险，为资本市场带来负面影响，我国2013年光大乌龙指案和2015年伊世顿操纵股指期货案均给资本市场造成了不小的损失。2019年修订的《中华人民共和国证券法》首次将程序化交易纳入监管范围，但并未对何种程序化交易行为构成影响证券交易所系统安全或者正常交易秩序作出规范，亦无衔接性法律法规实际出台。本文试图借鉴境外监

* 韩深任，华泰证券投行部员工，清华大学法学院2022届法律硕士。

管经验对我国程序化交易的监管制度进行细化。

关键词：程序化交易；分类监管；适度监管

一、引言

随着金融市场的发展及金融科技的日臻成熟，程序化交易逐渐出现在全球金融市场中并被公众所知。程序化交易利用计算机技术优于人脑计算的技术优势和速度优势以及程序化交易商拥有的资金优势迅速大量地进行证券交易。程序化交易本身作为金融科技发展的产物，依托计算机产生的技术优势和速度优势是否为价值中性或其是否因此而对市场上其他投资者产生掠夺而造成交易市场的不公平性一直是学界讨论的热点问题。

我国的程序化交易，受制于国内股票市场"T+1"交易制度及相对较高的交易成本，交易份额比例持续低于境外市场对应份额比例，故监管机构前期并未将其作为重点监管对象，监管制度和措施一直处于缺位状态。在我国2013年光大乌龙指案和2015年伊世顿操纵股指期货案出现后，我国监管机构逐渐重视对于证券期货市场中程序化交易的监管。2015年，中国证监会就《证券期货市场程序化交易管理办法（征求意见稿）》（以下简称《管理办法》）向市场征求意见，《管理办法》虽并未正式出台，但其首次肯定了程序化交易的合法性并将程序化交易纳入监管，并且将监管对象界定为程序化交易而非境外常用的高频交易概念，扩大了监管对象的范围而使得法律适用更为灵活，便于应对不断更新迭代的程序化交易技术与策略。再者，其首次搭建了我国程序化交易的监管框架并对某些禁止性的程序化交易进行了列举。但需要指出的是，其仍存在部分不足之处，如未充分考虑监管成本而让证券期货公司承担过多监管义务、未就程序化交易策略进行区分监管等〔1〕。囿于各种原因，《管理办法》并未正式出台。2019年修订的《中华人民共和国证券法》（以下简称新《证券法》）中第45条首次在上位法中将程序化交易纳入监管范畴，要求程序化交易不得影响证券交易所系统安全或者正常交易秩序，以及应当符合国务院证券监督管理机构的规定。其本

---

〔1〕 参见彭祺：《高频交易监管制度的实然与应然——兼评〈证券期货市场程序化交易管理办法（征求意见稿）〉》，载《金融服务法评论》2019年第1期，第429～431页。

质是立法授权条款,并未对何种行为视作影响证券交易所系统安全或正常交易秩序的行为作出规范,且中国证监会也尚未出台程序化交易管理细则,显得衔接不足,监管范围较为模糊。

与国内程序化交易监管的模糊情况不同,境外市场对程序化交易的监管措施日臻完善。美国在2010年"闪电崩盘"事件后陆续出台了"一揽子"针对程序化交易的监管措施,如美国证券交易委员会(SEC,以下简称美国证交会)陆续修订适用的规则及美国商品期货委员会(CFTC)通过的《自动化交易监管规则》及后续表决通过的补充规定,其中包含了一系列针对风险控制措施、信息披露制度以及系统化程序化交易领域的监管保障措施,但囿于程序化交易策略监管以及监管实施的前景并未达成一致,《自动化交易监管规则》并未正式出台[2]。德国于2012年7月启动《高频交易法》的征求意见工作并经数轮讨论,于2013年5月正式实施,为全球首部专门针对高频交易出台的法案。欧盟亦于2018年开始实施修订后的《金融工具市场指令Ⅱ》(MiFID Ⅱ),其中分别以技术手段及经济手段对程序化交易进行监管[3]。

在我国A股换手率处于世界股票市场高位、涨跌幅限制逐渐放宽、注册制逐渐推行、股票"T+0"交易制度呼声逐渐高涨的大背景下,如何规范市场参与者合理利用程序化交易以不至于影响交易所系统安全和扰乱正常交易秩序,本文试图通过借鉴境外监管经验以探究我国新《证券法》对程序化交易监管的潜在内涵,并试图就交易所系统安全和正常交易秩序分类监管提出建议,完善我国本土的法律衔接。国内目前研究多集中于对境外监管制度的展示与借鉴,而并未从我国程序化交易监管的"影响证券交易所系统安全或正常交易秩序"视角过多深入,故本文具有一定的研究意义。

二、我国监管对象缘何是"程序化交易"

我国新《证券法》第45条以及其他配套法律法规均将程序化交易作为监管

[2] 参见张孟霞:《美国CFTC自动化交易监管规则立法进展及争议探讨》,载《期货及衍生品法律评论》2018年第00期,第76页。

[3] 参见郭晨光、崔二涛、熊学萍:《境外高频交易监管制度对我国期货市场监管的启示——基于经济和技术手段的视角》,载《金融发展研究》2021年第2期,第66页。

对象，而境外的监管重点更多地集中于高频交易而非程序化交易，如德国《高频交易法》以及欧盟《金融工具市场指令Ⅱ》中规定的监管对象多为高频交易（High Frequency Trading，HFT），学者讨论的对象亦集中于高频交易。究其原因，各国金融市场发展阶段不同、交易制度不同、本土程序化交易策略不同而使得各国学者、监管机构以及业界均未对监管对象的认定达成一致。同时，程序化交易、算法交易、高频交易概念间相互交叉、相互重叠，故理解为何以程序化交易作为监管对象需要对这几种概念进行厘清。

《管理办法》第2条对程序化交易的定义：程序化交易是指通过既定程序或特定软件，自动生成或执行交易指令的交易行为。新《证券法》第45条将程序化交易行为界定为"通过计算机程序自动生成或者下达交易指令"，更多强调计算机程序进行交易的自主性而非美国定义强调的集中交易，更为贴近程序化交易的本质。学界对于程序化交易定义的侧重点亦有所不同，肖凯强调计算机程序在完成程序化交易全流程中的自主技术优势〔4〕；邢会强则参照《管理办法》对程序化交易的客体进行定义，但其认为程序化交易并非只是一种行为而应当同时包含交易技术，强调其应当为"行为＋技术"的综合体〔5〕；徐文鸣将我国与美国对于程序化交易的定义差异归结为程序化交易发展阶段不同，纽约证券交易所的定义相对古老，在发展初期更多注重交易形成证券组合而并非强调交易技术〔6〕；而我国定义相对较新，程序化交易并非证券集中性交易而更多考验的是其技术属性。笔者亦认为，程序化交易应当是一个交易行为，但其行为借助了计算机程序的自主性和技术性，其自主性决定了其可自动对市场环境作出反应，其技术性决定了其可不断更新交易策略以寻求最优。

三、我国语境下的程序化交易监管现状及不足

（一）我国程序化交易监管演变

程序化交易自2010年起逐渐在我国金融市场崭露头角，但交易量占比并不

---

〔4〕 参见肖凯：《高频交易与操纵市场》，载《交大法学》2016年第2期，第20～22页。

〔5〕 参见邢会强：《证券期货市场高频交易的法律监管框架研究》，载《中国法学》2016年第5期，第156～158页。

〔6〕 参见徐文鸣、张玉美：《新〈证券法〉、程序化交易和市场操纵规制》，载《财经法学》2020年第3期，第96～101页。

高，我国监管部门并未对程序化交易倾注过多心血。

（二）各期货商品交易所各自出台监管规定

自2010年开始，逐渐出现的程序化交易便进入了各期货商品交易所的监管视野，各交易所分别各自出台监管规定对于自己场内的程序化交易进行监管（见表1）。

表1　各交易所程序化交易监管规定

交易所	监管规定	主要监管内容
中国金融期货交易所	《中国金融期货交易所交易细则》（2014年修订）	1. 明确通过计算机程序实现自动批量下单或快速下单功能的交易软件，应当事先报交易所备案 2. 交易所对不当使用计算机程序的可采取相关措施
	《中国金融期货交易所期货异常交易监控指引（试行）》	将异常的程序化交易纳入异常交易监控中
上海证券交易所	《期货公司股票期权业务风险控制指南》（已失效）	第八章对程序化交易报备的报备范围、报备内容、程序升级报备、报备时间作出了明确规定
大连商品交易所	《大连商品交易所关于申报程序化交易应用情况的通知》	要求各会员单位将计划使用或已经使用程序化交易的客户信息，以书面形式报交易所备案

（三）中国证监会出台程序化交易监管规定

2015年，中国证监会起草了《管理办法》，其对于程序化交易定义、程序化交易参与主体要求、程序化交易系统接入、程序化交易异常行为认定、程序化交易异常行为系统认定等作出了更为细致的要求。此后，各大证券期货交易所纷纷响应并出台管理细则，但因细则的条款设置对程序化交易监管过于苛责而难以实施。例如，上海证券交易所出台的《上海证券交易所程序化交易管理实施细则（征求意见稿）》，其中第46条第1款第2项收费标准对《管理办法》第15条作出回应，对当日撤单申报比高于70%或成交申报比低于30%的按2元/笔收取申报费用，未免对程序化交易费率收费过高。《管理办法》及其配套细则出台时正值中国的股市尚未从2015年杠杆股灾中企稳以及伊世顿操纵股指期货案刚刚浮出水面，市场将大幅波动部分归责于程序化交易，监管的指导思想为“严格管理、限制发展、趋利避害、不断规范”〔7〕，故此时监管部门对于程序化交易监管的态度则是十分谨慎。截至目前，该《管理办法》以及各交易所的管理细则均尚未正式出台。

（四）新《证券法》将程序化交易纳入监管

2019年修订的新《证券法》中新增的第45条对程序化交易的规定为“通过计算机程序自动生成或者下达交易指令进行程序化交易的，应当符合国务院证券监督管理机构的规定，并向证券交易所报告，不得影响证券交易所系统安全或者正常交易秩序”。该条规定首次对程序化交易行为进行了定义及限制，为我国程序化交易立法监管的重要补充。同时，新《证券法》的修订首次对程序化交易的合法性进行了肯定，给予了程序化交易发展的空间，体现了监管理念从过度监管向适度监管的跨越。

（五）我国程序化交易监管体系存在的不足——监管法律体系不完善

如前文所述，我国程序化交易监管经历了从下至上而非从上至下的监管演变，致使相关法律法规无法有效地衔接新《证券法》。新《证券法》虽新增了对程序化交易行为的定义及限制，但宽泛的定义及限制并未对何为影响证券交易所系统安全或者正常交易秩序的行为作出详细定义，未对其具体如何适用进行指明，以符合证监会规定及向证券交易所报告的形式更多给予了证监会及证券交易所自由监管的空间。《管理办法》并未正式出台且各证券交易所出台的监管规范相对较早，更多地聚焦在会员准入与异常交易行为认定方面，其并未与新《证券法》第45条的要求进行衔接。程序化交易因其计算机程序及策略算法的复杂性而分支庞杂，且其更新迭代速度较快，若无法较好地适用新《证券法》的相关规定进行约束管理，则程序化交易可能以迭代策略逃避金融监管行违法违规之实，增加整体金融市场风险。

---

〔7〕 参见《中国证监会新闻发言人张晓军就〈证券期货市场程序化交易管理办法（征求意见稿）〉公开征求意见答记者问》，载中国政府网，http://www.gov.cn/xinwen/2015－10/09/content_2944441.htm。

四、程序化交易风险概述

综合而论,新《证券法》第 45 条已经肯定了程序化交易的合法性,但程序化交易本身涉及的技术及策略是否是价值中立的,应当被施以何种程度的监管力度确是值得商榷的问题。部分学者持适度发展的观念,例如,何兆飞认为我国应当如同外国一样适应程序化交易发展的趋势,规范有序发展程序化交易,将“限制发展”的思路调整为“适度发展”〔8〕;又如,Lazaro I. Vazquez 认为高频交易为市场带来的市场效率和交易成本优势不应当被忽略,不应施加过多税费及交易费用阻碍高频交易发展,真正应当规制的行为是利用高频交易操纵市场的行为〔9〕。但邢会强认为程序化交易的技术及高频交易策略均非“价值中立”,程序化交易技术以及高频交易策略具有的负外部性使得其并不能以“技术价值中立”为由逃避法律监管〔10〕。笔者从程序化交易的利弊分析入手,试图对程序化交易监管的必要性以及应当施加何种程度的监管予以说明。

(一)程序化交易的交易优点分析

程序化交易的利弊被学界广泛讨论,通说认为其具备以下几方面优点。

1. 提供市场流动性

通说认为,程序化交易往往以较小单匹配合适价格的方式进行交易,能够帮助市场在不同价格上找到交易对手。同时,程序化交易者能够以资金重复参与市场交易,提高了市场的流动性。笔者认为,对程序化交易提供流动性的作用应当区分交易策略与市场环境进行讨论,如做市交易策略本身存在的目的即为市场提供流动性,其以资金优势使得大额订单快速得以满足,不以交易营利为主要目的;但其他的交易策略则更多的是以交易营利为主要目的,在市场流动性不足时不会有效地提供流动性。同时,我国的换手率已经相对较高,程序化交易提供流动性的效用已经越来越弱,证监会新闻发言人张晓军在就《管理办法》答记者

---

〔8〕 参见何兆飞:《伊世顿案及其进展:滥用程序化交易操纵市场的监管思路评释》,载《金融法苑》2020 年第 3 期,第 181 ~183 页。

〔9〕 See Vazquez L. I., *High frequency trading: Is regulation the answer*, Wake Forest Journal of Business and Intellectual Property Law, Vol. 2, p. 151 – 177(2017).

〔10〕 参见邢会强:《证券期货市场高频交易的法律监管框架研究》,载《中国法学》2016 年第 5 期,第 158 页。

问时曾表示，我国市场的流动性已较为充足，通过程序化交易提高流动性不是当前面临的主要问题〔11〕。

2. 促进市场价格发现与降低交易成本

部分学者认为，程序化交易可以有效、快速地汇集市场内的信息并寻找市场中的趋势或套利交易空间进行盈利，通过这种方式，可以有效地实现价格发现作用。通过促进价格发现作用，可以有效地降低市场的买卖区间，从而降低交易者的交易成本。比如 Nathan D. Brown 认为，高频交易的存在，让美国市场成为世界上最公平、最具弹性和最低成本的市场〔12〕。笔者认为，这同样需要区分交易策略，趋势化交易策略与套利交易策略确实能起到促进市场价格发现的作用，但同时抢先交易可能通过促使价格有偏而获利，对价格发现起反向作用。

（二）程序化交易的负外部性分析

值得注意的是，程序化交易本身的交易特点使得其容易对资本市场造成负外部性，故笔者认为应使得其在日臻成熟的监管制度下健康、有序发展，负外部性主要体现在以下几个方面。

1. 程序化交易发送指令速度极快，在特殊情形下市场波动性大

程序化交易往往由交易员进行设置后由交易系统自动执行指令，如交易员发生操作失误，如错误地键入了比原交易数量多很多的交易订单，如 2002 年贝尔斯登某一交易员曾错误地发送了 40 亿美元的订单而非本应发送的 400 万美元的订单，致使道琼斯指数一度下跌近百点。又如程序化交易本身涉及的技术及交易策略复杂，容易出现技术故障，例如，2012 年美国骑士资本的计算机由于交易系统错误，导致在 40 多分钟内发送了几百万笔交易订单。而众多程序化交易商本就以传输速度快作为自身的竞争优势，希望可以先于他人指令到达而获取更好的交易价格，故如果出现风险订单发送，很难在其成交前对于订单进行及时的撤销，故较为容易对市场产生大额波动。

---

〔11〕 参见《中国证监会新闻发言人张晓军就〈证券期货市场程序化交易管理办法（征求意见稿）〉公开征求意见答记者问》，载中国政府网，http://www.gov.cn/xinwen/2015-10/09/content_2944441.htm。

〔12〕 See Brown N. D., *The rise of high frequency trading: the role algorithms, and the lack of regulations, play in today's stock market*, Appalachian Journal of Law, Vol. 209, p. 209-230 (2012).

高频交易监管的法案,其主要内容包括[24]:

(1)将高频交易者纳入监管范围。法案要求高频交易商需经德国联邦金融监管局审核才可注册成为高频交易商,审核标准包括但不限于交易者的注册资本、组织架构、人员配置等,同时高频交易商受制于《德国银行法案》的监管。

(2)明确了高频交易可能导致的操纵市场行为,包括:①是否对交易系统的正常运转产生影响、是否延迟系统对订单的执行;②是否对其他交易者作出正常买入或卖出的交易行为产生影响;③是否对金融产品的供需关系产生影响。

(3)建立适当的风险防范系统以及预防机制。法案分别对于高频交易商以及交易所提出了风险防范要求,其要求交易商需要对其交易系统的风险防范负责,保证其交易系统能够应对极端交易情形、对错误交易指令进行审核和排除、交易系统不可对交易所的交易系统造成影响;其要求交易所建立起适当的预防机制,保证其交易系统同样能够应对极端交易情形,并可以针对频繁报撤单等浪费交易所资源的高频交易行为收取适当的费用。

此外,法案还设定了订单交易比率以及最小报价单位、订单电子标记以及监管局对于高频交易商所使用的高频交易策略更多的知情权,监管局可自行检测其策略是否会对交易所的系统运行产生影响等。

3. 欧盟监管框架

2018 年,欧盟《金融工具市场指令Ⅱ》正式实施,其将高频交易纳入监管框架,并对高频交易采用特征法予以定义,强调其特征包括:(1)由计算机系统自主完成订单的生成和执行,无须人为干预;(2)订单的生成和执行具备高信息率。针对高频交易,欧盟《金融工具市场指令Ⅱ》主要通过采用经济手段和技术手段予以监管。经济手段要求交易所可以交易额外定价对高频交易予以调控,对过量发送交易指令的交易者施加更多的交易成本[25],而如何确认其过量则依赖于各交易所确认的信息率规则,信息率可包括对订单生成、订单修改、订单取消、订单批量生成、订单批量修改、订单批量取消、订单数量等分别设置不同的

---

〔24〕 参见项银涛、孙寅浩、郑境辉、李康:《高频交易监管的国际趋势及启示》,载《金融发展评论》2015 年第 9 期,第 54~55 页。

〔25〕 参见郭晨光、崔二涛、熊学萍:《境外高频交易监管制度对我国期货市场监管的启示——基于经济和技术手段的视角》,载《金融发展研究》2021 年第 2 期,第 66~70 页。

信息率等级,则交易者在完成交易时会自动生成该笔订单所包含的信息量。而对应信息量超过正常单笔交易所对应的信息量阈值时则可设置不同的收费标准,如欧洲期货交易所收取的系统过度使用费为(信息量 - 信息量阈值) × 费用因子[26]。技术手段主要包括:(1)高频交易商准入需经各主管监管局审批;(2)使用做市交易策略的做市商需与交易所签订特殊协议以确认使用做市交易策略的合规性;(3)交易所需保证其交易系统可承载极端交易情况,需对极端交易情况建立适当防控机制等。

结合境外程序化交易监管框架,笔者试图以我国"影响证券交易所系统安全"以及"影响正常交易秩序"两个角度予以框定。

(二)以影响证券交易所系统安全角度

参考境外程序化交易的特点,因其可在极短时间内对市场信息进行分析并大量发送交易指令的特点,可能造成证券交易所短时间内负荷过大而致使系统宕机,以对市场交易产生影响。本部分仅对于程序化交易该客观性质导致的证券交易所负荷问题进行讨论,部分交易策略如塞单等主观故意上造成交易所系统负荷过高情形,因其同时亦影响证券正常交易秩序,故笔者将其归入后文故意影响正常交易秩序的行为进行讨论。同时,证券公司与期货公司的程序化交易系统可能本身存在不完善,接入交易所的程序化交易系统时亦可能与其不兼容而对证券交易所的系统产生影响。故本部分以对证券交易所系统产生过高负荷以及证券交易所系统准入两个维度进行分析。

1. 对证券交易所系统产生过高负荷

综合境外监管经验,其较多采用技术手段与经济手段对程序化交易所发送的交易指令数量进行约束从而降低对证券交易所系统造成的负荷。

(1)技术手段

①订单最短停留时间

订单最短停留时间是对交易订单进入订单簿后的最短停留时间作出规定,以应对交易者频繁撤销订单的行为。美国商品期货委员会曾于 2013 年就交易

[26] 参见郭晨光、崔二涛、熊学萍:《境外高频交易监管制度对我国期货市场监管的启示——基于经济和技术手段的视角》,载《金融发展研究》2021 年第 2 期,第 68 页。

所是否应当增加订单最短停留时间征求意见以减少频繁报撤单行为,但美国期货业协会对此持反对意见,并指出如增加订单最短停留时间则无法有效地促进市场价格发现,主要源于交易者在进行交易时能够展现在订单簿中的交易价格并不是最有效的市场价格,最有效的市场价格仍将经过订单簿中的订单调整后才能予以实现,无法实现金融市场的资源配置作用〔27〕。再者,该要求对做市商等流动性提供者十分不利,其无法有效地对市场的具体情况进行分辨,当表面流动性较好但实际订单簿中流动性较差时做市商无法有效地增加市场流动性。故订单最短停留时间这一似乎最有效的针对性降低程序化交易量的措施最终未被通过〔28〕。

②减速带

减速带则是在进入订单簿后进行统一延迟,主要针对的是程序化交易者主动探测市场上的存量订单以及主动出击的行为,通过对程序化交易所拥有的技术优势和速度优势进行抑制,以减弱其主动对市场公平性的影响。以订单是否提供流动性可将订单分为流动性提供订单和流动性消耗订单,流动性提供订单即为订单簿中已存在的订单,其等待被动成交;流动性消耗订单即为主动进入订单簿并主动成交的订单。目前,境外主要针对流动性消耗订单进行减速带的设置,即订单主动进入订单簿等待成交时会被施以延迟,欧洲期货交易所、德国期货交易所以及法国期货交易所均设置了减速带〔29〕。

③最小委托单成功交易比率设置

德国要求设置最小委托单成功交易比率以提高高频交易的成交比例,变相减少虚假报撤单行为的发生〔30〕。因普通交易者往往会在下单时为寻求最好价格而反复进行下单,但其委托单的成功交易比例仍显著高于反复报撤的程序化

---

〔27〕 See Barrales E. O., *Lessons from the flash crash for the regulation of high-frequency traders*, Journal of Corporate & Financial Law, Vol. 17, p. 1195 – 1262(2012).

〔28〕 See Michael & Morelli, *Implementing high frequency trading regulation: a critical analysis of current reforms*, Michigan Business & Entrepreneurial Law Review, Vol. 6, p. 201 – 230(2017).

〔29〕 参见郭晨光、崔二涛、熊学萍:《境外高频交易监管制度对我国期货市场监管的启示——基于经济和技术手段的视角》,载《金融发展研究》2021 年第 2 期,第 68 ~ 69 页。

〔30〕 参见项银涛、孙寅浩、郑境辉、李康:《高频交易监管的国际趋势及启示》,载《金融发展评论》2015 年第 9 期,第 54 ~ 55 页。

交易者，故以该方式可以有效地将程序化交易者与普通交易者进行区分，从而仅对于高频交易者的交易量进行限制而不给普通交易者产生显著的成本。

④小结

境外市场多以机构投资人为主，投资人较为成熟且交易行为较为集中，其对程序化交易及监管的容忍度较高，采用如订单最短停留时间以及减速带等技术手段限制交易的发生较为可行，对市场产生的影响较小。而我国是指令驱动的散户市场，市场参与者以散户居多，交易行为分散，如适用技术手段对程序化交易进行监管对市场影响较大，无法有效地针对程序化交易者进行规制，金融监管成本或将显著高昂，故监管部门对设置技术手段较为谨慎。在《管理办法》中，证监会设置了成交委托比及正常水平的概念，但并未对其予以细化明确，后续尚待设置相关数值水平进行衔接与完善。

(2)经济手段

①过度指令收费

美国市场针对全国最佳报价外总指令量0.2%以外的每笔指令收取0.005～0.03美元不等的费用。德国以每个参与者每个交易日针对每个证券的交易量计算其是否明显超过其他交易者，如果过量发送指令，则将被征收过度使用费用。两者均通过设置市场平均交易量水平对适当的指令量进行设置以有效地对程序化交易者进行定向规制，通过提高程序化交易成本的方式降低程序化交易者在市场内反复报价的积极性。

②信息量评分系统

美国芝加哥商品交易所采用交易量比率对订单进行监管，其对订单的修改、取消、批量操作等交易指令参数均设定不同的加权比重用以得到信息量评分[31]。交易所利用信息量与交易量相比而得到交易量比率进而与市场上基准的交易量相比，如果显著高于基准水平则会被征收额外的附加费用。该监管方式有针对性地对高频交易反复批量修改、取消订单操作定向征收额外成本，从而对程序化交易进行定向监管。

---

〔31〕 参见郭晨光、崔二涛、熊学萍：《境外高频交易监管制度对我国期货市场监管的启示——基于经济和技术手段的视角》，载《金融发展研究》2021年第2期，第67页。

欧盟如前文所述则允许各交易所确认其信息率规则，信息率可包括对订单生成、订单修改、订单取消、订单批量生成、订单批量修改、订单批量取消、订单数量等分别设置不同的信息率等级，通过信息率判定其是否可收取过量使用费用。

③小结

我国《管理办法》第15条允许证券期货交易所针对于程序化交易的具体情形而制定差异化的收费管理办法，但无具体细则。上海证券交易所出台的《上海证券交易所程序化交易管理实施细则（征求意见稿）》，对当日撤单申报比高于70%或成交申报比低于30%的按2元/笔收取申报费用；中国金融期货交易所曾为抑制程序化交易，一度出台规则要求提高股指期货交易的保证金、手续费，申报费设置提高至1元/笔，未免有过度监管之嫌。故笔者认为可参照信息量评分系统打造适合国内市场情况的程序化交易监测系统，针对特定的交易行为计算不同的信息量数值和参照指标以更为精细化地对程序化交易进行规制而非“一刀切”式监管。

2. 证券交易所系统准入

为防止程序化交易商的交易系统对证券交易所系统安全产生影响，境外多采取事先对程序化交易系统进行准入筛查的模式，如美国的市场准入规则要求证券公司承担程序化交易系统准入筛查的义务[32]，德国《高频交易法》以及欧盟《金融工具市场指令Ⅱ》均要求程序化交易系统应当具有足够的容量以应对任何市场上可能产生的波动。交易系统应当事先经过测试，其应当可以在市场剧烈波动时进行自我保护而不至于崩溃。

我国《管理办法》第8条建立了程序化交易系统的准入制度，由证券公司与期货公司承担系统接入的核查义务并进行持续化管理，由证券业、期货业协会对其系统接入标准进行统一。但如前文所述，《管理办法》未正式出台致使各证券公司与期货公司尚未拥有统一的标准，同时，将核查义务完全交由证券公司及期货公司未免权责不当，证券公司自身的交易系统尚无法保证其系统的安全性，如2021年10月28日，同花顺因系统崩溃致使交易数据无法正常显示，2022年3

---

〔32〕 参见刘春彦、程红星、赵雯佳：《美国期货交易委员会自动化交易最新监管政策进展及启示》，载《证券法律评论》2017年第00期，第168～169页。

月 14 日，招商证券交易系统崩溃从而使得投资者无法进行任何交易，使得投资者损失惨重。故在证券公司本身尚无法有效地保证自身交易系统的安全性前提下，让其对程序化交易者的系统接入以及对交易所的系统接入进行核查未免有些过于苛责，其所拥有的人力、物力、财力无法担负起其核查成本。故可考虑由相关监管机构及自律协会出台统一系统接入标准并由程序化市场监测系统统一承担交易系统审核接入的职能，以保障程序化交易商的系统不会对交易所系统安全产生影响。

（三）以影响正常交易秩序角度

基于已有境内外程序化交易案例以及监管措施，笔者认为，影响正常交易秩序的行为以其是否具有主观影响正常交易秩序的恶意，可分为“无心之失”和“有意而为”。“无心之失”多为并不具有主观故意的证券错误交易行为，如乌龙指事件等证券错误交易行为，其行为人主观恶意较弱，故主要的监管路径应当为通过事先审查、事中阻断以及事后救济的方式对其进行预防式、救济式监管；而对于具有主观故意影响正常交易秩序的“有意而为”，如幌骗、策略性抢先交易等，其对于资本市场秩序的影响偏大，主观恶意强烈而应当对其采取更为严格的认定、追责制度，笔者后文也从该两种角度及不同的监管思路展开讨论。

1. 证券错误交易行为规制

2005 年，国际证券监管委员会将证券错误交易定义为“因市场参与者行为或交易系统故障执行的交易”〔33〕。伍坚认为，该定义方式侧重于表述证券错误交易行为产生的原因而并未对何为“错误”作出具体解释。他认为，证券错误交易行为是交易基本要件存在错误的证券交易，交易基本要件包括价格、数量、标的、方向〔34〕。与有意影响正常交易秩序不同，证券错误交易行为的起因大多并非人为故意。国际证券监管委员会技术委员会认为，交易所可以采用如交易暂停、波动中断、涨跌幅限制以及足够的系统容量等用以应对不同市场情况造成的

〔33〕 Technical Committee of the International Organization of Securities Commissions, *Final Report-Policies on Error Trades*, 2005, p. 2.

〔34〕 参见伍坚：《证券错误交易处理机制研究》，上海人民出版社 2021 年版，第 4～8 页。

波动[35]。交易所应当建立适当的风险管理机制并对其系统提前进行压力风险测试以保证其风险承受能力。同时,交易所应当对其会员的交易系统及交易算法进行类似测试。故针对非故意情形引发的市场动荡,境外监管手段亦多从该监管原则出发,大致可分为事先审查、事中阻断以及事后救济三个角度进行预防式监管。

(1)事先审查

①交易指令事先审核义务

国际证券监管委员会建议各国监管机构研制一套能够发挥事先监测功能的程序化交易指令审核系统用于限制可能影响市场公平性及稳定的交易指令,并在其进入证券期货交易市场前对其进行禁入,降低市场风险,并要求监管机构持续性地对系统进行更新或施以其他措施以应对可能发生的新形式的违规违法行为[36]。

自"闪电崩盘"事件后,美国证交会以市场准入规则的方式,将交易指令的事先审核义务交由证券公司(经纪商)承担,即要求证券公司应当建立风险控制程序与内部审核系统,对客户接入的交易系统以及客户发送的交易指令进行事先审核,确保客户的交易系统风险性较低,且交易指令是符合市场情况的,通过事先审核的方式减少风险事件的发生[37]。芝加哥商品交易所、欧洲期货交易所等均设置了交易指令合理性的检查机制,并主要针对价格进行筛查,避免严重偏离市场价格的指令进入市场并以较快的频率更新合理价格区间供各方报价。但众多学者认为,由证券公司及期货公司对程序化交易指令进行审核并对异常指令进行复核存在不当之处,如何界定异常指令以及何为对市场价格和流动性产生重大影响并无统一的标准,故由证券公司与期货公司进行独立监管可能无法有效实现订单指令的事先筛查。

---

[35] 参见国际证券监管委员会:《技术变革对市场完整性与效率的影响及相关监管建议》,载《金融发展评论》2012 年第 6 期,第 129 ~ 130 页。

[36] 参见国际证券监管委员会:《技术变革对市场完整性与效率的影响及相关监管建议》,载《金融发展评论》2012 年第 6 期,第 130 页。

[37] 参见刘春彦、程红星、赵雯佳:《美国期货交易委员会自动化交易最新监管政策进展及启示》,载《证券法律评论》2017 年第 00 期,第 164 ~ 171 页。

②程序化交易者合资格性与准入公平

德国要求成为高频交易商需事先依照《德国银行法案》提交审核并取得高频交易资质及执照，以确保高频交易商拥有足够的能力开发、运营高频交易系统，并具备一定的风险缓释能力〔38〕。欧盟要求对交易平台会员资格进行严格审查以检验其中是否有冒用交易平台会员身份的非会员进行高频交易〔39〕。冒用者往往不具备会员单位所具有的准入资格以及适宜的交易系统而容易对市场产生负面影响。

国际证券监管委员会建议各国监管机构应当要求交易所对程序化交易商在市场准入及其他服务准入等方面实施公平、透明和非歧视原则〔40〕。该原则主要针对各项服务的准入门槛的差异性，如高速数据流接入以及交易的费用折扣等。高速数据流接入主要包括“主机托管服务”等，许多程序化交易商通过将服务器架设在交易所的服务器附近或者拥有较为快速的交易所服务器接入端口而使得自身发送的程序化交易指令更快地到达交易所而更为快捷地完成交易。交易的费用折扣主要包括流动性回扣，部分交易所会为大量提供证券流动性的程序化交易商提供流动性回扣，使得其以更低的交易费用进行交易。我国交易所如上海证券交易所的主机位于张江产业园区内，部分程序化交易者便将自身主机以高价置于产业园区内使得物理距离较短，指令传输速度更快而使得订单更快地到达交易所。

③程序化交易策略合资格性

德国《高频交易法》赋予德国联邦金融监管局及交易所对高频交易商所采用的高频交易算法、策略的知情权，其可要求高频交易商提供其使用的高频交易系统并对其进行风险测试，以检测其是否具备风险缓释能力〔41〕。

〔38〕 参见项银涛、孙寅浩、郑境辉、李康：《高频交易监管的国际趋势及启示》，载《金融发展评论》2015 年第 9 期，第 54～55 页。

〔39〕 参见郭晨光、崔二涛、熊学萍：《境外高频交易监管制度对我国期货市场监管的启示——基于经济和技术手段的视角》，载《金融发展研究》2021 年第 2 期，第 66 页。

〔40〕 参见国际证券监管委员会：《技术变革对市场完整性与效率的影响及相关监管建议》，载《金融发展评论》2012 年第 6 期，第 129 页。

〔41〕 参见项银涛、孙寅浩、郑境辉、李康：《高频交易监管的国际趋势及启示》，载《金融发展评论》2015 年第 9 期，第 54～55 页。

④综合审计追踪机制与订单标记

“闪电崩盘”事件后，美国证交会于2012年启动建设综合审计跟踪系统（CAT）对程序化交易进行日常监测并分配专有识别代码，对程序化交易行为进行跨市场监管[42]。该举措旨在实时追踪交易指令，如发现异常则及时预警，同时，该系统也使得事后追责定位变得更为简便。此外，德国《高频交易法》要求交易指令需经ID分配后被执行；欧盟《金融工具市场指令Ⅱ》要求高频交易商保留所有的订单记录，以供监管机构检查。同时，欧盟要求建立统一的交易数据信息库，能够保留市场中所有交易的记录以供事后查验。

（2）事中阻断——熔断机制

熔断机制起源于美国，经历次修改，1998年实施的熔断机制调整为道琼斯工业平均指数下跌10%/20%/30%时触发。但熔断机制却并没有达到防范市场大幅波动的预期。直到“闪电崩盘”事件发生时，美国证交会发现其设置的全市场熔断机制似乎太过广泛，“闪电崩盘”时市场达到的9.2%跌幅并未达到市场熔断机制的最低级指标，即道琼斯工业指数跌幅达到10%。此后，美国证交会于2012年调整了熔断机制的各档指标，将原本熔断机制触发条件的道琼斯工业指数跌幅分别达到10%、20%和30%调整为标准普尔500指数跌幅分别达到7%、13%和20%，有效地收窄了熔断机制需要的跌幅设置，并采用了标准普尔500指数更为有效地反映了市场状况而使得熔断机制能够更好地发挥效用。再者，与之相匹配的是将熔断机制的熔断效果进行了调整，将熔断效果由原本的全市场证券暂停交易1小时、暂停交易2小时和提前收市调整为ETF及对市场有重要性影响的证券暂停交易15分钟、暂停交易15分钟和暂停交易直至收市。美国证交会同时针对个股推广熔断机制，以减弱因个股程序化交易异常导致的系统性风险冲击。个股熔断机制要求如任何标准普尔500指数的成分股股价在5分钟内振幅达到10%，该个股交易将被暂停5分钟。后经历数次调整，美国证交会推行以涨停板机制代替个股熔断机制，与我国采用的涨停板机制不同，美国涨停板机制本质依旧是个股熔断机制。该机制要求所有在全国市场系统的股票

---

〔42〕 See Barrales E. O., *Lessons from the flash crash for the regulation of high-frequency traders*, Journal of Corporate & Financial Law, Vol. 4, p. 1195 – 1262(2017).

如果在15秒内价格涨跌幅超过规则设置的波动区间，则其所在的所有市场内均暂停交易5分钟，属于“熔而断”的熔断制度。

除美国外，众多境外交易所市场均推行熔断制度。从采用的熔断机制标的出发，可分为指数与个股均熔断的双熔断（日本、韩国、巴基斯坦等）、指数熔断的单熔断（加拿大、印度、巴西、马来西亚、泰国等）与个股熔断的单熔断（英国、德国、新加坡、中国香港等）[43]。就采用的熔断机制效果而言，可分为熔断并暂停交易与熔断不暂停交易两种。熔断并暂停交易主要指触发熔断条件后，交易将在一段期间内被暂停以供交易者作出更明智的决策。熔断不暂停交易主要指触发熔断条件后，交易者依旧可以参与交易，交易价格被限制在熔断价格或其附近。就熔断机制的熔断方向而言，可分为单边熔断与双边熔断。单边熔断即限制证券价格向原有涨跌方向熔断，可以允许其价格反向变动；双边熔断即对证券价格的涨跌方向均予以限制，证券价格无法变动。

我国最早的熔断机制起源于股指期货的仿真交易并在2015年时推广至股票市场并以沪深300指数相较于前一收盘日上涨、下跌5%作为熔断阈值。但因触发的阈值设置过低，熔断效率不佳，在熔断机制生效首日就数次触发熔断，数万亿市值蒸发。熔断机制生效不足一周便被宣告暂停。我国学界对于熔断制度褒贬不一，部分学者认为熔断机制有效地缓冲了市场风险，可以有效稳定市场；还有部分学者认为熔断机制影响了市场定价的效率。

笔者认为，我国熔断机制失效的主要原因是熔断阈值设置并不合理，从程序化交易监管角度出发，如再度启用熔断机制进行监管，则应当：①与个股涨跌幅制度接轨；②设置短时间的熔断阈值而非指数相较于前一交易日的涨跌幅度；③充分披露熔断时间内的信息以保障投资者的知情权。

（3）事后救济

证券错误交易行为撤销机制。

“闪电崩盘”事件发生后，证券错误交易行为撤销机制得以推行，如果交易已经成功执行，其交易要素如价格、数量、标的、方向明显偏离正常交易所对应的交易要素，可由证券交易当事人向交易所申请裁定撤销交易或由证券交易所主

---

〔43〕 参见伍坚：《证券错误交易处理机制研究》，上海人民出版社2021年版，第96～101页。

动对交易进行审查,如纳斯达克规则第 11890 条所规定[44]。伦敦证券交易所、新加坡证券交易所、东京证券交易所均已推行证券错误交易行为撤销机制,且各交易所在可撤销的交易类型、撤销申请时间、撤销标准、市场信息披露、撤销费用、交易所救济等方面的要求不尽相同。

学界普遍认为,证券错误交易行为撤销机制的价值主要在于维护证券市场价格发现作用及保护交易公平与金融市场安全。维护证券市场价格发现作用,即证券价格本身即为信息的综合体,但错误交易行为向市场传达的信息是错误的,只要是在交易价格、数量、方向等任一交易要素上产生的错误均会对市场产生较大影响。为避免错误的信息诱导投资者作出错误的投资行为,确保交易市场价格真实,及时纠正错误信息的扩散,应当建立证券错误交易行为撤销机制[45]。保护交易公平与金融市场安全,即众多学者在证券错误交易行为撤销制度是否保护个人交易公平上有所分歧。部分支持个人交易公平视角的学者如张才琴、金琦雯认为证券错误交易往往是由疏忽大意导致的显失公平,其使得一方交易者受损严重而另一方交易者盈利众多[46]。对于该显失公平的交易应当予以调整。部分反对以个人交易公平作为证券错误交易行为撤销视角的学者如伍坚亦提出相反观点,认为交易所虽应当将个人损失因素纳入是否撤销的审查范围,但交易所并不应当负责个案公平,其更多从市场整体利益和交易秩序角度出发对证券错误交易行为进行撤销[47]。其更多的从法律体系出发,认为民法倾向于意思自治而商法倾向于交易安全,证券错误交易行为撤销制度的价值取向应当是避免错误信息对市场产生的负面影响,如诱发市场羊群效应而致大额抛售。笔者较为赞同后者的观点,撤销制度应当保护的是金融市场的整体安全,其立足的维护金融市场公平性的法益高于个体交易中的显失公平,而个体交易中的显失公平可以由个体通过诉讼途径予以救济。

---

〔44〕 参见伍坚:《证券错误交易处理机制研究》,上海人民出版社 2021 年版,第 136 ~ 137 页。

〔45〕 参见吴伟央:《证券错误交易撤销制度的比较分析:法理、标准和程序》,载《证券法苑》2012 年第 2 期,第 730 ~ 749 页。

〔46〕 参见张才琴、金琦雯:《论我国证券错误交易撤销制度的构建——域外经验及其借鉴》,载《法商研究》2014 年第 5 期,第 12 ~ 21 页。

〔47〕 参见王东光:《证券错误交易撤销权研究》,载《法学评论》2013 年第 2 期,第 35 ~ 46 页。

新《证券法》第111条建立了证券错误交易行为撤销制度的雏形[48]，但对我国的证券错误交易行为撤销制度尚无进一步细化规则，笔者认为，应当进一步完善证券错误交易行为撤销细则以对程序化交易可能造成的市场波动后果进行救济。可借鉴境外证券错误交易行为撤销的制度经验，对撤销申请主体、申请时间、错误交易行为的认定、申请程序等进行进一步细化并由交易所进行审核，对符合错误交易行为并应予以撤销的行为进行及时撤销并予以市场公告，使得市场波动降至最小，维护市场安全。

2. 故意影响正常交易秩序的行为规制

(1)故意影响正常交易秩序与市场操纵的主观故意内涵

程序化交易在交易员设置好交易参数后便可由计算机程序根据市场情况自主发出交易指令，程序化交易者们往往以此进行抗辩，称其并不具有影响正常交易秩序的主观意图。但正如前文所述，程序化交易者将交易策略固化为计算机程序的行为可以视作程序化交易者的意思表达，程序化交易者在此环节中体现出的主观意图可以在交易实际发生时充分体现，故其无法以其不具有相应主观意图而进行抗辩。

虽新《证券法》在原《证券法》的基础上添加了“意图影响”以囊括幌骗等新型市场操纵行为，其采用了行为“列举 + 兜底”条款的立法范式，其充分考虑了法律的可拓展性。但相较于传统市场操纵手段，程序化交易行为迅速、隐蔽、分散，交易策略多样，行为范式有所不同，其难以通过影响或意图影响证券交易价格或证券交易量的标准进行有效规制。例如做市交易策略，其虽为被动交易行为，但其交易参数的设置使得其在低流动性市场下具备较强的操纵能力，做市交易商的身份庇护又使得其在面对操纵市场的指控时可以较为轻易地以履行做市商职责为由进行抗辩。又如抢先交易策略，其改变了订单簿中的交易顺序而对于大单的价格影响在毫厘之间，难以言说其影响或意图影响证券交易价格。再者，程序化交易策略是程序化交易商的核心竞争力和主要盈利手段，故程序化交易商对程序更新迭代速度极快，层出不穷的策略很可能选择性地绕开市场操纵行为列举的范畴，而兜底条款虽可以进行一定缓和，但有可能会出现法律适用空

---

[48] 参见伍坚：《证券错误交易处理机制研究》，上海人民出版社2021年版，第140～146页。

白的情形而诉诸自由裁量。

《管理办法》第 18 条将程序化交易操纵表达为“影响交易价格或交易量”的行为,其参照了 2005 年《证券法》中对市场操纵行为规制的概念,尚未进行更新。新《证券法》第 55 条将市场操纵行为定义为“影响或者意图影响证券交易价格或者证券交易量”并对市场操纵行为进行列示。故在新《证券法》出台后,众多学者将程序化交易与市场操纵联系起来,建议以新《证券法》第 55 条的禁止性行为界定程序化交易中的影响正常交易秩序行为。

我国学界对市场操纵的本质多持两种观点,一种观点认为市场操纵的本质在于欺诈,如汤欣认为,市场操纵在于使得交易对手方陷于认知错误而完成交易〔49〕;而另一种观点则以操纵人具备操纵优势为前提,如田宏杰认为,操纵市场行为本质是行为人具备操纵优势并对操纵优势进行滥用,以人为的方式控制市场〔50〕。这两种观点的核心分歧在于市场操纵的本质是基于主观欺诈还是客观行为对市场的支配,亦有观点将两者放于同等重要的位置上,将主观欺诈故意与客观支配地位作为构成市场操纵行为的两个要件,主观欺诈故意并不需要具备获利的意图而仅要求有使得他人陷入错误的意图〔51〕。故可以看出多数学者将主观故意作为市场操纵的要件并将市场操纵的内涵更多的归于欺诈。对于程序化交易而言,徐文鸣主张在判断程序化交易涉及的市场操纵行为时应当结合主观要件和客观要件〔52〕,鲁胜亦主张在判断高频交易操纵市场时需要结合主观要素〔53〕。故笔者认为,在认定是否存在操纵时,相较于客观行为造成的交易表象,程序化交易者的主观故意显得尤为重要,但基于程序化交易的复杂性和特殊性特征,需明确如何对主观故意予以界定。

---

〔49〕 参见汤欣:《操纵市场行为的界定与〈证券法〉的修改建议》,载《中国金融》2004 年第 19 期,第 43～44 页。

〔50〕 参见田宏杰:《操纵证券市场行为的本质及其构成要素》,载《国家行政学院学报》2013 年第 3 期,第 72～77 页。

〔51〕 参见周伟、肖强:《大数据背景下操纵证券市场行为的认定研究》,载《证券法律评论》2019 年第 00 期,第 207～226 页。

〔52〕 参见徐文鸣、张玉美:《新〈证券法〉、程序化交易和市场操纵规制》,载《财经法学》2020 年第 3 期,第 101～105 页。

〔53〕 参见鲁胜:《论高频交易操纵市场鉴识及其法律规制》,载《社会科学动态》2017 年第 9 期,第 68～76 页。

而美国针对程序化交易的立法历程可以体现出其对于程序化交易影响正常交易秩序的主观意图的要求在不断转变的过程中。最初,证券市场的市场操纵管辖源于《证券交易法》,其中曾要求欺诈作为市场操纵行为的必要条件,而最初美国商品期货市场的市场操纵管辖源于1936年《商品交易法》,其中第6(c)条要求禁止操纵,并在已有的司法判例中多以①交易者有能力影响市场价格;②交易者具有影响市场价格的意图;③市场出现了人为价格;④交易者与人为价格之间存在因果关系四要件对于操纵行为进行认定。而美国证交会和美国商品期货委员会在1936年《商品交易法》的语境下对程序化交易者提起诉讼时需对交易者具有影响市场价格的意图承担举证责任,但程序化交易因其交易策略的复杂性和特殊性,使得美国证交会和美国商品期货委员会在举证时遇到困难,其无法有效地通过市场上的诸多交易行为证明行为人具有欺诈的故意。故在2010年生效的《多德—弗兰克法案》第747条专门规定了扰乱交易行为以对程序化交易更好地进行监管,放弃了之前对于欺诈的苛求而对影响正常交易秩序的行为进行更多约束,其要求程序化交易者不得:①违反买卖报价;②尾盘交易时故意或过失违反交易秩序;③不以真实买卖为目的进行报价或撤单。而在之后《"禁止扰乱市场行为"解释指引和政策说明》中,美国商品期货委员会对第三种扰乱交易行为作出四种更为详尽的界定:①报价或撤单增加交易所系统负荷;②报价或撤单延迟其他投资者的正常交易;③报价或撤单意在影响市场正常供需关系;④报价或撤单意图制造故意的价格波动。在该条下,美国证交会和美国商品期货委员会仅需证明程序化交易者具有相应意图即可,而不对欺诈具有过多苛求。同时,《多德—弗兰克法案》第753条实施细则180.1亦对1936年《商品交易法》第6(c)条作出修改,将"疏忽"地进行欺诈或操纵行为纳入监管范围,将主观意图的内涵从故意扩大至故意或疏忽。故可以看出,就程序化交易监管而言,美国对于其主观意图的监管思路亦在不断的转变过程中[54]。而德国与欧盟出台的针对于程序化交易的监管法案则进一步在主客观要件中寻求平衡,不对主观意图过多苛责。

在我国证监会行政处罚中,亦未将欺诈作为市场操纵的必备要件,如朱康军

〔54〕 参见李小双:《高频交易市场操纵行为的认定研究》,华东政法大学2021年硕士学位论文。

案[55]中，证监会在答复申辩时明确指出欺诈并非认定市场操纵的构成要件，并不需要误导投资者决策的主观故意。故针对于程序化交易的复杂性与特殊性，笔者认为，可以将主观意图放宽至程序化交易者应当知道其程序化交易行为可以造成影响证券交易价格、交易量、交易顺序等破坏正常交易秩序的行为结果并且对于其计算机程序的自动交易行为予以放任，将故意的范围予以放宽。

(2)“影响正常交易秩序行为”的主观推定

虽然新《证券法》和《证券市场操纵行为认定指引(试行)》(已失效)中并未对何种情况能够认定操纵的主观故意作出要求，但是在我国证监会的处罚案例中，证监会对交易者具有操纵故意主要基于以下三点予以推定：①行为人自认；②行为人连续、大量地重复行为；③行为人具有规避审查的行为。汤欣[56]主张依据行为的严重性和情况的复杂性进行区别对待，对于性质恶劣的行为推定为操纵行为，而对于复杂情况则应当要求主观要件并允许以客观情况推定主观且允许反证。而程序化交易具有复杂的交易特点，并且策略的实施并非仅依靠单一行为的实施，复杂的交易策略通过众多交易行为而达成的最终结果，在主观故意的认定上存在困难，交易者常以合理的投资行为、交易策略为事先设定并未经人为修改进行抗辩。但程序化交易影响正常交易秩序的行为与传统的操纵市场行为的差别是其复杂而创新的技术特征造成的，其在行为逻辑上与操纵行为并无不同，应当在市场操纵行为对主观故意的推定上结合程序化交易的技术特点对客观指标进行细化从而进行推定。

在美国已有的司法实践中，为证明存在扰乱市场行为，通常需要对交易者所作出的增加交易所系统负荷、延迟其他投资者的正常交易、影响市场正常供需关系、制造故意的价格波动的故意进行证明。然而为避免直接证明的证明责任过重，判例中允许以客观行为对主观故意进行推定。例如，HTG Capital Partners(芝加哥某交易商，以下简称 HTG)依据《多德—弗兰克法案》和 1936 年《商品交易法》起诉一名或多名程序化交易者以虚假报撤行为扰乱市场，以单一交易

---

[55]　参见中国证监会行政处罚决定书[2017]39 号，载中国证券监督管理委员会网 2017 年 4 月 27 日，http://www.csrc.gov.cn/csrc/c101928/c1042706/content.shtml。

[56]　参见汤欣：《操纵市场行为的界定与〈证券法〉的修改建议》，载《中国金融》2004 年第 19 期，第 43～44 页。

行为为例，被告在24毫秒内对5个价格为1206.5/32的卖单进行报出和调整，并在随后的极短时间内对卖单撤回并添加784个反向卖单[57]。HTG在对被告提起诉讼时为证明被告具有主观的操纵意图，举出被告在2013～2014年实施的不以成交为目的的报撤单将近7000次的证据，以其执行报撤单行为次数之多、每次报撤单行为模式之相近、行为时间之短作为证据从而完成对主观意图的推定。

故笔者认为，对于复杂的程序化交易而言，在通过程序化交易的客观表现对交易者的主观故意进行推定时应当结合以下几方面内容进行考量：①交易者是否具有独自执行程序化交易的能力；②程序化交易是否对证券交易价格、交易量产生影响以及是否足以对他人的正常交易行为产生影响，是否在客观上造成了证券交易价格与证券交易量的显著波动现象，以及是否触发了他人的正常行为变化，如另一程序化交易策略被迫实施；③程序化交易行为是否与交易者以往的交易行为具有明显的区别，如是否采用了新的程序化交易策略或对原程序化交易策略进行较大调整；④交易者进行的交易行为是否具有合理性，其是否拥有新的市场信息、信息是否足以让其作出该交易行为；⑤交易行为是否使交易者从中获利；⑥交易行为执行的次数，因程序化交易策略执行速度快、执行周期短，可通过其是否在短时间内执行过多次程序化交易行为而对其是否具有故意进行判断，从而对其为交易者正常交易行为的抗辩理由进行排除。而至于以交易策略事先设定为由进行抗辩更不应当阻却其影响交易秩序的本质，基于前文对程序化交易策略实施过程的讨论，交易者实施交易策略，其事先应当已经对交易策略进行过模拟测试，应当对交易策略实施后会产生何种后果具有明知，其无法以交易策略事先设定且没有经实时调整为由进行抗辩。

(3)“影响正常交易秩序行为”的因果关系认定

学界对于因果关系的讨论多集中于直接因果关系理论与相当因果关系理论。直接因果关系理论要求如某交易者采取了某种程序化交易行为后，若其并没有采取任何措施而任由该交易及其他交易发展，则其他交易者会自然受到损失。相当因果关系理论要求“条件关系”和“相当性”，即要求交易者证明若无另

---

[57]　参见张孟霞：《高频交易的频繁报撤单与市场操纵认定——以美国国债期货“虚假报单操纵”案例为视角》，载《证券市场导报》2016年第5期，第73～78页。

一方交易者的程序化交易行为，则该交易者并不会受损[58]。在我国的证券操纵市场司法实践中，更多地采用了直接因果关系理论，如“程文水和刘延泽操纵中核钛白股票案”[59]中，法院要求原告证明其损失是仅由该行为引起的而并非受其他因素影响，如公司本身的运营状况、行业状况等，但原告无法有效地完成证明责任。笔者认为，该举证责任对原告过于苛刻。

证券市场中短时间内就可汇集众多信息并反映在股价中，而在程序化交易中更是如此，程序化交易频率快、交易体量大、交易复杂，更难以对程序化交易所造成的结果进行归因。在市场操纵因果关系推定中，部分学者呼吁以举证责任倒置对操纵行为进行打击，但举证责任倒置并不符合现今“谁主张，谁举证”的举证责任原则，亦有对程序化交易领域过度打击之嫌。同时，完全由另一方交易者承担举证责任亦有不妥之处。程序化交易策略的不当得利在于交易者执行了不当的程序化交易策略，误导了其他交易者对于市场的判断从而作出了错误的交易行为，其他交易者处于交易的劣势地位，如由其承担完全的举证责任，则其很有可能无法对复杂的程序化交易结果进行归因而败诉，故笔者认为，应当从实现程序化交易风险监管宗旨角度及证据收集能力强弱角度考虑程序化交易因果关系的举证责任再分配。同时，因程序化交易市场中的对手方很有可能是程序化交易者，某一程序化交易行为亦有可能触发另一程序化交易行为，故在对某一受损结果进行溯源之时，应当谨慎地结合程序化交易者是否具有主观盈利的意图进行判断而避免过度追责。

六、我国程序化交易监管制度建议

（一）“过度监管”到“适度监管”理念更新

由我国出台的《管理办法》以及后续各交易所出台的配套实施办法对程序化交易监管态度较为审慎，而新《证券法》的出台虽然对程序化交易的合法性进行了肯定，但监管态度却难言放松。笔者认为，金融市场的创新有效地提高了金

---

[58]　参见王新：《操纵证券市场犯罪之主观故意的认定》，载《中国刑事法杂志》2016年第6期，第96~116页。

[59]　参见中国证监会行政处罚决定书[2009]13号，载中国证券监督管理委员会网2009年4月16日，http://www.csrc.gov.cn/csrc/c101928/c1043368/content.shtml。

融效率,但或因监管理念、监管措施的不完善而使得其对金融安全或金融公平产生了负外部性,但并不能因其负外部性而完全地对金融创新予以遏制而应从金融安全、金融公平以及金融效率的角度出发以三者平衡的状态推动金融创新,给予金融市场新型活力。对于做市交易策略与套利交易策略而言,其对市场所起到的流动性补充与价格发现作用不应当被完全忽视,而趋势化交易策略以及策略性抢先交易可能对市场产生的风险冲击也不应当被忽略,故应当从过度监管理念向适度监管理念转变,在适度监管的空间内对程序化交易可能产生的风险予以有效规避,正如美国在“闪电崩盘”事件触发时,采取了强硬的监管态度,使得短时间内高频交易所占市场份额迅速下滑,而在其后其政策态度逐渐放松并对高频交易策略进行打补丁式监管,从而使得高频交易平稳发展至今。故监管者应当有效避免程序化交易对交易所系统安全以及正常交易秩序的影响,增强程序化交易者与非程序化交易者参与市场的意愿而不让非程序化交易者因技术劣势而被资本市场挤出,使得程序化交易存有适度发展的空间。

(二)建立分类监管体系

新《证券法》第45条所提及的程序化交易规制在于是否影响证券交易所系统安全以及正常交易秩序。而笔者认为影响证券交易所系统安全与正常交易秩序在行为特征、行为人主观意图、行为后果等方面均存在较大不同,应该对其建立分类监管体系予以分类监管。

对于影响证券交易所系统安全的行为而言,其是基于程序化交易本身客观性质而言的,其交易指令的高频次在客观上促成了对交易所系统的冲击,故可对程序化交易行为所造成的客观后果予以识别与规制,可将行为与一般证券交易行为进行对比从而得出其是否对系统资源造成浪费、对系统造成更高负荷或具有造成系统崩溃的风险,故可以通过技术手段以及经济手段对程序化交易进行针对性监管。

对于影响正常交易秩序行为而言,其主观意图应当是较为重要的判断标准。对于不具有主观故意影响正常交易秩序的证券错误交易行为,其虽可能对市场也造成了较大范围的影响,但其更多体现为过失,恶意较弱,可通过建立事先审查、事中阻断以及事后救济的体系化监管模式予以规制。而对于故意影响正常交易秩序的行为,笔者认为,基于其复杂的程序化交易特点,主观故意并非需要达到欺诈程度而可以予以放松至故意或疏忽影响程序化交易秩序，应寻求主观意愿与客观行为的平衡并可参考市场操纵行为通过客观行为对主观故意进行推定，同时对举证责任可视证据收集能力强弱等进行再分配。再者，目前市场操纵立法范式是“行为列举＋兜底条款”，若以市场操纵行为对程序化交易予以规范，则应当充分考虑程序化交易不断迭代的技术性与复杂性特征，对其采取原则性监管，对其主观要件与客观要件分别进行考量而不仅仅依靠行为去框定程序化交易违法违规行为以更好规范其市场。

清华金融法律评论·第7辑
金融与公司法之交融
第179～209页

证券公司适当性义务适用规则

李梦瑶*

目　次

摘　要:适当性义务旨在规制证券公司不当推介行为,其制度的合理性基础在于保护投资者对证券公司推介的合理信赖。但我国在制度建设中有过度扩张适当性义务适用范围的倾向,导致其与投资者准入制度趋同。适当性义务的适用逻辑应当包括主体要件、行为要件和对象要件三部分。适当性义务主体是作为中介机构的证券公司,而不涵盖证券公司作为发行人场合;适当性义务仅适用于存在推介场合,并因投资者对证券公司的信赖程度不同,是否适用义务也相应有所不同;适当性义务的保护对象是普通金融消费者。近年来,美国将适当性义务变革为最佳利益规则,持平了经纪商—交易商和投资顾问的注意义务程度。这主要是基于美国经纪商—交易商在业务转型及收费模式改革后,实质上与投

* 李梦瑶,方达律师事务所律师,清华大学法学院2022届法学硕士。

资顾问趋同。我国经纪业务与投资顾问业务边界仍较为清晰，无须仓促模仿移植。

关键词：适当性义务；信赖关系；推介；金融消费者分类；最佳利益规则

适当性义务是保护投资者利益的重要一环。该规则缘起于美国，扩散到全球各个法域，并在不同的国家和地区得到一定程度的改造再生。自2008年首次引入适当性义务以来，十余年间我国对如何搭建适当性义务的规则体系进行了积极探索。但出于保护投资者、稳定资本市场的制度理念，适当性义务在我国的发展势如破竹，证券市场每推出一类全新的业务模式或金融商品，监管层面便会亦步亦趋地制定一项适当性义务，导致我国有关适当性义务的规则呈现出散乱无章的特点。监管规则的交叉重叠甚至相互冲突，导致证券公司出于合规考量，在实践中将适当性义务推广至业务全方位，进一步扩张了适当性义务的适用范围。

《证券法》首次于立法层面明确了证券公司对投资者的适当性义务，形成以《证券法》、《证券期货投资者适当性管理办法》（以下简称《管理办法》）为中心进行统筹，以各业务领域部门规章、自律规则加以细化的框架。依据《证券法》第88条，适当性义务适用于证券公司向“投资者”“销售证券、提供服务”场合，以此划定了适当性义务适用的范围，但出于法律位阶考量，并未进一步细化相关概念。制度的有效运行需要厘清其适用范围，不加区分地适用不仅会徒增制度运行成本，还会反噬制度效用。因此厘清适当性义务的适用逻辑、划定其合理适用范围、梳理其规则内容至关重要。

一、追本溯源

随着投资组合理论的提出和发展，投资者除直接购买特定的证券外，开始转向购买以“投资组合”为基础的金融商品。这种交易形式弱化了投资者与发行人之间的关系，紧密了投资者与证券公司的联系。[1] 在双方关系中，证券公司

〔1〕 参见郭文英、徐明主编：《投服研究：证券市场投资者保护条例立法研究》（第1辑），法律出版社2018年版，第26页。

并非总扮演着消极的指令接收者角色,而更多时候表现出激进推介态势。证券公司对金融商品的内部架构、交易方式等具有先天的信息获取和处理优势,在专家身份压制下,要求投资者在短时间内对证券公司的推介进行充分合理评估,不仅无效率同时也不公平。证券法旨在“保护不了解市场条件的人不受了解市场的人的不当影响”,[2]因此应当保护投资者对证券公司推介的信赖,禁止证券公司进行不当推介以致干扰投资者自主、自由决策的空间。适当性义务应运而生。

(一)适当性义务的缘起

1. 规则内容

美国是适当性义务的诞生地,适当性义务经历了从最初的道德标准演化至行业自律规则,近年来又被纳入联邦监管体系中的过程。

作为对1938年马洛尼法案(the Maloney Act of 1938)的回应,美国证券交易商协会(National Association of Securities Dealers, NASD)制定了规则2310(Rule 2310),以公平交易条款为载体确立了适当性规则的最初版本。此后,纽约证券交易所(the New York Stock Exchange, NYSE)颁布了规则405(Rule 405),成为适当性义务的另一项规则基础。2007年,美国合并了NASD与NYSE的监管、执行、仲裁部门,组建成立美国金融业监管局(Financial Industry Regulatory Authority, FINRA),前述的两项适当性义务雏形也被整合为规则2090(Rule 2090)和规则2111(Rule 2111)。规则2090又名“了解你的客户”(know your customer),脱胎于NYSE的规则405,要求经纪商—交易商在为客户开立账户(open account)或维护账户(maintenance of account)时,应当尽到合理的勤勉义务去了解有关每个客户的重要事实。规则2111则由规则2310演化而来,是美国目前有关适当性义务的最主要规则。

适当性义务要求所有成员在向客户推介证券交易(transaction)或涉及证券的投资策略(investment strategy)前,应尽到合理勤勉义务来获取客户的投资侧写(investment profile),并基于这些信息合理相信推介对于该特定客户而言是适当的。[3] 适当性义务的适用以推介证券或投资策略为前提,若投资者自主决定

---

[2] See Charles Hughes & Co. v. Sec. & Exch. Com., 139 F. 2d 434 (2d Cir. 1943).

[3] See FINRA, *Rule* 2111 *Suitability*, 载美国金融业监管局网2020年6月30日,https://www.finra.org/rules-guidance/rulebooks/finra-rules/2111。

购买某一证券，经纪商—交易商无须确定相关证券的适当性。

具体而言，适当性义务又可细分为三项内容：合理基础的适当性（reasonable-basis suitability）、特定客户的适当性（customer-specific suitability）以及数量上的适当性（quantitative suitability）。合理基础的适当性关注金融商品本身，要求经纪商—交易商充分了解自己所推介证券或策略的潜在收益或风险。若经纪商—交易商推介的金融商品是任何一个理性投资者均不会购买的，则被视为违反该层次上的适当性义务。特定客户的适当性要求经纪商—交易商有合理理由相信该推介于特定客户的具体情况而言是适当的。需要考虑的因素包括客户的年龄、从事其他投资的情况、财务状况和需求、纳税情况、投资目标、投资经验、投资期限、流动资产需求、风险承受能力以及其他与该推介有关的信息。数量上的适当性仅针对那些对投资者账户拥有事实上控制力的经纪商—交易商，要求他们不仅需评估判断单个交易的适当性，还要从整体上确信交易是不过量的。

针对机构账户（institutional account），规则 2111（b）规定了特定条件下适当性义务的有限豁免。这一豁免需同时满足两方面的要求：对于经纪商—交易商而言，其必须有合理依据相信机构账户有能力对一般意义上的证券交易以及其推介的特定证券交易作出独立的风险评估（evaluating investment risks independently）；对于机构账户而言，其自身必须确切表示（affirmatively indicate）对于该特定推介进行了独立地评估判断。在 FINRA 规则语境下，机构账户包括三类：第一类是银行、储贷协会、保险公司以及投资公司；第二类是投资顾问；第三类则是总资产在 5000 万美元以上的自然人、公司、合伙组织、信托或其他实体。〔4〕 此外，对于机构账户仅可免除经纪商—交易商在特定客户层面的适当性义务，若其推介的金融商品不具有任何价值，即使满足前述豁免事由，仍可能构成对适当性规则的违反。

2. 理论基础

美国在证券执法过程中提出三个理论证成在信赖关系下适当性义务适用的正当性，分别为代理理论（agency theory）、特殊情形理论（special circumstances

---

〔4〕 See FINRA, *Rule* 4512 *Customer Account Information*，载美国金融业监管局网 2019 年 5 月 8 日，https://www.finra.org/rules-guidance/rulebooks/finra-rules/4512。

theory)以及招牌理论(shingle theory)。

代理理论主要基于投资者与经纪商之间的委托代理关系。在委托代理关系中,代理人应当向委托人披露与代理关系相关的所有重要事实,从而使委托人对委托事项握有充分的控制权。[5] 投资者开立经纪账户的目的主要是购买证券,而所推介的证券是否适当,属于影响代理关系是否成立的重要事实,应予以充分披露。因此基于委托关系,投资者有权充分信赖经纪商的推介,无须对该特定证券进行额外调查。

不同于经纪商,交易商与投资者处于交易对手方关系,难以适用代理理论,实践中又发展出特殊情形理论:如果投资者在交易过程中对经纪商—交易商产生了信任(trust)和信赖(confidence),认为后者将为自身利益行事,而后者也明知投资者对其的信赖,那么此时就产生了事实上的信赖关系,而无论双方之间是否存在委托代理关系。[6] 但在这一理论下,信赖关系的判断需个案个断,属于事实问题,留给司法极大的自由裁量权。

招牌理论是指经纪商—交易商只要取得了相应经营牌照、进入证券市场开展业务,即应当负担起以公正、专业的方式与公众进行交易的义务。[7] 这一理论源于普通法下的自称理论(the doctrine of holding out),主要适用于向他人提供专业性或技术性服务场合——如果某人以其具有某方面专业知识或技能自居,那么他就应当承担与之对应的更高程度的注意义务。依据这一理论,经纪商—交易商只要取得相应营业牌照、进入证券市场开展业务,即应负担公正与专业进行交易的义务。

尽管上述理论存在些许差别,但实质均在于保护投资者与证券公司的信赖关系。[8] 因此,适当性义务的制度正当性在于对投资者合理信赖利益的保护。[9]

---

[5] See Poser, *Liability of Broker-Dealers for Unsuitable Recommendations to Institutional Investors*, BYU Law Review, Vol. 2001, p. 1563 – 1566(2001).

[6] See Frederick Mark Gedicks, *Suitability Claims and Purchases of Unrecommended Securities: An Agency Theory of Broker-Dealer Liability*, Arizona State Law Journal 37, No. 2, p. 554(Summer 2005).

[7] See Louis Loss, *The SEC and the Broker-Dealer*, Vanderbilt Law Review 1, No. 4, p. 518(June 1948).

[8] 参见毛立琦:《过失相抵制度在金融机构适当性义务案件中的适用研究》,载《湖南科技大学学报(社会科学版)》2021年第6期,第148页。

[9] 参见张付标、李玫:《论证券投资者适当性的法律性质》,载《法学》2013年第10期,第85页。

（二）面向全球的扩散

综观各国及地区均对适当性义务有所规定，例如，欧盟于《金融工具市场指令》（Markets in Financial Instruments Directive，MiFID）中建构了分层的适当性制度，包括适当性（suitability）义务、适合性（appropriateness）义务和投资者分类与转化制度。日本通过《金融商品销售法》[10]和《金融商品交易法》确立了金融商品销售的适合性原则。韩国在2021年新施行的《金融消费者保护法》中同样依据是否存在推介，细分了对金融消费者的适当性原则和适正性原则。我国台湾地区也在“金融消费者保护法”和“金融服务业确保金融商品或服务适合金融消费者办法”中规定了适合性义务。

为应对2007年国际金融危机，我国于2008年《证券公司监督管理条例》（已修订）中首次引入了适当性义务，要求证券公司在从事资产管理、融资融券业务，销售证券类金融产品时，应了解客户相关情况并据此推荐适当的产品或服务。[11] 2012年，中国证券业协会发布实施了《证券公司投资者适当性制度指引》[以下简称《证券公司适当性指引》（已失效）]，这是我国证券行业最早的一部涉及适当性义务的行业自律性规范。该指引明确了适当性义务的内容并规定了投资者分类标准，但受限于较低的效力位阶，实施效果并不理想。在2015年股市波动后，中国证监会总结各类市场、产品的适当性规则，发布实施《管理办法》从而搭建起证券市场有关适当性义务的基本规则框架。2019年，最高人民法院发布《全国法院民商事审判工作会议纪要》，在加强适当性管理监督的背景下，对经营机构提出了更高的义务要求。2019年新修订的《证券法》增设投资者保护专章，并通过第88条于法律层面将适当性义务法定化。

除了上述具有“里程碑意义”的法律规范外，证监会、中国证券业协会、各交易所面对证券公司陆续推出的新业务、新产品，逐个回应并制定相应的适当性义务规范文件。可以说，我国目前已构建起涉及证券公司各业务领域的适当性义务规则体系（见表1）。

---

〔10〕《金融商品交易法》目前已被修改，日本于2021年6月16日公布了《金融服务法》（金融サービスの提供に関する法律），并于新法第9条规定适当性原则，https://elaws.e-gov.go.jp/document?lawid=412AC0000000101_20220601_503AC0000000072。

〔11〕参见《证券公司监督管理条例》（2008年）第29条。

表1 我国现行涉及证券公司适当性义务的法律规范

规则类型	规则名称
综合性	《证券法》
	《证券公司监督管理条例》
	《证券期货投资者适当性管理办法》(2020修正)
	《证券经营机构投资者适当性管理实施指引(试行)》
	《全国法院民商事审判工作会议纪要》
证券经纪业务	《证券经纪业务管理办法(征求意见稿)》
	《公开募集证券投资基金销售机构监督管理办法(征求意见稿)》
	《北京证券交易所投资者适当性管理办法(试行)》《北京证券交易所投资者适当性管理业务指南》
	《上海证券交易所会员管理业务指南第1号——投资者适当性管理》《上海证券交易所科创板股票交易特别规定》
	《深圳证券交易所创业板投资者适当性管理实施办法》(2020年修订)
	《全国中小企业股份转让系统投资者适当性管理办法》《全国中小企业股份转让系统投资者适当性管理业务指南》
场外市场业务	《证券公司代销金融产品管理规定》(2020修正)
	《证券公司开展收益凭证业务规范(试行)(征求意见稿)》
	《私募投资基金监督管理暂行办法》
投资咨询业务	《证券、期货投资咨询管理暂行办法》
	《证券投资咨询机构执业规范(试行)》
	《证券投资顾问业务暂行规定》(2020第二次修正)
	《证券基金投资咨询业务管理办法(征求意见稿)》
资产管理业务	《关于规范金融机构资产管理业务的指导意见》
	《证券期货经营机构私募资产管理业务管理办法》
融资融券业务	《证券公司融资融券业务管理办法》

但是规则的全方面覆盖并不意味着规则体系的完善,不利于培养成熟的投资者和市场。美国适当性义务的理论基础植根于投资者与经纪商—交易商之间

的信赖关系，并以这一基础反过来限制规则的适用范围。[12] 由于我国属于大陆法系国家，也并未引入英美法系下的信义义务规范，因此，适当性义务如无源之水，更多地表现为一种自上而下施加的行政管理规范属性。监管者将适当性义务纳入证券公司各项业务领域中，要求证券公司担负起对投资者投资决策的筛选、审核责任，从而"减少投资者的不适当投资"。投资者保护是证券市场法治追求的目标，但这一目标的最终实现也需建立在投资者与证券公司利益平衡的基础之上。[13] 不厘清规则逻辑就一味地僵化仓促套用，不仅可能导致制度水土不服、无法发挥保护投资者的功效，甚至可能反噬发展中的证券市场，增加无谓的交易成本、打击市场活力。

二、行为要件：适当性义务适用的业务范围

证券公司业务种类繁多，但在不同业务中投资者与证券公司之间的信赖关系有所不同，是否需设定适当性义务也应有所不同。

（一）经纪业务

投资者与证券公司在经纪业务中成立委托关系，由作为委托方的投资者向作为受托方的证券公司发出交易指令，证券公司据此办理清算交收。[14] 证券公司在经纪业务中主要发挥着指令执行（order-clerk）的通道作用，投资者对其并不存在信赖，因此证券公司的义务无外乎及时、准确地执行客户的委托指令。

在国务院颁布的《证券公司监督管理条例》中，经纪业务不在适当性义务适用范围之列。[15] 同样，《证券公司适当性指引》（已失效）在第2条第1款中将适当性义务适用的范围细化为"销售金融产品，或者以客户买入金融产品为目的提供投资顾问、融资融券、资产管理、柜台交易等金融服务"，并在第3款明确将证券公司单纯执行投资者在公开市场的交易指令的行为排除在适用范围之外。

---

〔12〕 See Robert H. Mundheim, *Professional Responsiblities of Broker-Dealers: The Suitability Doctrine*, Duke Law Journal 1965, No. 3, p. 445 (Summer 1965).

〔13〕 参见胡改蓉、钱程：《投资者适当性管理制度中金融机构的免责机制——以"信赖利益"判断为核心》，载《证券市场导报》2021年第10期，第62页。

〔14〕 参见王瑞贺、程合红主编：《中华人民共和国证券法释义》，中国民主法制出版社2020年版，第237页。

〔15〕 参见《证券公司监督管理条例》（2014修订）第29条。

至此而言，证券经纪业务并不属于《证券法》所言之“提供服务”。

但值得注意的是，中国证券业协会于2017年颁布实施了《证券经营机构投资者适当性管理实施指引（试行）》，并宣布《证券公司适当性指引》同时废止。在新版规定中，证券经纪业务被明确列入规则适用范围，并删去了此前针对指令执行的除外规定。[16] 此外，中国证监会在2019年发布了《证券经纪业务管理办法（征求意见稿）》，有关适当性义务的规定也赫然在列。这种转变似乎意味着，监管者意图扩张适当性义务规制版图，将具有指令执行属性的经纪业务也纳入其中。

1. 真假适当性——适当性义务与投资者准入制度

除主板外，我国针对创业板、科创板、新三板均单独制定了适当性义务规则。以科创板为例，上海证券交易所于《上海证券交易所科创板股票交易特别规定》（以下简称《交易特别规定》）中明确指出科创板股票交易实行投资者适当性管理制度，并发布《上海证券交易所会员管理业务指南第1号——投资者适当性管理》（以下简称《业务指南》）以细化适当性义务的适用规则。但是《交易特别规定》第6条规定，证券公司“不得接受不符合适当性管理要求的投资者参与科创板股票交易”，《业务指南》也于第6条规定，对于“不符合适当性管理要求的投资者……仅可为其开通卖出权限，不可开通申购、买入权限”。这显然已偏离适当性义务的制度初衷，表现出浓厚的投资者准入制度特征。不仅大量行业自律规则模糊了适当性义务的内涵，作为证券监管制度中适当性制度基本法的《管理办法》，也混入大量“投资者准入”式规定。例如，第14条规定了证监会、行业自律协会在针对特定市场、产品和服务制定投资者准入要求时应当考虑的因素[17]；第22条第1项将“向不符合准入要求的投资者销售产品或者提供服务”明确认定为违反了适当性义务[18]。

适当性义务与投资者准入制度均肩负了保护投资者免受重大损失的重任，但却是完全不同的两个制度。首先，两者适用的阶段不同。投资者准入制度属于事前监管，只让某些符合条件的投资者进入市场，此后由其自行承担证券市场

---

〔16〕 参见《证券经营机构投资者适当性管理实施指引（试行）》第2条。

〔17〕 参见《证券期货投资者适当性管理办法》（2020修正）第14条。

〔18〕 参见《证券期货投资者适当性管理办法》（2020修正）第22条。

的投资风险;适当性义务属于事中监管,关注证券公司与消费者的交易过程,要求证券公司保证其推介的产品或服务与投资者适当匹配。[19] 其次,两者的规制对象不同。投资者准入制度是一种资格筛选机制,规制的对象是投资者;适当性义务则是要求证券公司保护投资者的公平交易权,规制的对象是证券公司。再次,两者的适用结果不同。若某一投资者不符合投资者准入标准,将无法从事相关交易;但若一项交易对于某一投资者而言是不适当的,仅要求证券公司不得进行推介,投资者仍有投资自由。最后,两者体现的基本理念不同。投资者准入制度选择不信赖投资者的决策能力,将投资者视为需要监护的未成年人,为其预先剔除某些危险的产品;[20]适当性义务的落脚点仍是“买者自负”,核心在于维护投资者的决策价值,禁止证券公司不当干涉投资者的决策过程。

我国在制度架构过程中,将适当性义务异化为以保护“财产利益”为重点的投资者筛选、管理机制。这一倾向从对适当性义务的称谓中也可见一斑:我国相关规范性文件多以“投资者适当性管理”命名,但适当性义务绝不应当是证券公司对投资者进行的一种管理——证券公司和投资者在交易过程中处于平等地位,何来管理一谈?适当性义务和投资者准入制度的核心区别,在于国家对投资者与证券公司的金融交易自由限制程度不同。[21] 理论上,如果金融商品没有排除投资者获利可能性,监管者均不应以投资者保护为由介入其中。但“投资者适当性管理”要求证券公司担任起证券市场“守门人”的角色,[22]这不仅会延长每笔交易所需的必然时间、增加成本、降低金融市场的内在效率,还会导致投资者对证券公司的“预先把关”形成惯性依赖,长远来看蕴藏更大的危机。

2. 适当性义务的触发要件:推介

我国就经纪业务规定的适当性义务规则很大程度上属于投资者准入制度。

---

〔19〕 参见黄辉:《金融机构的投资者适当性义务:实证研究与完善建议》,载《法学评论》2021年第2期,第140页。

〔20〕 参见张艳:《个人投资者的保护逻辑与新时代的路径选择——以金融产品销售为例》,载《当代法学》2019年第1期,第143页。

〔21〕 参见李东方、冯睿:《投资者适当性管理制度的经济和法律分析》,载《财经法学》2018年第4期,第40页。

〔22〕 证监会在《〈证券经纪业务管理办法(征求意见稿)〉起草说明》中指出,本次起草目的旨在“引导证券公司维护市场交易秩序,充分发挥证券市场‘守门人’的作用”。

那经纪业务究竟有无适当性义务适用的空间？

作为适当性义务发源地的美国虽将经纪业务作为适当性义务规制的主要对象，但以存在“推介”（recommendation）作为义务触发条件。证券公司作为投资者、投资风险的开启者，自然有义务对其推介负责，控制风险不明显过量。欧盟从反向对投资公司应客户要求提供非复杂金融商品执行（execution）、接收（reception）、传送（transmission）服务的行为予以适当性义务和适合性义务的豁免。

在经纪业务中，证券公司需要先与投资者签订委托代理协议并开立账户，双方之间的经纪关系自此成立，但并未形成实质上的委托关系。只有在客户办理诸如自助终端委托等具体委托手续时，投资者与证券公司才建立起法律意义上的委托关系。[23]

由于证券公司主要通过执行投资者的交易指令获取佣金，投资者开通越多板块的交易账户，潜在的交易申报数量越多，证券公司可能获得的报酬也越多。因此证券公司常会积极推介投资者开通不同板块交易账户。但创新板、新三板等证券在上市挂牌条件、信息公开、公司治理方面的规则与传统主板有所不同，交易风险更高，不具备相应知识经验的投资者可能遭受较大损失。此时证券公司受自利驱使进行的不当推介可能使投资者受损，有待适当性义务加以规制。

此外，在办理委托手续时，出于提高用户黏性和交易量的考虑，证券公司会附随提供具体证券的推介。这种推介并不构成投资咨询，也不单独收取费用，但依据我国规定，需要参照适用投资顾问的受信义务标准。相较于投资顾问场合，投资者对经纪业务中附随发生的投资推介信赖程度有限，要求证券公司承担高标准的受信义务将极大影响经纪业务的效率，由此产生的成本也将通过佣金费率的提高转嫁至投资者身上，并且阻碍投资者获取建议的渠道。因此对附随推介仅需适用适当性义务，而非更高程度的注意义务标准。

（二）柜台交易业务

由于传统经纪业务的高度同质性，证券公司的佣金率持续下滑，财富管理成

---

〔23〕 参见郭锋等：《中华人民共和国证券法制度精义与条文评注》，中国法制出版社2020年版，第675页。

为业务转型的重要突破口,代销金融商品在柜台业务中的重要性也日益凸显。柜台市场的金融商品具有灵活性、多样性和非标准化的特点,主要包括收益凭证、资管计划、私募基金、基金专户、银行理财产品、信托计划以及债券,大多需要依靠证券公司的短信、广告推介才能进入投资者视线并为其了解。由于证券公司在代销业务中主要是从发行人处提点返佣,因此总有推介高佣金金融商品的冲动。投资者难以在较短时间内理解金融商品的复杂架构,其投资决策的作出更多是基于对证券公司的信赖——该金融商品是得到证券公司商誉背书的"高收益"金融商品。但这种"高收益"可能只是对于证券公司而言,其赚了个盆满钵满,投资者面临的却是在推介蒙蔽之下的高风险、高损失。投资者和证券公司之间的利益冲突由此产生,基于推介产生的信赖关系亟待保护。

1. 何为证券

在《证券法》语境下,适当性义务适用于"销售证券"场合,因此能否将代销业务纳入适当性义务规范体系,首先需要回答代销的金融商品是否具有证券属性。

我国并未给予"证券"一个定性,而是采取列举的立法模式,目前仅有股票、公司债券、存托凭证、证券投资基金以及政府债券被明文列出。虽将"国务院依法认定的其他证券"作为兜底性规定,但由于国务院至今并未行使过该权力,因此我国证券范围实际较为狭窄,难以应对金融创新的挑战。域外立法例多采取"列举 + 兜底"的立法模式,在兜底规定中对证券性质作出界定。例如,美国通过 Howey 案[24]和 Reves 案[25]对投资合同(investment contract)和票据(note)进行了创造性解释,日本采用"集合投资计划份额"的概念扩大证券的涵盖面。随着金融自由化和创新度的提高,各金融业间界限森严的壁垒正被逐渐打破。虽然各国对证券采取不同的认定标准,但均采取扩张解释的态度,对各类金融商品进行横向统合规制是证券法未来发展的趋势。[26]

代销业务所涉的金融商品大多可被归入集合资产管理产品,如资管计划、银

---

〔24〕 See SEC v. W. J. Howey Co. ,328 U. S. 293,p. 299(1946).

〔25〕 See Reves v. Ernst&Young,110 S. Ct. 945,p. 945 - 960(1990).

〔26〕 参见邢会强:《我国〈证券法〉上证券概念的扩大及其边界》,载《中国法学》2019 年第 1 期,第 253 页。

行理财产品，这类金融商品无疑具有证券属性。投资者在购买集合资管产品时，会以获取资产增值收益为目的向证券公司转移资产，依靠证券公司的投资判断和选择对外进行投资，投资者完全仰赖证券公司的努力获取收益。但由于我国目前仍为分业监管模式，如资管计划、基金专户由证监会监管，银行理财产品、信托计划由银保监会监管。证券概念的划定涉及各监管部门之间的监管权力之争，《证券法》作为博弈的产物，自然也未能将分属不同部门监管的资管产品全部纳入“证券”定义。

在打破刚兑背景下，另一类热门的金融商品是证券公司推出的券商收益凭证。由于在认购收益凭证后，投资者与证券公司之间成立债权债务关系，不受《关于规范金融机构资产管理业务的指导意见》限制，其又有证券公司信用作为保障，因此被定位为“较高收益的保本理财”。[27] 但收益凭证设计灵活，例如，雪球型自动敲入敲出式券商收益凭证（以下简称雪球产品）的收益通常与中证500指数挂钩，也有部分挂钩ETF基金甚至单个股票。虽然雪球产品的预估年化收益高达15%～30%，但其实际上是一种收益有上限而损失无下限的金融商品，即雪球产品挂钩的特定标的波动性较大，而投资期限内禁止主动赎回也限制了流动性。[28] 雪球产品问世之初即打着“高收益+固收”的幌子，受到大量投资者追捧，时常一经推出即告脱销，[29] 可我国对其监管仍较为空白[30]。券商收益凭证实际是将特定标的的收益风险再证券化，具备投资性、横向共同性和风险未受规制性的特点，具有证券属性，但由于其属于非标准化投资产品，在发行门槛、程序上都不同于典型的证券，因此无法纳入现行证券定义。

尽管目前上述柜台金融商品未被明确认定为证券，但两者均具有证券属性。作为规制证券公司不当推介行为的适当性义务，不应当因具体销售的金融商品

---

〔27〕 参见姜超、朱征星：《券商收益凭证的前世今生》，载海通证券网2018年7月2日，https://www.htsec.com/jfimg/colimg/upload/20180704/48481530669771798.pdf。

〔28〕 参见昝秀丽：《敲入敲出式券商收益凭证受追捧 监管部门要求强化风险管控》，载《中国证券报》2021年8月13日，第A02版，第1页。

〔29〕 参见刘彩萍：《“雪球”何处去?》，载财新网，https://weekly.caixin.com/2021-05-08/101708019.html?p0#page2。

〔30〕 目前我国有关收益凭证的法规基本都处于征求意见稿阶段，包括《证券公司债务融资工具管理暂行规定（征求意见稿）》《证券公司开展收益凭证业务规范（试行）（征求意见稿）》。

种类的区别而有所不同。因此,适当性义务规制的销售"证券"行为,应包括证券公司销售所有具有证券属性金融商品的行为。

2. 何为推介

适当性义务以证券公司作出投资推介为触发要件,所以,如何界定推介这个问题关系到投资者保护的边界。由于我国并未建立起以推介为适用前提的适当性义务规则,所以就法律规则层面未对推介作出界定。司法实践中,是否存在推介并未被纳入举证内容,[31]如何认定推介在我国的司法实践中无迹可循。

美国 FINRA 未明确推介的定义,但在司法实践中发展出有关推介的两种认定标准:一种是事实上的推介,包括任何引起投资者对某一证券注意的行为,且越是具有个体针对性(individually tailored)的行为越有可能被视为推介;[32]另一种则是推定的推介,在经纪商为投资者开通全权委托账户或对投资者账户具有实际控制权场合,使用该账户进行的交易将被视为存在推介。[33] 为兼顾投资者教育的需求,FINRA 还规定了"安全港"规则,将涉及一般性金融投资信息、退休计划相关信息以及基于通用投资理论设计的资产配置模型的信息提供排除在推介之外。[34] 欧盟对推介采取非常谨慎的界定态度,原则上视投资行为均由投资者自主作出,仅有在投资公司旨在让客户投资于某一金融商品或参与某一具体交易而作出邀请或劝诱时,才认定存在推介。此外,若投资公司发送的信息只是针对某一金融商品或交易的普通性质的推广,对象是公众或非特定类别的客户时,并不将其认定为推介。[35] 韩国采明文方式规定,推介是指以特定投资者作为对象,针对金融投资商品的交易,投资咨询合同、全权委托合同或信托合同的签订进行的推介。[36]

---

〔31〕 参见《全国法院民商事审判工作会议纪要》第 75 条。

〔32〕 See NASD, *Notice to Members* 01 – 23: *Suitability Rule and Online Communications*, 载美国金融业监管局网,https://www. finra. org/rules-guidance/notices/01 – 23。

〔33〕 See FINRA, *Notice* 12 – 25: *Additional Guidance on FINRA's New Suitability Rule*,载美国金融业监管局网 2012 年 7 月 9 日,https://www. finra. org/rules-guidance/notices/12 – 25。

〔34〕 See FINRA, *Rule* 2111. 03 *Recommended Strategies*, 载美国金融业监管局网 2020 年 6 月 30 日, https://www. finra. org/rules-guidance/rulebooks/finra-rules/2111。

〔35〕 参见中国证券监督管理委员会编译:《欧盟金融工具市场指令(中英文对照本)》,法律出版社 2010 年版,第 15 页。

〔36〕 参见韩国《金融投资服务与资本市场法》第 9 条第 4 款。

借鉴各比较法的规定，推介作为适当性义务的配套概念，应同时满足以下三个特征：信息由证券公司主动提供，推介对象具有特定性以及主观目的是促成交易。首先，若是应客户要求提供信息，证券公司仅需承担以真实准确、清晰易懂的语言告知说明的义务。其次，由于适当性义务具有“量体裁衣”性质，因此只有在针对特定投资者作出时，才应视为推介。最后，推介行为旨在促成交易，所以在金融商品交易达成后，证券公司无须承担持续性适当性义务。

在互联网金融背景下，同样可依据上述特征进行判断。例如，线上交易网站多会提供“筛选”工具以便利投资者获取金融商品的相关信息，在投资者勾选“所属行业”“产品类型”“近期走势”等条件后，系统会据此筛出符合条件的特定金融商品。筛选模式虽满足对象特定性和主观目的两方面的要求，但由于是投资者自主设定筛选条件，并不满足证券公司主动推介的要求，因此不应将其视为推介。又如，证券公司可通过后台程序跟踪抓取投资者数据信息，通过分析建立个性化投资者侧写，并据此为投资者推送特定的证券清单，这一行为应视为推介。

3. 风险警示义务

2008 年“雷曼迷你债券”事件后，各立法例均对复杂金融商品场合投资者权利的特别保护进行了探索。国际证监会组织（International Organization of Securities Commissions，IOSCO）于 2013 年发布了《关于复杂金融商品销售的适当性要求（最终报告）》（Suitability Requirements with Respect to the Distribution of Complex Financial Products），将金融商品分为复杂金融商品和非复杂金融商品两类，前者是指因复杂结构导致该金融商品的概念、特征、风险很难为零售投资者理解和评估，而诸如股票、债券、共同基金、标准化衍生品合约等并不在内。报告于原则 4（principle 4）中规定，中介机构在销售复杂金融商品时，若不存在劝诱行为虽无须承担适当性义务，但各法域应制定相关规则以加强该场合下的投资者保护，例如，评估投资者知识经验，对不适当交易进行风险警示，充分披露交易特征和风险等。

欧盟 MiFID 将可变现性、本金损失可能性以及零售客户对金融商品相关信息获取和理解的难易程度作为复杂金融商品的认定指标,[37] 并要求投资公司在执行零售客户涉及复杂金融商品的交易指令时,需在相关投资与客户投资经验不相适应时进行风险警示。我国针对复杂金融商品的销售也作出了特殊要求:证券公司在向普通投资者销售高风险产品或服务时需履行特别注意义务,如告知特别的风险点等。[38] 若投资者主动要求购买高风险金融商品,证券公司需出具错配声明以示提醒,并由投资者签字确认。[39]

我国与欧盟看似均要求证券公司在非推介场合承担起风险警示义务,但实际有所不同。依据我国规定,证券公司此时需综合评估投资者的主观风险承受意愿、客观风险承受能力以及与该金融商品之间的适配度,实际是将适当性义务从消极层面的不推介不适当金融商品,转向积极层面的销售适当金融商品。欧盟仅要求评测投资者的投资知识和经验,这一信息在证券公司履行说明告知义务[40]时理应知悉,因此不会带来额外的制度运行成本。

让投资者蒙受损失的看似是金融商品自身的结构风险,但追根究底是作为中介机构的证券公司为自身利益违反专业操守、错误推介,因风险错配而产生的交易风险。[41] 适当性义务旨在保护投资者对证券公司的合理信赖,而金融商品的复杂性并不足以证成适当性义务向非推介场合渗透。因此,在对投资者购买复杂金融商品进行倾斜性保护时,应降低证券公司的评估义务,使其与适当性义务有所区分,将适当性义务的关注重点回归证券推介环节。

（三）投资咨询业务

我国证券公司的投资咨询业务从形式上可以分为两大类:发布证券研究报告和投资顾问。由于证券公司的研究报告大多面向公众免费发布,其并不针对特定投资者的个性化情况,也不涉及具体的投资建议,并不构成投资推介。因

---

〔37〕 参见中国证券监督管理委员会编译:《欧盟金融工具市场指令(中英文对照本)》,法律出版社2010年版,第145～147页。

〔38〕 参见《证券期货投资者适当性管理办法》(2020修正)第20条。

〔39〕 参见《证券公司代销金融产品管理规定》(2020修正)第12条。

〔40〕 说明告知义务是指证券公司应当以投资者能够理解的方式向投资者介绍产品或服务的内容、性质、特点、业务规则,特别是与投资收益和风险相关的重要信息,该义务不以推介为适用前提。

〔41〕 参见王锐:《适当性义务责任主体范围演进的实证研究》,载《中国应用法学》2021年第4期,第153页。

此，证券分析师只需要对其报告的真实、准确、完整性负责，而无须对其研究报告与投资者的适配性承担任何额外的义务。投资顾问业务是针对特定客户就股票、基金等具体投资品种提出投资建议以获取报酬，更具有个体针对性，可被纳入投资推介范畴。

由于投资顾问业务的服务内容即是提供投资建议，投资者大多不加审查就全盘接受并采用。而受限于有限理性和合同不完全性，投资者难以对服务质量进行有效监督，[42]因此法律对投资顾问设定受信义务以保护投资者的信赖。美国在 Capital Gains 案[43]中，从《1940 年投资顾问法》（Investment Advisers Act of 1940）第 206 条的一般性反欺诈条款衍生解释出投资顾问的受信义务。美国证券交易委员会（SEC）曾在一项提案中建议将适当性义务作为投资顾问受信义务的内容明确列出，要求投资顾问只能作出适合于投资者财务状况、投资经验和投资目标的投资建议，[44]但这一提案最终未被采纳。在 SEC 最新颁布的释令中，将投资顾问的注意义务具体化为三项内容：提供符合客户最佳利益（in the best interest of the Client）建议的义务，最佳执行（seek best execution）义务，以及持续监控（monitoring over the course of the relationship）义务。提供符合客户最佳利益建议的义务要求证券公司必须理解投资者的投资目标（Client's objectives），并对所提议的投资进行独立、合理调查（independently and reasonably investigate），据此相信其投资建议是基于投资者目标作出的。至于什么是最佳利益，该释义并未明确，仅提出需要根据投资的成本（cost）、流动性（liquidity）、风险和潜在收益（risks and potential benefits）、时间范围（time horizon）等诸多因素综合判断。[45]

我国同样规定了投资顾问的受信义务，包括忠实义务和注意义务。就忠实

---

〔42〕 See Frank H. Easterbrook & Daniel R. Fischel, *Contract and Fiduciary Duty*, Journal of Law & Economics 36, No. 1 – Part 2, p. 425 (April 1993).

〔43〕 See SEC v. Capital Gains, 375 U. S. 180 (1963).

〔44〕 See SEC, *Suitability of Investment Advice Provided by Investment Advisers*; *Custodial Account Statements for Certain Advisory Clients*, *Investment Advisers Act*, Release No. 1406 (Mar. 16, 1994), http://www. brightlinesolutions. com/files/Plaze/Release%20IA – 1406%20Suitability. pdf.

〔45〕 See SEC, *Commission Interpretation Regarding Standard of Conduct for Investment Advisers*, Release No. IA – 5248; File No. S7 – 07 – 18, (July 12, 2019), https://www. sec. gov/rules/interp/2019/ia – 5248. pdf.

义务而言，要求投资顾问忠于投资者的利益；就注意义务而言，要求投资顾问应当在评估投资者风险承受能力和投资目的的基础上提供适当的投资建议。[46] 无论是我国实体规定层面还是学术界，大多将投资顾问的注意义务与适当性义务等同。但在投资顾问业务中，获得适当的投资建议，降低自我决策耗费的时间、精力成本，是法律关系成立的唯一目的。换言之，此时投资者对证券公司的信赖程度更高，受信义务以投资者利益最大化为核心，其下的注意义务要求也应远高于适当性义务要求。我国现行关于投资顾问的规定，虽包含了忠实义务和注意义务两部分，但并未明确客户利益最佳原则，仅要求投资顾问遵循"诚实信用原则"，尽到"勤勉、审慎"义务。[47] 缺乏起到统领作用的最佳利益原则指引，又将注意义务解释为适当性义务，以此作为投资顾问的义务标准显然是不足够的。虽在2020年发布的《证券基金投资咨询业务管理办法(征求意见稿)》中，我国也将"客户利益优先原则"明确纳入经营原则，但在注意义务层面仍停留于"符合其风险识别能力和承受能力"标准，[48] 有待进一步提升。

(四)资产管理业务

资产管理业务属于典型的"受人之托、代人理财"业务，投资者出于对证券公司的高度信赖将资产全权委托给证券公司进行投资运作，证券公司作为发行人对投资者承担受信义务。就资管计划的销售而言，存在自销和代销两种模式。自销模式下，证券公司同时作为发行人和销售方，需在销售过程中承担适当性义务。[49] 代销模式下，扮演发行人而非销售中介角色的证券公司是否需承担适当性义务？换言之，适当性义务的责任主体是否包括金融商品的发行人？

适当性义务是为了规制金融中介机构的不当推介行为，但《全国法院民商事审判工作会议纪要》将适当性义务的责任主体从销售者扩张至"卖方机构"，包括金融商品的发行人和销售者。[50] 从域外经验来看，美国适当性义务规制的主体为经纪商—交易商，欧盟限于投资公司，IOSCO也将义务主体明确为金融

---

〔46〕 参见《证券投资顾问业务暂行规定》(2020第二次修订)第5条、第15条。

〔47〕 参见《证券投资顾问业务暂行规定》(2020第二次修订)第4条。

〔48〕 参见《证券基金投资咨询业务管理办法(征求意见稿)》第4条、第17条、第18条。

〔49〕 参见《证券公司代销金融产品管理规定》(2020修正)第21条。

〔50〕 参见《全国法院民商事审判工作会议纪要》第74条。

中介(intermediary)[51],无一扩张至金融商品发行人。有学者认为,由于证券公司具有发行人和中介销售者的多重身份,若仅对其销售身份进行规制,则证券公司可能产生规避监管、逐底竞争的冲动,不利于法律适用的一致性和可预期性。[52] 但在证券公司中,资管业务与经纪业务分由不同部门进行。在自销场合下,证券公司的营业部需要承担适当推介义务,而该义务并不及于资产管理部人员。在代销场合下,相当于将经纪业务交由其他金融机构完成,代销机构与证券公司仍是两个相互独立的主体。因此,此时适当性义务不应及于证券公司,否则有重复测评、徒增交易成本之嫌。

(五)融资融券业务

融资融券业务属于一种信用交易,具有放大资金的杠杆作用,在带来丰厚收益的同时也存在资不抵债的巨大风险。对于证券公司而言,融资融券业务不仅带来了固定的利息收入还活跃了经纪业务,因此自2008年试点至今已然成为证券公司主营业务之一。针对其高风险性的特征,我国发布《证券公司融资融券业务管理办法》,并在其中规定了适当性义务,禁止证券公司“诱导不适当的客户开展融资融券业务”,证券公司也不得为投资年限不足、欠缺风险承担能力或日均交易量不达标的投资者开立信用账户,并授权证券公司按照这一要求细化“选择客户的具体标准”。[53] 其中,第4条的规定体现了禁止不当推介的适当性义务精神,而第12条的规定虽名为适当性制度,但内容实为对借贷对象的资质审查标准。适当性制度要求证券公司从投资者角度出发,判断什么样的金融商品或金融服务对于投资者而言是适当的;而这一资质审查标准是从作为服务提供者的证券公司角度出发,判断什么样的投资者对于融资融券业务而言是适当的。两个制度的出发点相反,判断逻辑也不相同,不应当混为一谈。

---

〔51〕 See The Board of the International Organization of Securities Commission, *Suitability Requirements With Respect To the Distribution of Complex Financial Products*,载国际证监会组织网2013年1月,https://www.iosco.org/library/pubdocs/pdf/IOSCOPD400.pdf。

〔52〕 参见王锐:《适当性义务责任主体范围演进的实证研究》,载《中国应用法学》2021年第4期,第150~151页。

〔53〕 参见《证券公司融资融券业务管理办法》第4条第1项、第12条。

三、对象要件:适当性义务保护的对象

(一)投资者与金融消费者

通常认为,投资者是指将资金投入证券市场,从事以证券为介质或手段的投资活动并对证券投资收益享有所有权,承担投资风险的自然人、法人、其他组织。[54] 但“投资者”主要是相对于上市公司的概念,强调风险自负,难以确切反映其与证券公司之间的金融服务法律关系,“金融消费者”的概念由此提出。金融消费者关注其与金融服务中介之间的法律关系,强调投资者的异质性以及与证券公司之间的力量对比失衡,更能凸显适当性义务的制度价值。但目前除《全国法院民商事审判工作会议纪要》使用金融消费者概念外,尚未有法律规范对此予以明确界定。若采取传统文义解释路径类推适用《消费者权益保护法》第 2 条的规定,金融消费者需同时满足“为生活消费需要”和“自然人”两项要求,无疑限缩了制度保护的对象范围。

1. 生活消费之目的

对于已经引入金融消费者作为适当性义务保护对象的法域来说,大多均从与金融中介机构的法律关系入手对金融消费者予以界定。例如,英国于《2000 年金融服务与市场法》(Financial Services and Markets Act 2000)和《2012 年金融服务法》(Financial Services Act 2012)中将金融消费者(consumer)定义为已经或将要投资于金融工具或接受金融服务的人;韩国规定金融消费者是指在金融商品销售合同的签订、劝诱签订或者接受要约过程中,金融商品销售业者的交易相对方,或者金融商品咨询业者从事咨询业务的相对方;我国台湾地区同样将金融消费者界定为接受金融服务业提供金融商品或服务的人。

略有例外的是美国。如下文详述,美国于 2019 年提出经纪商—交易商的最佳利益规则(Regulation best interest),并将适用对象限于零售客户(retail customer)。零售客户是指出于个人(personal)、家人(family)或家庭(household)目的,接受经纪商—交易商证券或投资策略推介的自然人(nature person)及其法定代表人(legal representatives)。尽管该规定要求主观上满足生活消费目的,但由于

---

[54] 参见陈洁:《投资者到金融消费者的角色嬗变》,载《法学研究》2011 年第 5 期,第 85 页。

FINRA 的适当性义务规定并未废止，对于慈善信托基金（charitable trusts）、小企业所有者（small business owner）等不满足主观目的要求的主体，仍能受到自律规则层面的适当性义务的保护。[55] 就此而言，从整体视角考察美国对经纪商—交易商推介行为采取的监管规则可以发现，无论主观是否具有生活消费性，投资者对经纪商—交易商推介的信赖均能得到保护，只是提供保护的法律位阶有所区别。

随着金融投资理财“飞入”寻常百姓家，金融消费成为人们生活的一部分，一般性的证券投资行为均可理解为是为了满足未来平安健全生活的需求。而包括分红连带险在内的新型理财产品兼具有生活消费和金融投资的双重属性，依据传统生活目的标准划分有所局限。

2. 非自然人主体

相较于自然人，非自然人主体通常拥有更多的资产，可以通过分散投资或聘请专业财务人员、投资顾问避免遭受巨额损失。[56] 但非自然人主体同样存在内部差异性，它们主营业务不同、投资目标不同、资金流动性需求不同、组织规模也不同，相应也具有不同程度的风险识别和承受能力。例如，对于主营投资的机构而言，它们能够雇用大量训练有素的专业人员独立评估证券公司的推介，并可以将主要资产用于从事长期投资。但对于一家非金融企业而言，如汽车公司，其内部财务主管的主要职责在于管理公司主营业务的资本运作而非对外投资，而单独外聘投资顾问会产生额外代理成本。此外就公司资本方面，它们须留存一定比例的流动资金，仅能用少数资产进行短期、低风险投资。

我国中小企业占市场主体总数的 95% 以上，其组织架构简单、资金链脆弱，在具有高度复杂性的金融市场上，其风险认知和承受能力与自然人主体并无二致。在此背景下，以是否为自然人作为金融消费者的定性标准过于武断，会将大量需要保护的中小企业排除在外。

---

〔55〕 See FINRA, *Proposed Rule Change to FINRA's Suitability, Non-Cash Compensation and Capital Acquisition Broker (CAB) Rules in Response to Regulation Best Interest*，载美国金融业监管局网，https://www.finra.org/sites/default/files/2020-03/SR-FINRA-2020-007.pdf。

〔56〕 See Donald C. Langevoort, *Selling Hope, Selling Risk: Some Lessons for Law from Behavioral Economics about Stockbrokers and Sophisticated Customers*, California Law Review 84, No. 3, p. 690 (May 1996).

将生活消费目的和自然人属性作为金融消费者的界定标准于我国而言并不具有合理性。此外,《消费者权益保护法》第2条并不是对消费者的定义条款,而只是界定了该法的适用范围——《消费者权益保护法》仅对从事生活消费的自然人给予特殊保护,其他社会成员从事其他类型消费时也属于消费者,但仅适用传统民商法进行保护。[57] 因此应参考域外立法,从法律关系角度对金融消费者予以定义。就证券市场而言,投资者和金融消费者的概念本无实质区别,但由于适当性义务负责监管投资者与金融中介之间的关系,使用金融消费者更为确切。

(二)金融消费者分类

金融消费者因风险认知和承受能力的不同而具有异质性,对证券公司推介的信赖程度有所不同。信赖的合理与否圈定了适当性义务的适用范围,因此对金融消费者进行细化分类为适当性制度的重要内容。

1. 专业金融消费者

《证券法》第89条明确了金融消费者分类制度,并授权证监会制定专业金融消费者的认定标准。根据《管理办法》的相关规定,专业金融消费者主要包括各类金融机构及其子公司,各类理财产品,养老基金、社会公益基金和合格境外机构投资者、人民币合格境外机构投资者,以及满足一定资产和投资经验要求的自然人、法人或其他组织,专业金融消费者不受适当性义务的保护。

域外也均将适用对象限于普通金融消费者,并通过明确界定专业金融消费者类型,将除此之外的其他主体均视为普通金融消费者的方法扩大适当性义务保护的对象范围。但对于具有一定资产和专业知识的自然人,是否将其视为专业投资者,各法域的态度有所不同。欧盟、韩国、日本的专业金融消费者仅限于非自然人[58],而我国台湾地区则将满足一定财力和专业知识的自然人排除在适

---

[57] 参见叶林:《金融消费者的独特内涵——法律和政策的多重选择》,载《河南大学学报(社会科学版)》2012年第5期,第84~85页。

[58] 欧盟的专业客户包括金融市场运营的实体、满足一定资产规模的大型企业、国家和地方政府以及各类国际组织和超国家机构、以投资金融工具为主要活动的其他机构投资者。日本的特定投资者(含可变更的特定投资者)包括国家、央行、适格机构投资者以及投资者保护基金及其满足特定资产要求的法人。韩国的专业金融消费者是指对金融商品具有专业辨识能力,或从其持有的资产规模判断具有风险承受能力,且属于国家、韩国中央银行、总统令规定的金融机构、股票上市法人(仅限于场外衍生交易)的金融消费者。

当性义务的保护范围之外。

金融学资产—资本定价理论认为,金融消费者的理性选择能力与其风险承受能力成正比,而经济能力和专业能力会对金融消费者的风险承受能力产生重要影响。[59] 我国证券市场以自然人投资者为主,无论是资产规模还是投资经验,都难以达到能与证券公司平等交易的地位,且大多不愿也没有能力单独聘请投资顾问协助其进行投资判断。此外自然人的风险承受能力还会受到很多客观因素影响,如年龄。日本、我国香港特区均针对老年金融消费者予以适当性义务的特殊保护,例如,日本证券业协会制定了《老年客户招揽注意事项》,要求会员在对75岁以上老年客户招揽、营销时需建立特别流程,并确认老年客户的意识能力及主观意愿;又如,我国香港特区要求对参与衍生品交易的老年客户设定冷静期。[60]

因此,更为合理的立法逻辑应当是推定自然人不具备对投资推介独立评估的能力,将其排除在专业金融消费者之外,一概纳入适当性义务保护的对象范围。但为兼顾证券市场的效率和自由,允许部分自然人转化为专业金融消费者,进而实现对自然人原则上保护、例外豁免的适当性制度体系。

2. 金融消费者转化

从专业金融消费者转为普通金融消费者,意味着证券公司需提供更为充分的保护。欧盟允许所有专业客户在与投资公司达成书面协议后,请求被视为非专业客户,但双方须在协议中明确此待遇是针对某项还是多项特定的交易。日本允许部分专业金融消费者申请在特定种类的金融商品交易合同中作为一般投资者,金融商品交易业者在收到申请后必须同意该提议。

普通金融消费者可能出于降低交易成本、提高交易效率等考虑申请转化为专业金融消费者,近年来我国普通金融消费者向专业金融消费者转化人数有所提升。[61] 但这一转化会使一般金融消费者暴露在更大的风险之下,所以对转化

---

〔59〕 参见杨东:《论金融消费者概念界定》,载《法学家》2014年第5期,第72页。

〔60〕 参见杨欣、赵晓钧:《完善老年投资者适当性管理》,载《中国金融》2019年第23期,第57页。

〔61〕 参见中国证券业协会:《专题报告之四:2020年证券公司投资者保护工作发展综述》,载中国证券业协会:《中国证券业发展报告2021》,中国财经出版传媒集团、中国财政经济出版社2021年版,第214~215页。

程序应作出严格规定。欧盟允许所有零售客户申请放弃适当性义务的保护,但投资公司必须评估确认零售客户具备相应的自主判断和理解能力。评估指标包括交易频次、投资组合的规模或在需要相关金融知识的专业职位上的工作年限,零售客户至少需要满足两项要求,若此后投资公司发现零售客户不再满足相应要求,则必须采取适当措施恢复原有的保护。此外,欧盟还详细规定了转化的程序要求,如风险警示、明确转化的时效等。日本在投资者转化规则中还赋予普通金融消费者反悔权,允许他们随时向金融商品交易业者提议恢复普通金融消费者身份,金融商品交易业者在接到提议后必须同意。

相较于域外成熟经验,我国虽同样规定了金融消费者转化程序,但仍有待细化。第一,应明确转化适用的交易或服务范围以及时间期限。第二,应明确金融消费者的反悔权,允许其在转化后随时向证券公司申请恢复原先身份。第三,由专业金融消费者向普通金融消费者的转化实际上是提供了额外保护,增加了证券公司业务运行成本,因此可以学习欧盟经验允许证券公司就此收取一定费用,但对于申请恢复原有保护的普通金融消费者,证券公司不得再收取额外费用。

四、适当性义务向最佳利益规则的嬗变

当世界各金融市场正如火如荼探索移植适当性义务时,作为适当性义务诞生地的美国于 2019 年将经纪商—交易商对零售投资者的适当性义务提升到最佳利益规则标准(Regulation Best Interest)。

(一)最佳利益规则的提出

在美国证券市场中,经纪商—交易商和投资顾问均可向投资者提供投资建议,但两者受不同规则体系监管。经纪商—交易商主要职责是代理他人账户或自己账户买卖金融商品,基于交易收取佣金,受《1934 年证券交易法》以及 FINRA 的行业自律规则监管,在推介场合对投资者承担适当性义务;投资顾问的业务内容包括投资咨询和资产管理,其主要基于账户管理的资产规模收取费用,受《1940 年投资顾问法》的监管,对投资者承担受信义务。由于美国对投资顾问采取行为认定标准,因此经纪商—交易商的证券推介行为可能被视为投资顾问而对此适用受信义务。对此,《1940 年投资顾问法》于第 202 条制定了豁免规则,当经纪商—交易商进行附随性(solely incidental)推介,且不因此收取特殊

补偿(special compensation)时,不受该法案监管。

但近年来,经纪商—交易商与投资顾问之间的区别日益模糊。一方面,随着固定佣金制向自由佣金制的转化,大量经纪商—交易商开始由传统经纪业务向财富管理业务转型,在证券市场中打出"财务顾问"(financial adviser)等旗号招揽客户。另一方面,SEC 认为基于交易收取佣金的模式会对经纪商产生不当激励,引发过度交易(churn)、不适当推介(unsuitable recommendation)、高压销售(high-pressure sales tactics)等问题,因此鼓励经纪商—交易商转而采取基于账户资产规模的收费模式。在前述背景下,经纪商—交易商实际已不再满足第 202 条的豁免规定,SEC 虽试图颁布特别规则将收取固定费用的经纪商—交易商排除在投资顾问的监管框架之外,[62] 但这一尝试被哥伦比亚特区联邦巡回上诉法院在 Financial Planning Association v. SEC. 案中[63]击溃。

2008 年的国际金融危机让是否应统一对经纪商—交易商和投资顾问的监管规则成为争议热点。不同于 SEC 企图将经纪商—交易商排除在受信义务规制范围之外,美国财政部在白皮书(Financial Regulatory Reform A New Foundation: Rebuilding Financial Supervision and Regulation)中指出,金融消费者难以区分经纪商—交易商与投资顾问作出的投资推介,对二者具有同等程度的信赖,因此应要求经纪商—交易商在向零售投资者提出投资建议时承担受信义务。[64]

《多德—弗兰克华尔街改革和消费者保护法》(Dodd-Frank Wall Street Reform and Consumer Protection Act,以下简称《多德—弗兰克法案》)在第 913 条授权 SEC 研究制定经纪商—交易商在从事推介时的行为准则,标准不应低于(no less stringent)对投资顾问的要求。2011 年,SEC 小组(SEC Staff)发布研究报告并建议 SEC 对经纪商—交易商和投资顾问在向零售投资者提出个性化推

---

〔62〕 See SEC, *Certain Broker Dealers Deemed Not to Be Investment Advisers*, 载美国证券交易委员会网 2005 年 4 月 15 日, https://www.sec.gov/rules/final/34 – 51523.pdf。

〔63〕 See Fin. Planning Ass'n v. SEC, 375 U.S. App. D.C. 389, 482 F.3d 481 (2007).

〔64〕 See Matthew P. Allen, *A Lesson from History*, *Roosevelt to Obama-The Evolution of Broker-Dealer Regulation*: *From Self-Regulation*, *Arbitration*, *and Suitability to Federal Regulation*, *Litigation*, *and Fiduciary Duty*, Entrepreneurial Business Law Journal 5, No. 1, p. 37 (2010).

介时,适用同样的受信义务标准。[65] 但这一建议未被 SEC 采纳,SEC 转而制定了全新的最佳利益规则,要求经纪商—交易商在作出投资推介时应以客户利益最大化为行为标准。

（二）内容

最佳利益规则要求经纪商—交易商在向零售投资者作出推介时,应以投资者的最佳利益行事,不得将自身经济利益或其他利益置于零售投资者利益之前(ahead of)。具体而言,为符合最佳利益规则要求,须同时满足以下四项具体义务。

第一,披露义务。经纪商—交易商在向零售投资者提供推介之前或于推介之时,应以书面方式完整披露以下重要事实:其一,双方形成的业务关系种类、潜在交易成本和费用等;其二,与推介有关的所有利益冲突(conflict of interest),包括所有可能导致经纪商—交易商有意或无意地推介不适当产品的利益。至于信息的"重要性"应依据理性投资者的标准加以判断。

第二,注意义务。注意义务的内容由适当性义务发展而来,具体又分为三项要求。其一,经纪商—交易商需要理解与推介有关的潜在风险、收益和成本(costs),需要有合理依据相信该推介是符合部分零售投资者最佳利益的。其二,经纪商—交易商需要了解零售投资者的投资侧写,需要有合理依据相信该推介是符合特定投资者最佳利益的,且未将自身财产或其他利益置于零售投资者利益之前。其三,对于一系列交易推介而言,不仅每个推介都是符合零售投资者最佳利益的,而且从整体上看推介需是不过量的,需要符合零售投资者的最佳利益。

第三,避免利益冲突义务。经纪商—交易商需建立、维护并实施合理的书面政策和程序,以查明与推介有关的所有利益冲突,并予以披露(disclose)、缓和(mitigate)或避免(eliminate)。其一,应识别(identify)所有可能让经纪商—交易商将自身利益置于投资者利益之前的不当激励并予以缓和。其二,应识别并排除可能限制经纪商—交易商推介行为的利益冲突。其三,识别并避免让经纪商—

〔65〕 See SEC, *Study on Investment Advisers and Broker-Dealers*,载美国证券交易委员会网 2011 年 1 月,https://www.sec.gov/news/studies/2011/913studyfinal.pdf。

交易商在指定时间内销售特定证券的销售竞赛、配额、奖金。

第四,合规义务。该义务要求经纪商—交易商建立完善的内控体系,以避免对最佳利益规则的违反。

（三）适当性义务？还是最佳利益规则

1. 比较

尽管SEC并未界定究竟何为最佳利益,仍有待后续司法实践进行塑造,但不可否认相较于适当性义务,其对经纪商—交易商推介行为的规制程度有了极大的提升。首先,最佳利益规则将经纪商—交易商在推介过程中的注意义务法定化。此前有关推介行为的规制仅限于FINRA的自律监管规则层面,于立法层面仅有"公平交易原则"作为支撑。其次,除了要求经纪商—交易商履行披露义务并排除利益冲突之外,最佳利益规则在注意义务层面也有更高标准的要求,主要体现为以下几点。第一,经纪商—交易商在作出推介时,不得将自身利益置于投资者利益之上,并且应当合理考虑其他可行的投资建议(consider reasonably available alternatives)。第二,明确将"成本"(cost)要素纳入经纪商—交易商对金融商品的审查范围。第三,若经纪商—交易商与零售投资者约定了账户监控服务(account monitoring services),若在定期审查后未进行风险警示,可能被视为"默示持有"建议(an implicit "hold" recommendation)而受最佳利益规则的规制。

具体而言,适当性义务与最佳利益规则的区别如表2所示：

表2　适当性义务与最佳利益规则不完全比较

	适当性义务标准	最佳利益规则标准
适用对象	所有投资者	零售投资者
默示(implicit)的"持有"(holding)推介	仅限于明确(explicit)推介持有场合	在特定情况下适用
成本	无明确规定	要求将成本纳入考虑因素
考虑其他合理替代	无明确规定	明确规定为注意义务内容

续表

	适当性义务标准	最佳利益规则标准
数量上的适当性	仅限于对投资者账户存在事实控制场合(最佳利益规则出台后取消该条件)	无先决条件
利益冲突	无明确规定,但可能违反一般性的反欺诈条款	建立、维护并实施合理的书面政策和程序,以查明与推介有关的所有利益冲突
披露	无明确规定	推介之前或于推介之时,应当以书面方式完整披露重要事实

2. 本土背景下的再审视

(1)行为要件

①默示的“持有”推介

最佳利益规则仍以推介作为义务的触发要件,并延续了此前对推介的界定方式:若经纪商—交易商的行为呼吁投资者采取行动(call to action)并影响零售投资者交易某个或某类特定证券,将被视为推介。但此前 FINRA 明确将持有推介限定于明示(explicit)场合,[66]而依据最佳利益规则,在经纪商—交易商提供账户监管服务[67]场合,若对投资者继续持有特定证券的行为保持沉默将被视为默示持有推介。

不同于受信义务,最佳利益规则并不要求经纪商—交易商对零售投资者账户承担持续监管义务。但若双方采取任何形式自愿达成定期(periodic)或持续(ongoing)的服务协议,经纪商—交易商则应定期审查账户投资情况并相应提出买入(buy)、售出(sell)、持有(hold)建议。若在约定期限内未向投资者传达任何明确建议,实际等同于建议投资者维持现有持仓水平,构成默示推介,因此有

〔66〕 See FINRA, *Regulatory Notice* 12 – 25: *Additional Guidance on FINRA's New Suitability Rule*, at Q3, 载美国金融业监管局网 2012 年 7 月 9 日, https://www.finra.org/rules-guidance/notices/12 – 25。

〔67〕 SEC 认为经纪商—交易商为投资者提供持续账户监管仍可被视为与主营业务相关的附随性服务,因此不必然被视为投资顾问。See SEC, *Regulation Best Interest*: *The Broker-Dealer Standard of Conduct*, at note 166 Sept. 10, 2019, https://www.sec.gov/rules/final/2019/34 – 86031.pdf.

必要加以规制。但是若经纪商—交易商出于自愿(voluntary)而单方主动审查投资者账户时,并不被视为存在账户监管合意,相应地,此时保持沉默并不构成默示的持有推介。

我国要求证券公司在经纪业务中对机构投资者账户以及证券资产规模达到一定要求的个人投资者账户进行持续跟踪监管,通过定期、不定期检查适当性是否匹配,以落实适当性义务要求,[68]但这并不意味着我国应将适当性义务的适用边界扩大至默示推介场合。默示推介的合理性仍在于金融消费者对证券公司的合理信赖——基于双方合意,金融消费者相信证券公司会定期监控自己账户的情况,并在需要从事交易时进行推介、提醒。但我国这个规定主要是出于行政监管层面的反洗钱要求,并非源于证券公司与金融消费者之间的自主合意。此时要求证券公司承担默示推介责任有对金融消费者过度保护之嫌,不利于培养自主决策、自我负责的成熟市场参与者。

②从“适合”到“最佳”

尽管美国学界对最佳利益规则存在大量质疑和反对,认为其未能充分实现投资者保护目的,呼吁统一适用受信义务规则,但争议焦点大多集中于忠实义务层面。[69] 就注意义务层面而言,最佳利益规则实际上将适当性义务提升至与受信义务等同的程度,要求经纪商—交易商有合理依据相信作出的推介是满足投资者最佳利益的,且不得将自身利益置于投资者利益之前。

美国对经纪商—交易商与投资顾问进行统一监管有其独特背景。美国经纪商—交易商早年即已完成由传统经纪业务向财富管理业务的转型,在新型业务模式下,提供投资建议难谓仅是“附带发生”。而证券公司在收费模式改革后收取的固定佣金俨然已构成“特殊补偿”。美国经纪商—交易商的业务实践实际已经满足“投资顾问”的定义,对两者实施统一监管是大势所趋。其实在FINRA早先的通知中,已有将推介标准由“适当”转向“最佳利益”的苗头,通知12-25

---

〔68〕 参见《证券经纪业务管理办法(征求意见稿)》第23条。

〔69〕 See Drafting Committee, *Statement of Concerned Securities Law Professors Regarding Investment Advisers and Fiduciary Obligations*, Columbia Law School's Blog on Corporations and the Capital Markets, https://clsbluesky.law.columbia.edu/2019/06/25/statement-of-concerned-securities-law-professors-regarding-investment-advisers-and-fiduciary-obligations/.

清华金融法律评论 · 第7辑
金融与公司法之交融
第210～243页

ETF套利机制与公众投资者保护

虞宗麟*

目　次

摘　要：套利机制是交易所交易基金（ETF）的本质特征，其有效运作能够消除ETF交易价格与其份额净值之间的偏差，对公众投资者具有独特的保护作用。ETF公众投资者也离不开强制信息披露制度的常规保护，信息披露是套利机制的配套制度。目前，我国ETF监管存在一些问题：在套利机制方面，ETF交易规则不统一，缺乏对套利机制有效性的监控，套利的操作空间也较为狭窄；在信息披露方面，未把握套利机制这一核心所致的披露不足是首要问题，定期披露相对滞后也值得关注。相应地，就套利机制而言，制定统一的交易规则是必要

* 虞宗麟，清华大学法学院2022届法律硕士。

的,ETF 交易价格与其份额净值的偏差信息作为套利机制有效性的评估指标应充分披露,对高风险 ETF 可以进行个案实质审查,降低申购赎回门槛、实施"T + 0"交易制度、设置"安全港"规则则可以扩大套利的操作空间;作为套利机制的配套制度,信息披露应围绕套利机制设置披露事项,在缩短编报时限、增加披露类型的同时,要注意防止过度披露造成"抢先交易"或"搭便车"。

关键词:交易所交易基金;公众投资者保护;套利机制;信息披露

一、引言

交易所交易基金(Exchange-Traded Funds,ETF,在我国被称为"交易型开放式指数基金")在交易过程中存在公众投资者利益受损问题。本文界定的 ETF 公众投资者是指受限于一级市场的申购赎回门槛而仅在二级市场买卖份额的 ETF 投资者。[1] ETF 通常以拟合某一指数为目标,旨在取得与该指数基本一致的收益;其交易价格、份额净值走势与所跟踪的指数基本一致,是 ETF 公众投资者获得稳定收益的保障。作为金融创新的产物,套利机制是 ETF 区别于其他基金的本质特征,它提供了一种新的盈利机会,通过套利者的套利行为,它能够消除 ETF 交易价格与其份额净值之间的偏差,使二者基本保持一致;这为公众投资者提供了独特保护。然而,ETF 市场上可能出现套利机制失灵、套利者实施违规套利行为等情况,使 ETF 公众投资者的利益受损。

作为一项常规监管手段,信息披露对公众投资者的保护意义不言而喻,在 ETF 领域也不例外:ETF 公众投资者依据所获得的信息,及时采取措施,作出正确的投资选择。而这有赖于信息披露的真实、准确、完整、及时和风险揭示,但 ETF 市场上存在信息披露不充分掩盖套利机制失灵、内幕交易、信息误导等问题,使 ETF 公众投资者的利益受损。ETF 兴起于美国,在成长过程中被不断创新、发展,美国证券交易委员会(SEC)已颁行新规规则 6c - 11,故美国的 ETF 监管制度较为发达;而我国引入 ETF 较晚,ETF 的类型和监管制度尚有欠缺。本

〔1〕 ETF 兼具开放式与封闭式两类基金所长,投资者不仅可以选择于一级市场中申赎基金份额,还可以选择于二级市场中买卖基金份额。尽管如此,ETF 的申赎规模一般情况下设有门槛,会将中小投资者排除在外。中小投资者通常只能在二级市场交易,本文将这类投资者界定为公众投资者。

文旨在通过分析和比较中、美 ETF 监管制度,以套利机制为中心、结合信息披露,探究中国的 ETF 监管制度中存在的问题以及美国的 ETF 监管制度中可供中国借鉴吸收的内容,并据此为中国完善 ETF 套利机制和信息披露的监管提供建议,保护 ETF 公众投资者的利益。

二、ETF 中的公众投资者保护问题

(一)ETF 概述

ETF 的形式特征是可以在两级市场中交易。一方面,ETF 像开放式基金可在一级市场中申赎;另一方面,ETF 像封闭式基金可在二级市场中买卖。ETF 具备两类基金的优势,使得投资者可以根据自身情况灵活进行交易。ETF 的实质特征是套利机制。一级市场、二级市场之间存在诸多差异,导致 ETF 在两级市场间存在价差,投资者可以利用这一点实施申购、赎回、买入、卖出的组合交易进行套利,而这种套利机制在其他金融产品中并不存在。

ETF 的交易结构:(1)一级市场的申购赎回。ETF 的基础资产是"一篮子"证券组合,其种类、比例和标的指数中成份证券的种类、比例一致。基金管理人每个交易日开市前将依照 ETF 的相关具体情况,发布该日的申购赎回清单(Portfolio Composition File,PCF)。投资者依据 PCF 的内容,置备相应证券(有时可有小部分现金),把成份证券交与管理人而得到申购基数(通常为 100 万份,ETF 公众投资者通常无力参与)或其整数倍的 ETF;申购将创造出新的 ETF,使得 ETF 在外流通量增加。赎回即投资者将申购基数或其整数倍的 ETF 转换成 PCF 的成份股票,使得 ETF 在外流通量减少。不同于其他金融产品,ETF 的申赎通常仅可通过实物(in-kind)形式进行,但若出现某些成份股不能在二级市场径行购买的情况,则能够以现金交付。(2)二级市场的买卖。ETF 的交易与二级市场上其他证券的交易模式类似,100 份基金份额为 1 手,每 15 秒计算一次基金份额参考净值(Indicative Optimized Portfolio Value,IOPV)供投资者参考。ETF 在二级市场的交易还受限于证券交易所的相应制度。

套利机制通过推动 ETF 的交易价格向其份额净值靠拢(消除二者之间的偏差,使二者基本保持一致)来保护公众投资者,其运作方式主要有以下两种形式:(1)溢价套利,又称为"正向套利"。在 ETF 的交易价格高于其份额净值时,

投资者能够于二级市场中买入组合证券，之后通过一级市场申购 ETF，最终将 ETF 在二级市场卖出，赚取扣除交易成本后的差额。（2）折价套利，又称为“反向套利”。在 ETF 的交易价格低于其份额净值时，投资者能够于二级市场中买入 ETF，之后通过一级市场赎回，换取组合证券，最终将组合证券在二级市场卖出，赚取扣除交易成本后的差额。

（二）ETF 公众投资者保护概述

ETF 公众投资者具有特殊性。一方面，ETF 投资者不同于其他金融产品投资者。ETF 投资者的交易可以贯穿两级市场；而其他金融产品中通常不存在跨市场交易的情况，所有投资者均在同一级市场进行交易。另一方面，ETF 公众投资者不同于 ETF 其他投资者。ETF 公众投资者受限于申购赎回的门槛（通常为 100 万份），而不能像 ETF 其他投资者那样参与一级市场的交易以及跨市场的套利，只能在二级市场买卖 ETF 份额。

其中，套利机制对 ETF 公众投资者的保护具有独特作用。套利机制是 ETF 的特性，其对公众投资者的保护作用于其他金融产品而言是独特的，其有效运作能够实现 ETF 公众投资者的投资收益。ETF 为公众投资者提供了独特的投资机会，其投资前提是没有交易摩擦（ETF 的交易价格接近其份额净值或者与其份额净值保持一致），这取决于 ETF 独特市场结构的正常运作。为了实现这一目标，需要依赖套利机制；套利机制是 ETF 所特有的，因此将套利机制作为 ETF 的定义性特征。无论 ETF 的基础资产属于何种类型，其投资收益的实现都依赖于套利机制的有效性。套利行为能够改变市场中 ETF 份额的供求关系，从而使交易价格和份额净值达到平衡。〔2〕这一平衡过程通过 ETF 的申购和赎回来保护 ETF 公众投资者，即使公众投资者不参与申购或赎回。换言之，套利机制具有约束 ETF 交易价格的“价格修正”作用，通过利用交易价格与份额净值不匹配时创造的套利机会，阻止以相对于份额净值的重大折价或溢价进行交易，给 ETF

〔2〕 See Henry T. C. Hu & John D. Morley, *The SEC and Regulation of Exchange-Traded Funds: A Commendable Start and a Welcome Invitation*, Southern California Law Review, Vol. 92, No. 5, p. 1155 - 1202(July 2019).

市场带来稳定性,自然而然地保护公众投资者。[3]

具体而言,套利机制吸引以机构投资者为代表的 ETF 其他投资者加入 ETF 交易,促进 ETF 市场的繁荣。在套利频繁实施的情况下,ETF 的折、溢价空间随之不断减少;在 ETF 的市场报价和它的份额净值逐渐靠近的情况下,则能提高以散户为代表的 ETF 公众投资者的交易主动性,共同推动 ETF 市场的进一步繁荣。另外,通过向公众投资者购买和转售 ETF 份额或其基础资产,套利机制也能促进 ETF 市场及其基础资产市场的流动性,间接保护 ETF 公众投资者。[4]

信息披露是保护 ETF 公众投资者的常规工具。信息披露是保护公众投资者的常规手段,获取合法有效、充分完备的信息有利于 ETF 公众投资者作出正确的投资决策。不确定性和风险是影响 ETF 交易价格的重要因素,而信息的获取可以改变对不确定性和风险的评价,信息的真实、准确、完整和及时对 ETF 市场的价格发现和价格均衡起到了关键作用。证券市场竞争实质上是一场信息战,市场的运作过程就是信息的处理过程,因此提升市场运行效率其重点在于保障信息的充分性、对称性以及准确性。强制信息披露制度可以应对证券市场中欺诈行为和内幕交易等市场失灵现象,改善市场中不公平的竞争状态。

信息披露对套利机制的有效运作也十分重要。具体而言,套利机制的运作需要依赖 ETF 基础资产组合的信息进行价差的识别,了解基础资产组合中资产的种类、数量等构成信息,投资者可以通过计算来确定基础资产组合的价值,从而识别套利机会。为了保证信息的透明度,除少数不透明的主动型 ETF 外,监管部门一直要求 ETF 基金管理人进行相关披露,提供 ETF 基础资产组合的信息。[5] 此外,考虑到 ETF 公众投资者自行计算基金份额净值的困难性,监管部门也会要求 ETF 基金管理人公布基金份额参考净值。信息披露旨在使投资者

---

〔3〕 See Daniel J. Grimm, *A Process of Natural Correction: Arbitrage and the Regulation of Exchange-Traded Funds under the Investment Company Act*, University of Pennsylvania Journal of Business Law, Vol. 11, No. 1, p. 95 – 134(Fall 2008).

〔4〕 See William A. Birdthistle, *The Fortunes and Foibles of Exchange-Traded Funds: A Positive Market Response to the Problems of Mutual Funds*, Delaware Journal of Corporate Law, Vol. 33, No. 1, p. 69 – 110 (2008).

〔5〕 See Henry T. C. Hu & John D. Morley, *The SEC and Regulation of Exchange-Traded Funds: A Commendable Start and a Welcome Invitation*, Southern California Law Review, Vol. 92, No. 5, p. 1155 – 1202(July 2019).

拥有决策所必需的基本信息。实行信息披露,信息的接收方可以了解 ETF 的交易状况及其发展趋势,从而有利于投资者依据所获得的信息,及时采取措施,作出正确的投资选择;也有利于 ETF 投资者及社会公众对 ETF 的信息披露义务人进行监督;还有利于证券主管机关对证券市场进行管理,引导证券市场健康、稳定地发展。

关于套利机制和信息披露的关系,第一,监管的特殊问题与一般问题。套利机制为 ETF 这一金融产品所特有,是 ETF 监管的特殊问题;信息披露是所有证券监管的重点,是 ETF 监管的一般问题;二者是研究 ETF 监管不能回避的两大问题,共同实现保护 ETF 公众投资者的效果。第二,信息披露是套利机制的配套制度。就保护 ETF 公众投资者而言,套利机制从实质上发挥保护作用,信息披露从形式上发挥保护作用。套利机制是否有效运作,是进行 ETF 投资决策所需掌握的必要信息,但公众投资者无法对此直接判断,而需要借助信息披露进行观察。第三,套利机制是信息披露的核心。作为配套制度,也意味着 ETF 的信息披露应以套利机制为中心;但 ETF 目前的信息披露制度忽视了这一重点,需要进行矫正。此外,可以借助一个生动的比喻来帮助理解 ETF 套利机制和信息披露的关系。〔6〕

下面是 ETF 公众投资者利益受侵害的案例。

(1)案例一:套利机制失灵。一个例子是美国贝莱德(Black Rock)的 iShares Core S & P 500 ETF(IVV)。IVV 在发生"闪电崩盘"(the flash crash)的 2015 年 8 月 24 日开盘时的交易价格比前一日收盘时下跌了 20%,而其份额净值仅下跌了 5%,IVV 的交易价格与份额净值发生了重大偏离。另一个例子是美国 ProShares 的 Short VIX Short-Term Futures ETF(SVXY)。SVXY 在 2018 年 2 月 5 日(周一)收盘时的份额净值比上周五收盘时下跌了超过 96%(从 103.7288 美元跌至 3.9635 美元),而其交易价格(71.82 美元)则是份额净值(3.9635 美

〔6〕 可以借助一个生动的比喻帮助理解套利机制和信息披露的关系:把 ETF 比作西瓜,把 ETF 公众投资者比作买西瓜的顾客,把套利机制比作瓜肉,把信息披露比作瓜皮;瓜肉是西瓜品质的核心,瓜肉品质高低有赖于套利机制能否有效运作,但顾客看不到瓜肉、只能看到瓜皮,通过瓜皮来判断瓜肉的品质;本文希望:(1)瓜肉自身需要一些改良提升品质;(2)瓜皮能尽可能多地显露这个西瓜品质的信息。

元)的18倍,二者偏差显著。[7]

(2)案例二:违规套利操纵市场。ETF投资者须在法律、法规、规则的约束下从事套利活动。中国证监会曾就ETF市场的违规套利行为作出多起行政处罚,处罚对象既有机构投资者和/或其相关责任人员,又有个人投资者。中国证监会认为,行为人利用掌握的账户交易ETF,事实上违反了申购、赎回不能同日进行的ETF交易规则,会引起ETF交易量的波动;卖出赎回的用以申购ETF的股票,违反"T+1"规则导致事实上的股票"T+0"交易,损害交易的公平性、对等性,同样会引起股票交易量的波动;以上行为均属《证券法》所明确禁止的操纵行为。[8]

(3)案例三:信息披露不充分掩盖套利机制失灵。前述IVV也曾出现信息披露不充分掩盖套利机制失灵的情况。美国《1940年投资公司法》(Investment Company Act,ICA)的表格N-1A要求ETF在招募说明书或网站上按年度和季度披露ETF在收盘时的交易价格(与其份额净值相比)折价或者溢价在0.5%以内的天数(ETF套利机制有效运作的天数),IVV在其2016年的招募说明书中披露了其在2015年以及2016年前两个季度期间套利机制的表现,尽管IVV曾在2015年8月24日发生了套利机制失灵的情况,但是招募说明书中披露的却是IVV的套利机制在所有交易日均有效运作。造成这种情况的原因是ICA仅要求披露ETF在收盘时的表现,而忽略了ETF在交易日内的表现。[9] 这样的披露虽正确但不确切,投资者无法获得交易决策所需的信息。

(4)案例四:内幕交易。中国证监会曾就光大证券股份有限公司(以下简称光大证券)的ETF内幕交易行为作出行政处罚。中国证监会认为,光大证券在相关内幕信息公开前将所持股票转换为ETF卖出的交易,构成《证券法》明确禁止的内幕交易行为。中国证监会一并对光大证券时任的决策者和主要执行人员作出了市场禁入决定。[10]

---

〔7〕 See Henry T. C. Hu & John D. Morley, *A Regulatory Framework for Exchange-Traded Funds*, Southern California Law Review, Vol. 91, No. 5, p. 839-942(July 2018).

〔8〕 详见中国证监会行政处罚决定书〔2018〕99号至101号、〔2019〕2号至5号。

〔9〕 See Henry T. C. Hu & John D. Morley, *A Regulatory Framework for Exchange-Traded Funds*, Southern California Law Review, Vol. 91, No. 5, p. 839-942(July 2018).

〔10〕 详见中国证监会行政处罚决定书〔2013〕59号;中国证监会市场禁入决定书〔2013〕20号。

(5)案例五:信息误导。时任光大证券董事会秘书的梅键曾因 ETF 信息误导行为而受到中国证监会的行政处罚。中国证监会认为,梅键的行为(梅键在对内幕信息相关情况并不知悉的情况下,即向记者作答,造成记者发文后无法撤回并被广泛传播的后果)违反了《证券法》关于禁止信息误导的规定。[11]

以上案例中,案例一、案例二反映了 ETF 套利机制方面的问题,案例三、案例四、案例五反映了 ETF 信息披露方面的问题,其中案例三形象地说明了 ETF 的信息披露无法与套利机制割裂。

三、中美 ETF 监管概述

(一)美国的 ETF 监管概述

2019 年 9 月 25 日,SEC 通过了 ETF 的监管新规规则 6c－11,下文将分别介绍规则 6c－11 实施前、后的 ETF 监管制度,了解美国的 ETF 监管历史和发展。

1. 规则 6c－11 实施前的监管

(1)监管破碎与高度自由裁量。在规则 6c－11 实施前,美国 ETF 市场对于 ETF 没有全面可行的法律概念。根据资产类型划分 ETF,使得相似的 ETF 受到不同法规的监管,而这些法规原本用于监管共同基金、大宗商品等截然不同的金融工具。例如,投资公司 ETF(investment company ETF)的基础资产是证券,受到 ICA、《证券法》(Securities Act)和《证券交易法》(Securities Exchange Act)的规范;商品池 ETF(commodity pool ETF)的基础资产是商品期货,受到《证券交易法》、《商品交易法》(Commodity Exchange Act)和《证券法》的规范;营业公司 ETF(operating company ETF)的基础资产是金条、货币、比特币等其他资产,受到《证券交易法》和《证券法》的规范。ETF 的监管法规分散,在证券交易所的上市规则不统一,没有专门的监管部门和监管体系。大多数 ETF 的监管来自 SEC 临时、个性化、不透明和自由裁量的烦琐审查,SEC 可以对每个新的 ETF 及其发行人施加新的要求或条件而不公开。尽管 ETF 的上市条件日益标准化,但 SEC 继续任用其权力批准或拒绝 ETF 上市。由于 ETF 的套利机制违反 ICA,故投资公司 ETF 上市需要向 SEC 申请 ICA 豁免(exemption from Investment Company

[11] 详见中国证监会行政处罚决定书〔2013〕60 号。

Act)。但 ICA 对商品池 ETF 和营业公司 ETF 不适用,故 SEC 找了另一项豁免,即申请证券交易所上市规则的变更(individual change in stock exchange listing standards)。这两项豁免权使 SEC 拥有巨大的自由裁量权,同时也导致严重问题:第一,审查规则和过程不透明,令人困惑;第二,造成 ETF 发行延误和额外费用,通常耗时数月;第三,SEC 不同部门采用不同审查标准,区别对待导致不公平的竞争环境,使得既有 ETF 的监管比新 ETF 的监管更加宽松,既有 ETF 发行人引入新 ETF 相对简单,新 ETF 发行人则面对更密集的实质审查。例如,杠杆 ETF 和反向杠杆 ETF,SEC 保留旧豁免、拒绝新豁免,造成双寡头垄断的问题;又如,利用 ETF 监管的碎片化,Forceshares Funds 规避 SEC 已经暂停的杠杆 ETF(属于投资公司 ETF)的 ICA 豁免,将其 ETF 包装为商品池 ETF,由 SEC 的交易和市场司、公司财务司审查,避开仇视杠杆 ETF 的投资管理司,但是 SEC 发现后驳回了其上市批准。[12]

2018 年 6 月 28 日,SEC 发布了一项提案,准备改进某些 ETF 的监管方式。SEC 的提案解决了 ETF 行业依赖个别豁免令来监管的部分问题,但并没有为所有 ETF 提供一个全面的监管框架。SEC 的提案提出了基于规则的监管办法,但没有涵盖大量 ETF,而只适用于受 ICA 约束的部分 ETF,对于受 ICA 约束的一些特殊 ETF(如杠杆和反向 ETF)依旧保留了个性化的豁免(exemptive relief),其也不适用于商品池 ETF 和营业公司 ETF。该提案也没有解决 ETF 金融创新涉及的 SEC 自由裁量问题,创新型 ETF 仍不能按照明确的通用性原则进行评估。该提案还将 ETF 的许多监管要素留给了证券交易所,对其没有明确的思路或理由。2019 年 5 月 20 日,SEC 发布了一项豁免令,批准 Precidian 发行首个不透明主动管理型 ETF。这一 ETF 的特征(包括其套利机制)和之前的 ETF 都截然不同,这一豁免令将对 ETF 的监管产生重大影响(如信息披露的要求)。[13]

(2)信息披露。ETF 此前被要求披露的信息没有把握 ETF 基于套利机制这

---

〔12〕 See Henry T. C. Hu & John D. Morley, *A Regulatory Framework for Exchange-Traded Funds*, Southern California Law Review, Vol. 91, No. 5, p. 839 – 942(July 2018).

〔13〕 See Henry T. C. Hu & John D. Morley, *The SEC and Regulation of Exchange-Traded Funds: A Commendable Start and a Welcome Invitation*, Southern California Law Review, Vol. 92, No. 5, p. 1155 – 1202(July 2019).

一最鲜明的特征,而只是适用针对旧而不同的金融产品的披露要求。定量方面,披露不充分,连套利机制失灵也不用披露,或披露不出真实情况,因为 SEC 规定的披露方法掩盖了 ETF 套利机制失灵的发生。SEC 只要求披露交易价格与份额净值在交易结束时的差距,而套利机制失灵可能发生在交易日的任何时间,这导致披露的信息虽然正确,但是不确切。收盘时 ETF 的表现并不能如实反映真实情况,可能导致公众投资者盲目自信。定性方面,对基金过去业绩定性披露的关键项目"管理层对基金业绩的讨论"(Management's Discussion of Fund Performance,MDFP)是在考虑共同基金的情况下开发的,不涉及套利机制,无法具体分析套利机制过去的表现;且 MDFP 只讨论影响基金前一年业绩的因素,没有讨论可能影响基金未来业绩的因素。[14] SEC 在 2018 年 6 月 28 日的提案对投资公司 ETF 的现有披露要求进行了相对适度的改进,如考虑适度加强 ETF 交易价格摩擦的披露(尤其是买卖价差、份额净值在各交易日结束时的极端偏差、收盘时交易价格与份额净值的极端偏差),并考虑取消 ETF 日内价值的披露要求。该提案没有触及其他类型 ETF 的披露制度。SEC 还在提案中征集关于信息披露改革的意见,是一个好的开端。[15]

2. 规则 6c-11 实施后的监管

(1)统一监管与个别审查。2019 年 9 月 25 日,SEC 通过了 ETF 的监管新规规则 6c-11,该规则为大部分 ETF 创建了一个统一、透明和高效的监管框架,进一步明确了信息披露规则,简化了基金申报流程,有利于促进 ETF 市场的良性竞争和创新。规则 6c-11 整合了现有的豁免条例,基本涵盖了 ICA 所需要的大部分豁免,允许大部分 ETF 在 ICA 的框架下运作并直接上市,而无须花费额外的成本去申请豁免令。适用规则 6c-11 的 ETF 需满足以下条件:①向授权参与者(Authorized Participants,AP)发行或赎回创建份额,以换取"一篮子"证券等

---

〔14〕 See Henry T. C. Hu & John D. Morley, *A Regulatory Framework for Exchange-Traded Funds*, Southern California Law Review, Vol. 91, No. 5, p. 839-942(July 2018).

〔15〕 See Henry T. C. Hu & John D. Morley, *The SEC and Regulation of Exchange-Traded Funds: A Commendable Start and a Welcome Invitation*, Southern California Law Review, Vol. 92, No. 5, p. 1155-1202(July 2019).

基础资产;[16]②基金在美国证券交易所上市,并按照市场定价进行交易。规则6c－11也明确了普通主动型ETF和被动型ETF无须差别对待,这将有利于加速主动型ETF的发行。但是,规则6c－11对一些特殊的ETF不适用,如单位投资信托ETF、[17]杠杆和反向ETF、分级ETF、半透明ETF等,SEC认为这些ETF对投资者可能存在特殊潜在风险,而需要个别审查和单独监管。此外,规则6c－11明确了ETF管理人对定制篮子(custom basket)的合法使用,即ETF管理人可以自定义每日发送给AP的PCF,PCF可以和真实持仓非等比例(non-pro rata)构建,也可以向不同AP发布不同的PCF。[18] 但ETF管理人须建立相应的书面政策和程序,以说明其定制篮子的参数以及如何使用它们为ETF持有人带来最大利益。使用定制篮子的ETF还须设置投资顾问,对每个定制篮子进行检查以确保符合这些参数。

(2)信息披露。规则6c－11进一步规范了信息披露,增加了信息披露的内容要求,包括构成ETF下一个资产净值计算基础的投资组合持仓,以及有关ETF净值的历史信息,折溢价以及买卖价差。具体需要在基金网站披露以下信息:①每日收盘后公布ETF的实际持仓情况(但是不要求在接受份额申赎前披露,允许"T－1"订单);[19]②每日公布预估的现金差额,即PCF与份额净值之间的差额;③截至前一交易日结束时,公布ETF的资产净值、市场价格和折溢价;④公布近30天的买卖价差;⑤用表格和折线图描述ETF在上一年度和上一季度的折溢价;⑥若ETF在二级市场的折溢价连续7个交易日大于2%,则应对引发折溢价的原因进行讨论。该信息须在触发披露要求后的第二天(第8个交易日)发布在网站上,并且在首次发布后需要保留一年。值得注意的是,规则6c－

[16] 美国ETF一级市场的申购赎回并非任何主体都可参与,而须满足一定条件(通常为注册经纪商或银行等金融机构,并与ETF发起人、受托人等签订授权参与协议),这类投资者被称为授权参与者。

[17] 单位投资信托(Unit Investment Trusts,UIT)ETF多跟踪宽基指数,由单一受托人签署信托协议确定权利义务关系,没有共同基金的各种委员会、管理人和投资顾问等职能结构。单位投资信托ETF必须持有指定证券,且只能在特定条件下替换成份证券。此外,UIT只能采用完全复制法跟踪指数,而无法采用优化或抽样复制法,不能为带有投资顾问的主动管理基金,也不能进行证券借贷。

[18] 通过使用定制篮子,ETF发行人可以有效地调整其投资组合的持有量,分散大幅度加仓减仓对产品带来的影响,并最大限度地减少组合调仓所带来的成本;同时,定制篮子也能增强持仓信息的保密性。

[19] 这对于在美股休市后开放交易的不同时区市场的ETF而言,是个很重要的变化。这些ETF可以在美股休市后继续接受"T－1"订单或者在其他时区市场进行操作,待其休市后再进行持仓组合披露。

11 不要求 ETF 在网站上披露 PCF。

规则 6c－11 也不要求 ETF 提供盘中参考净值(Intraday Indicative Value, IIV),但运作 ETF 需满足的其他规则可能会继续该要求,如交易所上市规则。SEC 还修订了表格 N－1A 和表格 N－8B－2,[20] 修订后的两个表格均要求适用的 ETF 披露其二级市场交易信息,包括最近一个会计年度的平均买卖差价。这些新的信息披露要求旨在为 ETF 投资者提供更有效的信息,使 ETF 投资者了解可能的投资成本及套利的效率;也使得 SEC、ETF 投资者和其他市场参与者能够评估 ETF 套利机制的功能,有利于保护 ETF 公众投资者的利益。

3. 公众投资者保护角度的分析与评价

规则 6c－11 对 ETF 公众投资者的保护有一定进步:一方面,规则 6c－11 为大部分 ETF 建立了一个统一的监管框架,简化和标准化 ETF 的发行和上市交易,SEC 对 ETF 任性而不透明的自由裁量审查基本已成为过去式,减轻了公众投资者对 ETF 监管规则不统一的困惑,对特殊 ETF 的个别审查也有利于控制公众投资者投资此类 ETF 的风险;另一方面,规则 6c－11 规范和加强了 ETF 信息披露要求,将套利机制这一本质特征纳入考量,定量披露更全面、定性披露更有针对性,披露的信息更有效,有利于公众投资者作出正确的交易决策,避免盲目自信。但是,规则 6c－11 不要求 ETF 在网站披露 PCF,也不要求 ETF 提供 IIV,减少此类信息的披露,可能不利于对 ETF 公众投资者进行保护。

(二)中国的 ETF 监管概述

1. 监管法规与监管机构

(1)监管法规。大致分为三个层面:①法律层面,ETF 适用《证券投资基金法》(2015 年修正)(以下简称《基金法》)。②法规层面,ETF 适用中国证监会颁行的《公开募集证券投资基金运作管理办法》(2014 年)(以下简称《运作办法》)和《公开募集证券投资基金信息披露管理办法》(2020 年修正)(以下简称《披露办法》)等。③规则层面,ETF 在上海证券交易所适用该所制定的《上海证券交易所证券投资基金上市规则(修订稿)》(2007 年)(以下简称《沪上市规则》)、《上海证券交

---

〔20〕 表格 N－1A 适用于所有开放式基金,包括开放式共同基金及开放式 ETF(大部分 ETF);表格 N－8B－2 则适用于所有 UIT,如单位投资信托 ETF。

易所交易型开放式指数基金业务实施细则》(2020 年第二次修订)(以下简称《沪实施细则》)、《上海证券交易所交易型开放式指数基金管理公司运营风险管理业务指引》(2012 年)等;ETF 在深圳证券交易所适用该所制定的《深圳证券交易所证券投资基金上市规则》(2005 年修订)(以下简称《深上市规则》)、《深圳证券交易所证券投资基金交易和申购赎回实施细则》(2020 年 12 月修订)(以下简称《深实施细则》)、《深圳证券交易所交易型开放式指数基金风险管理指引》(2010 年)等;此外,还有一些针对特定类型的 ETF 以及特定类型的投资者的规则。[21]

(2)监管机构。ETF 的监管机构包括:①行政监管机构:中国证监会;②自律监管机构:证券交易所、行业协会(证券业协会、基金业协会)等。

2. ETF 发行和上市的监管

(1)发行:证监会注册和管理人募集。我国公募基金产品的发行审查已由核准制改为注册制,ETF 属于公募基金,其发行应当经中国证监会审查、注册。[22] 根据中国证监会的界定,ETF 属于常规基金产品,其注册审查适用简易程序,办理时限原则上不超过 20 个工作日。[23] ETF 经中国证监会准予注册后,方可开始募集(发售基金份额);基金管理人应在 ETF 发售的 3 日前公布招募说明书、基金合同等文件,并应在规定期限内完成募集。[24]

(2)上市:证券交易所申请和首次信息披露。ETF 上市应满足一定的条件,基金管理人应向证券交易所提出 ETF 上市申请、提交相关文件,并与交易所签订上市协议、缴纳上市费用。[25] 基金管理人须在 ETF 上市前进行首次信息披露,披露按证监会要求的内容与格式制作上市交易公告书,并明确 ETF 申购、赎回、交易的业务流程。[26]

---

[21] 例如,针对黄金 ETF 的《上海证券交易所黄金交易型开放式证券投资基金业务指引》(2013 年,已被修改)、针对机构投资者的《特定机构投资者参与证券投资基金申购赎回业务指引》(2020 年)等。

[22] 《基金法》第 50 条第 1 款、第 54 条;以及《运作办法》第 9 条。

[23] 《关于实施〈公开募集证券投资基金运作管理办法〉有关问题的规定》附件第 3 条。

[24] 《基金法》第 55 条、第 56 条、第 57 条。

[25] 《基金法》第 61 条;《沪上市规则》第 4 条、第 5 条、第 7 条、第 9 条;以及《深上市规则》第 5 条、第 6 条、第 7 条、第 9 条。

[26] 《沪上市规则》第 8 条;以及《深上市规则》第 8 条。

3. ETF 交易的监管

（1）持续信息披露。ETF 上市后，信息披露义务人负有持续披露信息的义务，[27] 应当按照相关规定，及时、公平地披露与 ETF 有关的重大信息。[28] 上市 ETF 须编制并发布定期与临时报告，前者主要为 ETF 季报、半年报、年报、有关 ETF 净值的报告与持续更新的 ETF 招募说明书；其他报告为临时报告。[29] 临时报告通常披露与 ETF 相关的重大事件，即可能对 ETF 投资者权益或者 ETF 交易价格产生重大影响的事件。[30] 另外，在投资者初次参与 ETF 申赎的情况下，会由代办证券公司详细讲解、释明 ETF 的交易制度，并披露潜在的投资风险，同时须由投资者在风险揭示书上签字确认。[31] 每日开市前，基金管理人应向证券交易所提供 ETF 的 PCF，并予以公告。PCF 中应包括按基金招募说明书中规定的日期计算的基金份额净值（Net Asset Value, NAV）。[32] 在交易时间内，基金管理人可以按照相关规定（委托）计算和发布基 IOPV，供投资者参考。[33]

（2）暂停申购赎回与停牌。ETF 在交易时间出现特定情形时，证券交易所可以中止受理 ETF 的申购赎回申报。[34] ETF 出现特定情形时，证券交易所还可以对 ETF 的交易实施停牌。[35]

对比中美 ETF，两者在实施细节上有诸多不同。例如，美国的 ETF 一级市场申购赎回引入 AP，而中国没有这一制度；又如，美国不要求公开 PCF（只向 AP 公布），同时，美国采取盘后网站披露持仓，而中国盘前公开披露 PCF（网站和交易所）、季报披露前十大重仓股、半年报和年报披露所有持仓；再如，美国允许使用定制篮子（custom basket），允许使用和真实持仓非同比例（non-pro rata）篮子，允许对不同 AP 使用不同的篮子，而中国没有类似规定。中国目前对包括 ETF 在内的公募基金的发行采用注册制，且适用简易程序，有利于促进 ETF 市场的

---

[27] 《沪上市规则》第 11 条；以及《深上市规则》第 11 条。
[28] 《沪上市规则》第 10 条；以及《深上市规则》第 10 条。
[29] 《沪上市规则》第 12 条；以及《深上市规则》第 13 条。
[30] 《沪上市规则》第 19 条。
[31] 《沪实施细则》第 20 条；以及《深实施细则》第 31 条。
[32] 《沪实施细则》第 30 条；以及《深实施细则》第 30 条第 1 款、第 46 条、第 47 条。
[33] 《沪实施细则》第 31 条；以及《深实施细则》第 48 条。
[34] 具体情况详见《沪实施细则》第 26 条；以及《深实施细则》第 23 条。
[35] 具体情况详见《沪上市规则》第 31 条、第 32 条；以及《深上市规则》第 19 条。

发展壮大。证券交易所的规则明确规定了 ETF 的上市条件和信息披露要求，在一定程度上有利于 ETF 公众投资者的保护。但是，中国目前的 ETF 监管制度（如信息披露制度）较少地关注 ETF 的套利机制（及其失灵），没有将“ETF 的交易价格与 ETF 的份额净值之间的显著偏差”作为信息披露的事项，有可能掩盖套利机制的失灵，使公众投资者利益受损，这将在下文展开论述。

四、ETF 套利机制的监管完善

（一）ETF 套利机制的监管现状

1. 事前规制：交易规则

为维护 ETF 在一级市场和二级市场的交易秩序，我国上海证券交易所、深圳证券交易所分别制定了 ETF 的交易规则。上海证券交易所的规定如表 1 所示：

表 1　上海证券交易所关于 ETF 交易规则的规定

ETF 标的	当日申购的基金份额	当日买入的基金份额	当日赎回的证券	当日买入的证券	备注
沪市指数/跨市场指数〔36〕	同日可卖出，但不得赎回	同日可赎回，但不得卖出	同日可以卖出，但不得用于申购基金份额	同日可以用于申购基金份额，但不得卖出	
跨境指数〔37〕	清算交收完成后方可卖出和赎回	同日可赎回，但不得卖出			当日申购赎回超出限额的申报无效
商品期货〔38〕	交收完成后方可卖出或赎回	同日可卖出或赎回			

〔36〕《沪实施细则》第 22 条第 1 款。

〔37〕《沪实施细则》第 22 条第 2 款。

〔38〕《沪实施细则》第 23 条。

续表

ETF 标的	当日申购的基金份额	当日买入的基金份额	当日赎回的证券	当日买入的证券	备注
标的指数成份证券仅包括交易所上市债券〔39〕	以组合证券为对价的申购,同日可卖出或赎回;以现金为对价的申购,交收完成后方可卖出或赎回	同日可卖出或赎回	同日可以用于申购基金份额	同日可以用于申购基金份额	投资标的限于债券现券组合
标的指数成份证券包括银行间债券市场交易流通品种〔40〕	交收完成后方可卖出或赎回	同日可卖出			投资标的限于债券现券组合

相比之下,深圳证券交易所的规定更为复杂,如表 2 所示:

表 2　深圳证券交易所关于 ETF 交易规则的规定

ETF 标的	当日申购的基金份额	当日买入的基金份额	当日赎回的证券	当日买入的证券	备注
债券/黄金/货币/跨境指数/商品期货〔41〕		竞价买入的份额,当日可以卖出;大宗买入的份额,当日可以大宗卖出,次一交易日可以竞价卖出			此处跨境 ETF 限于所跟踪指数成份证券实施当日回转交易的 ETF

〔39〕《沪实施细则》第 24 条第 1 款、第 3 款。

〔40〕《沪实施细则》第 24 条第 2 款、第 3 款。

〔41〕《深实施细则》第 36 条。

续表

ETF 标的	当日申购的基金份额	当日买入的基金份额	当日赎回的证券	当日买入的证券	备注
单市场股票〔42〕	当日可以竞价卖出,次一交易日可以赎回或大宗卖出	竞价买入的份额,当日可以赎回;大宗买入的份额,次一交易日可以赎回	当日可以竞价卖出,次一交易日可以申购份额或大宗卖出	竞价买入的股票,当日可以申购份额;大宗买入的股票,次一交易日可申购份额	
单市场债券〔43〕	当日可以赎回或竞价卖出,次一交易日可以大宗卖出	竞价买入的份额,当日可以赎回;大宗买入的份额,次一交易日可以赎回	当日可以申购份额、竞价卖出或者申报作为质押券,次一交易日可以大宗卖出	竞价买入或解除质押所得债券,当日可以申购份额;大宗买入的债券,次一交易日可以申购份额	限于以组合证券为对价申赎
跨市场债券(标的指数成份证券含银行间债券市场交易流通品种)〔44〕	在交收前不得卖出或者赎回	次一交易日可以赎回			限于以组合证券为对价申赎
单市场债券/跨市场债券(标的指数成份证券不含银行间债券市场交易流通品种)/黄金/商品期货/跨境指数〔45〕	在交收前不得卖出或者赎回	竞价买入的份额,当日可以赎回;大宗买入的份额,次一交易日可以赎回			限于以现金为对价申赎

〔42〕《深实施细则》第 37 条。

〔43〕《深实施细则》第 38 条第 1 款。

〔44〕《深实施细则》第 38 条第 2 款。

〔45〕《深实施细则》第 39 条。

续表

ETF 标的	当日申购的基金份额	当日买入的基金份额	当日赎回的证券	当日买入的证券	备注
跨市场股票〔46〕	通过本所申购的份额，当日可竞价卖出，次一交易日可赎回或大宗卖出；通过登记结算机构申购的份额，交收前不得卖出或赎回	竞价买入的份额，当日可以赎回；大宗买入的份额，次一交易日可以赎回	通过本所赎回的股票，当日可以竞价卖出，次一交易日可申购份额或大宗卖出	竞价买入的股票，当日可以申购份额；大宗买入的股票，次一交易日可申购份额	
黄金〔47〕	当日可以赎回或竞价卖出，次一交易日可以大宗卖出	次一交易日可以赎回			以上海黄金交易所的现货实盘合约为对价；通过上海黄金交易所办理
货币〔48〕	当日可以赎回或竞价卖出，次一交易日可以大宗卖出	竞价买入的份额，当日可以赎回；大宗买入的份额，次一交易日可以赎回			

通过比较不难发现，ETF 在交易规则方面最显著的问题是证券交易所制定的 ETF 交易规则不统一乃至复杂、混乱，造成 ETF 投资者的困惑。

从 ETF 套利机制的监管方面考量，目前 ETF 的交易规则并不能起到规范套利机制有效运作的积极作用，反而会起到妨碍套利机制有效运作的反作用。如前文所述，套利机制是 ETF 的本质特征，所有 ETF（无论基础资产为何种类型）的成功与否取决于套利机制能否有效运作，而目前针对许多 ETF 的交易规则抑制其套利机制的实施（例如，某些 ETF 申购后以清算交收作为卖出份额的前置

〔46〕《深实施细则》第 40 条。

〔47〕《深实施细则》第 41 条。

〔48〕《深实施细则》第 42 条。

程序;某些 ETF 申购后能否当日卖出取决于其申购方式或卖出方式;某些 ETF 买入的组合证券能否当日申购份额取决于其买入的方式;某些 ETF 赎回的证券能否当日卖出取决于其卖出方式;某些 ETF 买入的基金份额能否当日赎回取决于其买入方式;某些 ETF 交易后当日能否进行其他形式交易的规定存在空白)。套利机制的有效运作有赖于套利行为的迅速完成,若交易规则在套利行为的一个或多个环节设置障碍,则会使套利机会丧失,甚至使套利机制失灵,损害 ETF 公众投资者的利益。因此,改进 ETF 目前的交易规则,构建一个统一且合理的交易规则体系是必要的。

改进监管的思路是,在中国证监会的层面制定(或者各交易所联合统一制定)ETF 的交易规则,以一般性、原则性的规定作为所有 ETF 应遵守的交易规则,以特殊性、例外性的规定为不同类型的 ETF 分类,分别制定该类 ETF 应统一遵守的交易规则。

2. 事中监督:信息披露

如前文所述,套利机制的作用是使 ETF 的交易价格与其份额净值保持一致,而交易价格与份额净值之间差距的存在则是 ETF 套利的空间;因此,信息披露中对于套利机制有效运作最重要的两个元素一是交易价格,二是份额净值。而套利机制不能有效运作或者存在该等风险时,及时的相关信息披露对于公众投资者的交易决策十分重要。

(1)交易价格与份额净值。与传统的股票类证券交易类似,ETF 的交易价格(包括历史成交价格、报价等)通过证券交易所的交易系统实时或定时披露。投资者可以获得的 ETF 份额净值的信息包括 NAV 和 IOPV。NAV 目前在每个交易日结束后计算和公布(不迟于次一交易日开市前),这对场外申赎的基金没有影响,但对于盘中随时进行买卖交易的场内基金(如 ETF)则很不方便,故引入了在交易日内实时计算和更新(通常每 15 秒刷新一次)的 IOPV 供投资者参考。

比较分析表 3 可知两个交易所对于 ETF 份额净值的披露制度大抵相同,不过上海证券交易所对 IOPV 的计算方式以及委托计算的第三方有认可的要求;由于 ETF 投资者无法实时获得 NAV 的信息,实时获得准确的 IOPV 信息则至关重要。从交易所允许基金管理人规定和修改 ETF 份额净值计算方式的规定还可以理解,由于不同类型的 ETF 基础资产不同,采用不同的份额净值计算方式是合理的;但对于基础资产属于同一类别的 ETF,可以考虑采用统一的份额净值计算方式,以避免不同计算方式得出的结果给 ETF 投资者造成困惑,而影响投资决策。

表 3 我国证券交易所关于 ETF 份额净值的披露制度

	上海证券交易所	深圳证券交易所
基金份额净值(NAV)	每日开市前,基金管理人通过公告的 PCF 披露 NAV; 按基金招募说明书中规定的日期计算 NAV〔49〕	基金管理人可于交易日通过交易所行情发布系统发布 NAV,并负责准确性及差错的处理;〔50〕 根据基金合同和基金招募说明书的相关规定计算 NAV〔51〕
基金份额参考净值(IOPV)〔52〕	在交易时间内,基金管理人可委托交易所或交易所认可的机构计算或发布 IOPV; 基金管理人规定或修改 IOPV 的计算方式,应当报交易所认可后及时公告〔53〕	在交易时间内,基金管理人可通过交易所行情发布系统即时发布 IOPV; 基金管理人可自行计算、委托交易所(须提供计算方式)或第三方计算 IOPV〔54〕

(2)重大事件与临时报告。可能对 ETF 投资者权益或 ETF 交易价格产生重大影响的事件具有突发性,主要通过临时报告披露。交易所对临时报告原则上实行事先审核制度,〔55〕体现了重视态度。上海证券交易所对重大事件进行了“列举 + 兜底”式规定;〔56〕深圳证券交易所则规定依据中国证监会发布的规范进行披露。〔57〕 从“套利”即“操作 + 获利”的角度考量,其中的下列事项可能影响套利机制的运作(见表 4)。

---

〔49〕《沪实施细则》第 30 条。
〔50〕经查阅深圳证券交易所的官网,在该所交易的 ETF 的 NAV 事实上也是通过 PCF 披露。
〔51〕《深实施细则》第 46 条。
〔52〕鉴于 ETF 基础资产的差异性,并非所有 ETF 都需要公布 IOPV,如货币 ETF 则可以不公布。
〔53〕《沪实施细则》第 31 条。
〔54〕《深实施细则》第 48 条。
〔55〕《沪上市规则》第 22 条第 2 款;以及《深上市规则》第 14 条第 2 款。
〔56〕《沪上市规则》第 19 条第 2 款。
〔57〕《深上市规则》第 10 条;中国证监会发布的规范此处具体指《披露办法》第 21 条第 2 款。

表4 可能影响套利机制运作的重大事件

事项	上海证券交易所的规定[58]	深圳证券交易所依据的证监会规定[59]	对套利机制的影响
转换基金运作方式	第5项	第4项前段	影响"操作"
管理费、托管费等费用计提标准、计提方式和费率发生变更	第18项	第16项	影响"获利"
基金申购、赎回费率及其收费方式发生变更	第24项		
基金份额净值计价错误达基金份额净值的0.5%	第19项	第17项	影响"操作"以及"获利"
基金开始办理申购、赎回	第23项	第18项	影响"操作"
基金发生巨额赎回并延期支付或延期办理	第25项	第19项	影响"操作"以及"获利"
基金连续发生巨额赎回并暂停接受赎回申请或延缓支付赎回款项	第26项	第20项	影响"操作"以及"获利"
基金暂停接受申购、赎回申请后/或重新接受申购、赎回	第27项	第21项	影响"操作"

不难发现，上述重大事件是为所有类型的基金设计的，而没有专门针对ETF及其套利机制进行考量；套利机制是ETF区别于其他基金的本质特征，而目前的临时报告制度不能直接披露出套利机制失灵（交易价格与份额净值偏差显著），不利于ETF公众投资者的保护。

总之，如果ETF的套利机制在运作过程中出现异常，将会从ETF的交易价格、NAV和IOPV以及重大事件的临时报告中体现，从而起到提醒和警示ETF公众投资者的保护作用。

3. 事后追责：行政处罚与纪律处分

如前文所述，ETF的申购、赎回和买入、卖出均需要遵循一定的交易规则，暂

---

〔58〕《沪上市规则》第19条第2款。

〔59〕《披露办法》第21条第2款。

且不论现行交易规则的合理性,违反交易规则实施套利将会受到制裁。

(1)行政处罚。前述违规套利操纵市场受到中国证监会行政处罚的案例中,违反交易规则进行套利所涉及的ETF均为股票ETF,是因为股票市场的"T+1"交易规则,即买入或卖出的股票在次一交易日清算交收。为了遵循此惯例,上海证券交易所和深圳证券交易所的ETF交易规则均规定,当日申购的股票ETF份额不得当日赎回。[60] 因为ETF套利机制的有效运作要求当日买入的股票可以当日申购ETF、当日赎回ETF所得股票可以当日卖出;而如果将当日申购的股票ETF当日赎回,则意味着还能将当日买入的股票当日卖出,这将构成股票"T+0"交易,违反"T+1"交易规则。在那些案例中,行为人先通过自己控制的A账户进行溢价套利(买入"一篮子"股票—申购ETF—卖出ETF),再通过自己控制的B账户进行折价套利(买入ETF—赎回ETF得到"一篮子"股票—卖出"一篮子"股票),通过自己控制的账户之间的交易变相实现了当日申购的股票ETF当日赎回、当日买入的股票当日卖出,因而违规。

(2)纪律处分。实施违规套利行为,证券交易所还可以视情况对会员及其他交易参与人(如基金管理人、基金托管人等)作出纪律处分或采取其他自律监管措施。[61] 此外,行业协会也可以对其会员作出纪律处分。纪律处分(自律监管)可与行政处罚(行政监管)并行。

(二)ETF套利机制的监管存在的问题

1.交易规则不统一。我国目前的证券监管体制是统一集中监管。[62] 然而,如前文所述,ETF的交易规则由每个证券交易所各自制定,这属于统一集中监管的"内部混乱"。交易规则的不统一乃至复杂、混乱会使投资者困惑,而其中施加的许多不合理的条件则会妨碍ETF套利的迅速完成,不利于套利机制的有效运作。

2.缺乏对套利机制有效性的监控。ETF的套利机制在运作过程中(如在市场压力大时)可能出现失灵,所导致的一些风险不仅会影响ETF的投资者,也会

---

〔60〕《沪实施细则》第22条第1款;以及《深实施细则》第37条、第40条。

〔61〕《沪实施细则》第33条、第34条、第35条;以及《深实施细则》第49条、第50条、第51条。

〔62〕参见沈朝晖:《证券法的权力分配》,北京大学出版社2015年版,第105~113页。

影响 ETF 的基础资产,严重时还会波及金融稳定。[63] 这种套利机制在其他基金中并不存在,而目前的监管制度是针对所有基金统一制定的,没有考虑 ETF 的特殊性,缺乏对套利机制有效性的监控。

套利机制的使命是使 ETF 交易价格与其份额净值在数额和走势上基本保持一致,其有效运作的监控指标是二者之间的偏差不超过一定比例,否则为失灵或有失灵风险,需要报告以提醒投资者。而目前持续信息披露均未将 ETF 交易价格与份额净值的显著偏差以及偏差幅度、出现频率、可能的原因等信息作为披露事项,不利于 ETF 公众投资者的保护。

此外,套利机制及其有效性因 ETF 而异也是套利机制需要专门监管的原因。由于在基础资产、管理方式、交易规则等方面存在差异,不同 ETF 套利机制的具体运作模式及其有效性也不尽相同,需要监管者的特别关注。

3. 目前的监管导致套利的操作空间狭窄

(1)申购赎回门槛较高。投资者套利需通过 ETF 的申购赎回,但目前 ETF 的申购赎回门槛较高(通常是 50 万份或 100 万份),使得多数 ETF 公众投资者无力参与,套利实施主体的有限性限制了 ETF 的套利空间,由此产生的流动性风险也会影响套利机制的持续、稳定运作,增加了套利机制失灵而使投资者遭受损失的风险。

(2)受限于股票"T+1"规则。相较于国外股市中的"T+0"交易,"T+1"规则是我国特有的一种股票交易制度。受限于"T+1"规则,投资者买入的股票须到次一交易日才能卖出,卖出股票所得现金须到次一交易日才能提出或继续开仓。为了与股票的"T+1"规则保持一致,中国证监会和证券交易所要求股票 ETF 申购后的赎回和买入后的卖出也需要遵守"T+1"规则。

在证券市场发展初期,"T+1"交易制度能够在一定程度上稳定证券价格,防止过度投机,保证证券市场相对稳定。但随着我国证券市场的发展和成熟,继续保留为经济建设初期定制的"T+1"交易制度将日益显露局限性。"T+1"交易制度使得证券、资金周转利用率差,因为市场可能在同一交易日内迅速变化,

---

[63] See Henry T. C. Hu & John D. Morley, *The SEC and Regulation of Exchange-Traded Funds: A Commendable Start and a Welcome Invitation*, Southern California Law Review, Vol. 92, No. 5, p. 1155 - 1202(July 2019).

但当日交易的投资者却无法及时作出于己最有利的反应。而“T＋0”交易制度能使投资更加灵活,同一笔资金可在日内多次交易、反复使用,资金利用率大大提高,增加市场交易量。

我国大多数ETF的基础资产是股票,“T＋1”交易规则不利于股票ETF套利机制的持续、高效运作。前述违反“T＋1”规则进行股票ETF的套利而受到证监会行政处罚的案例恰恰印证了这一点。但证监会的认定可能存在问题:以股票由账户A买入、经由ETF申赎操作后、由账户B卖出为例,由于两账户的交易分别合规有效,行为人在账户B赎回的ETF已不是当日在账户A申购的特定ETF,在账户B卖出的股票也已不是当日在账户A买入的特定股票,〔64〕将两账户的交易组合视为日内回转过于严苛。

(3)某些套利被认定为操纵市场。针对前述违规套利而被认定为操纵市场的案例,还可能存在限制套利空间的问题。行为人意在通过研究判断ETF标的指数的涨跌趋势,利用ETF的套利功能实现获利,而非通过影响ETF的交易量或交易价格实现获利,并无操纵基础证券市场和ETF市场的故意。行为人为完成套利策略而实施的交易行为是真实的交易,与操纵证券市场的“洗售”存在差异。〔65〕

(三)完善ETF套利机制的监管的建议

1. 统一交易规则

针对ETF交易规则不统一的问题,建议在充分认识套利机制的重要作用的前提下,在中国证监会的层面制定ETF的交易规则,提高规则的位阶效力而由各交易所共同遵守;或由各交易所联合制定统一的交易规则,也能起到ETF的运作模式在各交易所完全相同的效果。在具体内容层面,建议在所有类型的ETF之间“求同而存异”:一方面,以一般性、原则性的规定作为所有ETF应遵守的交易规则;另一方面,以特殊性、例外性的规定为不同类型的ETF分类,分别制定该类ETF应统一遵守的交易规则,即“异中求小同”。

---

〔64〕 参见张保生、朱媛媛:《以操纵证券市场的构成要件解析操纵ETF是否成立——以青岛某公司涉嫌操纵180ETF案为例》,载《证券法律评论》2016年第00期。

〔65〕 参见栾春旭:《金融衍生品市场操纵行为的识别与规制——以国内证券市场首个ETF操纵交易案为例》,载《福建金融》2019年第11期。

2. 披露交易价格与份额净值的偏差

当ETF的交易价格与份额净值的偏差显著（折溢价超过一定比例，如0.5%）且持续存在或经常出现时，套利机制存在失灵的风险，ETF公众投资者的利益可能因此受损，故有必要进行相关披露，以提醒和警示投资者。就临时报告而言，如果ETF的交易价格与份额净值的显著偏差在一个交易日内的任何时刻都存在，则建议信息披露义务人在下一个交易日通过证券交易所网站或基金网站披露该等偏差的相关信息，并分析可能的原因，以及对此的意见。证券交易所认为必要可同时停牌。就定期报告而言，建议披露：（1）报告期内ETF的交易价格与份额净值的各个大小偏差的历史信息；（2）（针对年报）过去数年（如10年，不足10年为存续期间）ETF套利机制历史表现的概述和数据；（3）报告期内显著偏差各自发生的幅度、频率等异常值信息，可能的原因分析，以及对此的意见；（4）（针对年报）未来可能导致套利机制失灵的风险因素等。就每日的信息披露而言，鉴于NAV每日计算并于交易日前公布，其（作为常数）与ETF实时交易价格的偏差很容易计算，可以像每15秒计算一次的IOPV一样，实时计算和公布“参考偏差”（indicative divergence），供投资者参考。

3. 防范套利机制失灵的个案审查

套利机制的有效运作能够促进证券市场稳健发展、保护公众投资者的利益，但鉴于ETF的套利机制可能失灵，并且套利机制及其有效性因ETF而异，因此，有必要建立ETF套利机制失灵的个案审查制度。中国证监会可在以下三种情况下对特定ETF进行实质性的个案审查：（1）当证监会对某一ETF的套利机制的有效性有重大怀疑时；（2）当某一ETF的风险或复杂性不能由“投资者适当性义务”制度解决时；（3）当某一ETF可能对金融市场或金融体系造成重大的负外部性时。[66] 这种特定的ETF通常是金融创新的产物，例如，其基础资产新颖或者管理方式创新等，以致证监会审慎审查该ETF上市后可能对投资者、证券市场乃至金融体系产生影响。需要强调的是，证监会的这一实质审查权应慎用，应仅限于审查比较麻烦的ETF，否则将干扰套利机制的有效运作乃至证券市场的

---

〔66〕 See Henry T. C. Hu & John D. Morley, *A Regulatory Framework for Exchange-Traded Funds*, Southern California Law Review, Vol. 91, No. 5, p. 839 – 942 (July 2018).

发展。如果证监会对某一 ETF 是否可能存在上述情况存在疑问,可以邀请专家共同分析认定。

4. 逐步降低申购赎回门槛

目前 ETF 的申购赎回门槛较高,公众投资者较少能参与,这大大限制了 ETF 市场的交易活跃度,增加了套利机制失灵的风险。本文建议证券交易所逐步降低 ETF 的申购赎回门槛,如将 100 万份调整为 50 万份,再进一步调整为 20 万份、10 万份、5 万份、1 万份等,使得公众投资者也能够参与 ETF 的申赎以及套利,最大化地发挥套利机制的效用,活跃的市场交易也能大大降低套利机制失灵的风险,有利于公众投资者的保护。

5. 逐步实施"T+0"交易制度

如前文所述,"T+1"规则不利于股票 ETF 套利机制的运作。"T+1"规则名义上保护散户投资者,但实际上限制了散户投资者自行交易的权利。笔者认为,"T+0"规则真正符合市场交易制度,更能让市场实现公平竞争。但一步到位不切实际,建议逐步实施"T+0"交易制度。例如,可以先引入"单次 T+0"制度(当日买入后可当日卖出,或者当日卖出后可当日再买入,两个方向均限操作一次),待时机成熟时转变为全面"T+0";也可以先将某个交易所作为"T+0"试点,此后再全面试行;还可以对某只股票 ETF 及其基础资产试行"T+0",没有问题再推广至整个 ETF 市场。

6. 引入套利的"安全港"规则

"在自己实际控制的账户之间进行证券交易,影响或者意图影响证券交易价格或者证券交易量"是我国《证券法》关于"洗售"操纵市场的规定,[67] 前文提及的许多案例因为在自己实际控制的账户之间实施 ETF 套利而被认定为操纵市场。鉴于套利机制的功能就是影响 ETF 的交易价格,使其与 ETF 的份额净值基本保持一致,故本文建议引入套利的"安全港"规则,进行事后审查:(原则允许、例外禁止)在自己实际控制的账户之间进行 ETF 套利,如果使得 ETF 的交易价格趋近其份额净值,则进入"安全港";反之,如果使得二者背离,则不适用"安全港"而构成操纵,此时可施加行政处罚、纪律处分等监管措施。

---

[67] 《证券法》(2019 年修订)第 55 条第 1 款第 3 项。

五、套利机制的配套:信息披露的完善

(一)ETF 信息披露的监管现状

1. 首次信息披露

(1)招募说明书及摘要。基金管理人申请募集基金时,应当按照中国证监会《证券投资基金信息披露内容与格式准则》(以下简称《披露准则》)第 5 号的要求编制基金招募说明书。同时,基金管理人还须准备招募说明书摘要,并确保其客观性;摘要末尾附有基金管理人的网站,以供投资者获取和查阅基金招募说明书的全文。作为开放式基金(规模不固定),ETF 在基金合同生效后,还应每 6 个月更新一次招募说明书及其摘要(此时归入持续信息披露的体系)。

(2)上市交易公告书。基金获准上市后,基金管理人应在上市前按照中国证监会《披露准则》第 1 号的要求披露基金的上市交易公告书。此外,根据证券交易所的要求,[68] ETF 的上市交易公告书中另需明确提示基金份额申购、赎回、交易的业务流程。

2. 持续信息披露

(1)申购赎回清单(PCF)与基金份额净值(NAV)。ETF 于每日开市前公布 PCF,其内容如表 5 所示:

表 5 申购赎回清单(PCF)的内容概览

序号	项目	内容
1	基本信息	最新公告日期、基金名称、基金管理公司名称、一级市场基金代码
2	T-1 日内容信息	现金差额、最小申购赎回单位净值、基金份额净值(NAV)
3	T 日内容信息	最小申购赎回单位的预估现金部分、现金替代比例上限、申购上限、赎回上限、是否需要公布 IOPV、最小申购赎回单位、申购赎回的允许情况
4	成份股信息内容	各成份股的证券代码、证券简称、股票数量、现金替代标志、申购现金替代溢价比率、赎回现金替代折价比率、替代金额

〔68〕《沪上市规则》第 8 条。

PCF 可以对投资者起到辅助投资决策的作用，投资者可以根据 PCF 准备一篮子股票申购 ETF，或者赎回 ETF 换取 PCF 所列“一篮子”股票。PCF 会披露 T－1 日的 NAV，可以结合 T－1 日各时点的交易价格判断 T－1 日 ETF 套利机制的运作情况（事后判断），也可以结合 T 日各时点的交易价格猜测 T 日 ETF 套利机制的运作情况（事前参考）。

（2）交易价格与基金份额参考净值（IOPV）。ETF 交易价格与 IOPV 在交易日内实时披露，已在前文介绍。

（3）年度报告、半年度报告、季度报告。基金需要按照中国证监会《披露准则》第 2 号、第 3 号、第 4 号的要求分别披露年报、半年报、季报。不同定期报告的内容对比如表 6 所示：

表 6　基金年报、半年报及季报的内容对比

项目	年报	半年报	季报
重要提示	√	√	√
基金简介	√	√	基金产品概况
主要财务指标、基金净值表现	及收益分配情况	√	√
管理人报告	√	√	√
托管人报告	√	√	×
审计报告	√	×	×
财务会计报告	√	√	×
投资组合报告	√	√	√
持有人户数、结构及前十名	√	√	×
开放式基金份额变动	√	√	√
重大事件揭示	√	√	×
备查文件目录	√	√	√

注：若定期报告披露某一项目，则记为“√”（若与项目名称不完全吻合，则以文字进行说明），反之则记为“×”。

笔者认为，对于 ETF 而言，其中相对更重要的是基金净值表现（定量披露）和管理人报告（定性披露），下面以内容最全面的年报为例进行介绍。

基金净值表现（定量披露）要求：①列表显示过往一定期间的 ETF 份额净值增长率；②图示 ETF 协议发生效力后 ETF 份额净值的波动信息；③图示 ETF 此

前3年的年度净值变动情况。三项均须和同期的ETF业绩比较基准的相应方面进行对比。[69] 管理人报告(定性披露)要求:①根据国家经济状况和市场表现,讨论基金的相关情况;②预测未来的国家经济状况、市场和行业表现等,但不得预测具体证券的走势。[70]

(4)临时报告与重大事件。发生与ETF相关的重大事件时,主要通过临时报告披露,已在前文介绍。需要说明的是,重大事件包括但不限于可能影响ETF套利机制运作的事件,但对于ETF而言这些事件值得更多关注。临时报告须详述重大事件的出现原因、现状及面临的法律风险。[71]

(5)基金名称与简称。投资者需要知道他们购买的基金是否为ETF,特别是通过在交易中频繁出现的简称,而"交易型开放式指数证券投资基金"和"ETF"分别是ETF产品名称与简称中具有辨识度的标签,但过去许多ETF的简称中没有包含"ETF"。证券交易所已经意识到这一问题,为了提高基金简称辨识度、便利投资者交易和申购赎回,证券交易所在原有不超过4个汉字长度的证券简称的基础上,增加了不超过8个汉字长度的扩位简称,要求ETF扩位简称应含"ETF"。[72]

3. 行政处罚与纪律处分

信息披露应符合我国《证券法》的相关规定,[73]若违规披露、不披露或未及时披露,相关信息披露义务人将会受到行政处罚或纪律处分。例如,前述对光大证券"内幕交易"[74]和"信息误导"[75]的行政处罚案例。

---

[69] 《披露准则》第2号第16条。

[70] 《披露准则》第2号第20条、第21条。

[71] 《证券法》(2019年修订)第81条第1款。

[72] 上海证券交易所于2020年2月19日发布《关于上海证券交易所上市基金增加扩位证券简称相关事项的通知》(已失效)(上证函〔2020〕268号);深圳证券交易所于2021年7月30日发布《关于深圳证券交易所基金增加扩位证券简称有关事项的通知》(深证上〔2021〕764号)。例如,"中证500沪市交易型开放式指数证券投资基金"的简称为"500沪市",扩位简称为"500沪市ETF"。

[73] 《证券法》(2019年修订)第78条第1款、第2款。

[74] 内幕交易受到处罚的案例详见中国证监会行政处罚决定书〔2013〕59号以及中国证监会市场禁入决定书〔2013〕20号;禁止内幕交易的依据详见《证券法》(2019年修订)第53条;内幕交易的处罚依据详见《证券法》(2019年修订)第191条第1款。

[75] 信息误导受到处罚的案例详见中国证监会行政处罚决定书〔2013〕60号;禁止信息误导的依据详见《证券法》(2019年修订)第56条第2款;信息误导的处罚依据详见《证券法》(2019年修订)第193条第2款。

(二)ETF信息披露的监管存在的问题

1. 未将套利机制作为信息披露的重点

信息披露的要旨是使公众投资者拥有投资和交易决策所必需的基本信息。鉴于ETF区别于其他基金的定义性特征是其独有的套利机制,套利机制的有效运作是ETF投资者获得收益的根本保障,ETF公众投资者应当充分获得关于ETF套利机制运作情况的信息,因此,评价ETF当前的信息披露制度将主要考察ETF套利机制相关的信息披露的广度和深度。目前ETF信息披露的监管没有把握ETF基于套利机制这一最鲜明的特征,未将信息披露的重点着眼于套利机制。目前ETF信息披露所依据的内容和格式准则是中国证监会为全部类型的证券投资基金所设计的,只是适用针对旧而不同的金融产品的披露要求,没有考虑ETF的特殊性,忽略了于其而言更重要的套利机制。与ETF套利机制相关的最基本的信息是交易价格与份额净值之间的偏差,但对ETF过去业绩的强制披露制度没有要求任何遭受偏差的ETF对情况进行定量、定性披露,也没有要求对可能的原因进行分析。

2. 信息披露的质与量不足

ETF的首次信息披露可以结合该ETF标的资产的特性向投资者介绍该ETF的套利机制发生失灵的可能性大小、失灵可能产生的不良影响以及套利机制失灵的具体衡量标准,以便投资者在持有和交易ETF期间识别套利机制的失灵并作出最有利的投资决策;但目前ETF的招募说明书和上市交易公告书不要求披露前述内容。ETF的持续信息披露包括日常披露、临时报告和定期报告。就日常披露而言,ETF的交易价格与NAV或IOPV之间的偏差数据很重要,基本是ETF投资者据以交易的主要信息来源;但目前每日披露的申购赎回清单PCF和交易系统的实时披露均不要求披露前述偏差数据,不利于监测套利机制的运作。就临时报告而言,当ETF交易价格与份额净值之间的偏差显著且连续达到一定时长或累计达到一定次数时,可以作为重大事件向投资者披露以起到警示作用;但目前重大事项的列举式规定中没有包含该等事项,脱离ETF背景对兜底条款的解释也很难将其解释纳入其中。就定期报告(年报、半年报、季报)而言,可用图、表、文结合的形式详细披露报告期内套利机制的运作情况,列示ETF交易价格与份额净值之间的偏差在报告期内的有效运作状态、失灵状态下的偏差数值、幅度、频率、持续时间等直观信息；但目前定期报告仅要求披露基金净值表现，而不要求披露套利机制的表现，也不要求对套利机制的失灵作出解释与说明。如果不披露套利机制失灵或者披露不充分，会导致披露的 ETF 表现不能如实反映真实情况，从而可能导致 ETF 公众投资者盲目自信。

3. 定期披露相对滞后

根据中国证监会的要求，[76]基金管理人应当分别在每年结束后的 3 个月内、上半年结束后的 2 个月内、季度结束后的 15 个工作日内，准备完毕定期报告。定期报告的准备时间过长会导致信息披露丧失其原有的意义，使得投资人无法根据及时的信息了解基金的现状，对当前的市场形式产生错误判断；[77]但该等报告体量较大，不可过度限期。披露基金月报和周报可以大大提高信息披露的时效性，但我国监管法规对此没有要求。

（三）完善 ETF 信息披露的监管的建议

1. 贯彻信息披露的基本原则

ETF 的信息披露仍需贯彻以下基本原则：（1）真实、准确、完整原则：对信息内容的本质要求是真实，应准确描述既有事实；准确性要求披露的信息准确表达其含义，不得误导或有歧义；完整性则要求信息的质与量均充分满足投资者作出理性交易决策的需求。（2）及时原则：强调信息的时效性；一方面，不同的信息披露遵循不同的时间规则，定期报告的法定期间不能超越；另一方面，发生重大事件应及时通过临时报告披露，使投资者获得新近信息。（3）风险揭示原则：信息披露应向投资者揭示该金融产品相关的风险。（4）保护商业秘密原则：包括公开前的内幕信息在内的商业秘密需受到特殊保护，对于存在某些情况而无法实现披露的信息，经法定流程可以免于披露，该原则构成真实、准确、完整原则和及时原则的例外。

2. 围绕套利机制规定特殊披露事项

在充分认识 ETF 以套利机制为定义性特征的特殊性以及套利机制对 ETF 业绩的重要性之基础上，可以以特别规定（在原有法规中增设条款）或专门规定

---

〔76〕《披露办法》第 16 条至第 18 条。

〔77〕参见林祖云：《基金信息披露制度现存问题及其对策》，载《政治与法律》2009 年第 7 期。

（另行制定法规）的形式要求相关披露文件的内容中增加特殊披露事项，具体而言：（1）招募说明书和上市交易公告书可以增加披露以下事项：①对该 ETF 套利机制的介绍（结合该 ETF 标的资产的特性）；[78] ②该 ETF 套利机制失灵的风险程度（可以作由低至高的风险评级）；③该 ETF 套利机制失灵的具体衡量标准（如其交易价格与份额净值之间的偏差达到 0.5% 且在一个交易日内持续存在或在一周内累计出现 10 次以上）。（2）每日披露的 PCF 可以简明扼要地增加披露 T－1 日该 ETF 各时点的交易价格与每日计算一次的 NAV 之间出现显著偏差（如有）的差值、折溢价比例、频率和持续时间等信息。（3）交易系统的实时披露可以计算并增加显示“参考偏差”，即 T 日的实时交易价格与 T－1 日计算的 NAV 之间的差值和折溢价比例。[79] （4）临时报告可以增加披露以下事项：①重大事件的列举项中增加 ETF 交易价格与份额净值之间的偏差显著且（a）连续达到一定时长或（b）累计达到一定次数；②分析造成该 ETF 套利机制失灵的可能原因；③对该重大事件和发生原因的意见（不得对投资发表意见）。（5）定期报告可以增加披露以下事项：①报告期内 ETF 套利机制的历史表现的概述和数据；②就年度报告而言，过去若干年 ETF 套利机制的历史表现的概述和数据；③报告期内 ETF 套利机制失灵的异常值信息；④报告期内套利机制失灵的可能的原因分析；⑤对报告期内套利机制失灵的意见（不得对投资发表意见）；⑥就年度报告而言，未来可能导致套利机制失灵的风险因素等。如有必要，第①～③项可以用图、表、文相结合的形式编制。

3. 完善定期披露的时限和种类要求

针对定期披露相对滞后的问题，本文建议：（1）缩短定期报告的编制时限，可将年报的编制时限由 3 个月缩短为 2 个月，将半年报的编制时限由 2 个月缩短为 1 个月，将季报的编制时限由 15 个工作日缩短为 10 个工作日；（2）增加定期报告的披露频率，逐步实施 ETF 月报和周报制度，在每月后的 5 个工作日内、每周后的 2 个工作日内编制。对于月报和周报的披露事项，可参考前述对年报、

〔78〕 以股票、债券、商品、货币等资产为标的的不同 ETF 的套利机制的模型和有效性可能不同。

〔79〕 或者也可以计算并增加显示 T 日交易价格与 T 日每 15 秒计算一次的 IOPV 之间的差值和折溢价比例作为“参考偏差”；可以会同专家权衡二者的精确性和技术实现可能性，择其优者。

半年报和季报的建议,并作必要的简化以缩短篇幅。[80]

4. 信息披露与公众投资者保护的衡平

信息披露是保护 ETF 公众投资者最重要的手段,但凡事过犹不及,过度信息披露也可能损害 ETF 公众投资者的利益,监管者需要注意信息披露与公众投资者保护的衡平。以 SEC 于 2019 年 5 月 20 日批准投资机构 Precidian 发行的首个不透明主动型 ETF 为例:Precidian 希望豁免基于套利机制所要求的每日信息披露(每日披露 ETF 投资组合持仓情况);Precidian 认为,持仓信息的披露会使其他投资者"抢先交易"(fronting running)或"搭便车"(free riding),从而损害 ETF 及其持有人的利益。[81] 目前 ETF 信息披露的程度有全透明、半透明、不透明之分:对于传统的被动型 ETF,全透明无可厚非;对于主动型 ETF,鉴于基金经理在投资管理中发挥的主观能动性以及提供超出基准收益的超额回报目标,对信息披露作适当限制是必要的,可以视情况允许半透明或者不透明,但应当制定书面规则。

六、结论

本文以有效的套利机制对 ETF 公众投资者保护的作用为中心点。套利机制是 ETF 区别于其他类型基金的定义性特征,对 ETF 公众投资者保护发挥独特作用。作为一项常规保护手段,信息披露是套利机制保护 ETF 公众投资者的配套制度。套利机制的有效运作能确保 ETF 公众投资者"被动"(通过持有)获利;信息披露的真实准确完整能帮助 ETF 公众投资者"主动"(通过交易)获利。ETF 公众投资者保护的主要路径是套利机制和信息披露的同步监管,套利机制应是信息披露的核心。目前,套利机制存在失灵和违规实施的情况,信息披露存在不充分和违规披露的问题,损害 ETF 公众投资者的利益,我国 ETF 的监管需要完善。

就套利机制而言,由交易所各自制定的 ETF 交易规则存在所间差异,建议

---

〔80〕 参见高晓宇:《证券投资基金信息披露问题研究》,载《金融与经济》2013 年第 4 期。

〔81〕 See Henry T. C. Hu & John D. Morley, *The SEC and Regulation of Exchange-Traded Funds: A Commendable Start and a Welcome Invitation*, Southern California Law Review, Vol. 92, No. 5, p. 1155 - 1202 (July 2019).

改由中国证监会制定或交易所之间协同制定统一的 ETF 交易规则。ETF 目前的信息披露规则是为所有类型的基金所设计的,缺乏对 ETF 套利机制有效性的监控,ETF 的信息披露应当包括交易价格与份额净值的偏差信息;并可以建立防范套利机制失灵的个案审查制度,由中国证监会对套利机制有效性低的、高风险或复杂的、可能损害金融市场的 ETF 进行实质审查。目前的监管导致 ETF 套利的操作空间狭窄,建议逐步降低申购赎回门槛,使得公众投资者也能够参与套利;并可以逐步实施"T+0"交易制度,尊重公众投资者自由交易的权利,让市场实现公平竞争;还可以引入套利的"安全港"规则,将"使得 ETF 的交易价格趋近其份额净值的"(在自己实际控制的账户之间进行的)ETF 套利排除在违规行为之外。作为套利机制的配套制度,目前的信息披露制度没有把握"ETF 基于套利机制展开运作"这一重点,应贯彻信息披露真实准确完整、及时、风险揭示、保护商业秘密的基本原则。就 ETF 信息披露的不足,应当围绕套利机制分别在 ETF 的招募说明书和上市交易公告书、PCF、交易系统的实时披露、临时报告、不同时段的定期报告中规定不同的特殊披露事项。目前 ETF 的定期披露相对滞后,可以完善定期披露的时限和种类要求,缩短年报、半年报和季报的编制时限,逐步要求披露月报乃至周报。此外,还应注意信息披露与公众投资者保护的衡平,过度信息披露可能导致"抢先交易"或"搭便车"而损害 ETF 公众投资者的利益,可对采用不同管理方式的 ETF 施加不同程度的信息披露书面要求。

被动基金仅是 ETF 的典型种类,ETF 仍有许多问题有待开展或进一步研究。期待我国的 ETF 市场更上一层楼!

清华金融法律评论·第7辑
金融与公司法之交融
第244～265页

证券中介服务机构虚假陈述中连带责任的疑惑及修正

欧阳振远* 白晓明**

目 次

摘 要:2020年3月1日实施的《证券法》第85条和第163条关于证券中介服务机构虚假陈述连带责任的规定并未区分中介服务机构故意和过失情形。然而,对《证券法》刚性连带责任的解读方式对资本市场产生较大副作用。从其他成熟资本市场立法及司法实践来看,限制证券中介服务机构与信息披露义务人承担连带责任,根据证券中介服务机构的过错与原因力大小合理分配赔偿责

* 欧阳振远,北京市金杜法律研究院院长,法学博士。
** 白晓明,北京市金杜法律研究院研究助理,法学硕士。

任已是趋势。最高人民法院2020年发布的《全国法院审理债券纠纷案件座谈会纪要》明确了证券中介服务机构承担责任原则，即将责任承担与其注意义务、注意能力及过错程度相结合。笔者认为，司法部门应确立“过罚相当”的思路和原则，在剔除系统风险、行业风险及企业自身经营风险影响比例，框定因虚假陈述导致的投资者损失基础上，判决故意或重大过失的中介服务机构与发行人承担连带赔偿责任，判决不具有故意或重大过失的中介服务机构承担在一定比例范围内的连带责任抑或在一定比例范围内的补充连带责任，使中介服务机构责任承担与其过错程度、原因力相适应，合理认定债券发行虚假陈述中介服务机构民事责任，以促进资本市场的长远健康发展。

关键词：虚假陈述；证券中介服务机构；不真正连带责任；因果关系；过错

公司债券违约引发的证券中介服务机构[1]虚假陈述民事责任纠纷索赔案件呈现爆发性增长的趋势，证券中介服务机构是否一概与发行人承担全额连带责任的问题，在实务界一直存在争议。“五洋案”首开债券市场虚假陈述民事损害赔偿先河，其示范效应不言而喻，对促进资本市场深化改革及良性发展，维护投资者合法权益具有里程碑意义。[2] 从“五洋案”司法裁判结果来看，债券承销商、会计师事务所与发行人承担全额连带赔偿责任，对投资者赔偿数额巨大，引起市场巨大震动及各方关注。一方面，该案判决结果对净化资本市场环境起到极大正面积极作用；但另一方面，简单刚性地给予证券中介服务机构较重的民事赔偿责任可能形成“劣币驱逐良币”的逆向淘汰局面，最终不利于债券市场的平稳持久发展。因此，界定好民事赔偿责任的边界，恰如其分地给予相关责任人与之过错与原因力相对应的责任对于债券市场良性发展十分重要。本文首先探讨

---

〔1〕 从法律关系角度来看，证券市场中介机构特指从事证券承销业务的证券公司（为发行人及投资者之间的中介）与从事经纪业务的证券经纪公司（为投资者与投资者之间的中介）；《证券法》第160条将包括会计师事务所、律师事务所以及从事证券投资咨询、资产评估、资信评级、财务顾问、信息技术系统服务的专业机构统称为“证券服务机构”。本文的“证券中介服务机构”特指保荐人、承销商，以及证券服务机构。参见陈洁：《证券虚假陈述中审验机构连带责任的厘清与修正》，载《中国法学》2021年第6期，第201页。

〔2〕 参见徐文鸣：《注册制背景下债市虚假陈述司法裁判的金融逻辑——以五洋债代表人诉讼为例》，载《证券市场导报》2021年第5期，第72页。

“五洋案”的裁判思路令人疑惑之处，通过梳理证券中介服务机构虚假陈述连带责任基本规范体系，分析我国证券中介服务机构连带责任法理逻辑，对比境外发达资本市场的立法司法经验，为我国证券虚假陈述连带责任体系提出相应建议。

一、虚假陈述连带责任裁判思路疑惑

“五洋案”源于五洋集团在2015年两次分别发行8亿元和5.6亿元债券（五洋债），2017年五洋集团因自身流动性危机，宣布无法到期支付。投资人向杭州市中级人民法院起诉，要求五洋集团承担赔偿责任，实际控制人、承销商、会计师事务所、律师事务所、评级机构承担连带责任。杭州市中级人民法院根据《证券法》（2014修正）第69条、第173条之规定，[3]在没有证据证明德邦证券股份有限公司、大信会计师事务所与五洋集团存在共同侵权主观故意的情形下，判决五洋集团实际控制人陈某樟、债券承销商德邦证券股份有限公司以及大信会计师事务所对五洋集团发行债券的应付本息承担连带赔偿责任，上海锦天城律师事务所和大公国际资信评估公司分别在5%和10%范围内承担连带赔偿责任。

“五洋案”裁判思路与逻辑适用于发行人与证券中介服务机构存在共同侵权故意情形无疑是正确的。但若在中介服务机构与发行人不存在共同故意的情况下，该裁判结果存在一定的不合理之处。首先，《证券法》规定证券中介服务机构需与发行人承担连带责任，使得存在过失的证券中介服务机构需要为信息披露义务人承担与其过错、原因力不相适应的赔偿责任，与过责相当的法治原则不相适应。证券中介服务机构对投资者负有的信息核查义务与发行人的信息披露义务不同，不属于导致投资人损失的直接原因。证券中介服务机构的行为导

[3] 《证券法》（2014修正）第69条规定：“发行人、上市公司公告的招股说明书、公司债券募集办法、财务会计报告、上市报告文件、年度报告、中期报告、临时报告以及其他信息披露资料，有虚假记载、误导性陈述或者重大遗漏，致使投资者在证券交易中遭受损失的，发行人、上市公司应当承担赔偿责任；发行人、上市公司的董事、监事、高级管理人员和其他直接责任人员以及保荐人、承销的证券公司，应当与发行人、上市公司承担连带赔偿责任，但是能够证明自己没有过错的除外；发行人、上市公司的控股股东、实际控制人有过错的，应当与发行人、上市公司承担连带赔偿责任。”第173条规定：“证券服务机构为证券的发行、上市、交易等证券业务活动制作、出具审计报告、资产评估报告、财务顾问报告、资信评级报告或者法律意见书等文件，应当勤勉尽责，对所依据的文件资料内容的真实性、准确性、完整性进行核查和验证。其制作、出具的文件有虚假记载、误导性陈述或者重大遗漏，给他人造成损失的，应当与发行人、上市公司承担连带赔偿责任，但是能够证明自己没有过错的除外。”

致投资人损害需要以发行人虚假陈述为前提,发行人才是真正的风险来源。因此,在证券中介机构不存在故意的情况下,刚性解读适用《证券法》连带责任规定是不合适的。

其次,适用2014年修正《证券法》第69条和第173条规定(2019年修订《证券法》第85条和第163条规定),将证券中介服务机构的责任与发行人或委托人的行为与后果捆绑是有一定条件的,不问因果关系的简单刚性责任连带,只会使法律规定的证券中介服务机构虚假陈述侵权责任直接转变为连带保证责任,违背立法的本意。上述《证券法》的规定采用了过错推定归责原则,只要证券中介服务机构有虚假陈述行为,并且造成投资者损失,则推定交易因果关系及损失因果关系成立。最高人民法院于2003年颁布的《关于审理证券市场因虚假陈述引发的民事赔偿案件的若干规定》(法释〔2003〕2号,已失效)[以下简称《虚假陈述若干规定》(2003年)]第18条是类似立场〔4〕。《虚假陈述若干规定》(2022年)第11条也有类似规定。但推定交易与损失因果关系成立是要基于一些前提条件的。

从因果关系角度分析,证券虚假陈述责任纠纷中的因果关系包含交易上的因果关系以及损失上因果关系两层含义,必须要两者同时满足才能构成完整的因果关系链。其中,交易因果关系是指证券中介服务机构虚假陈述行为错误引导投资者进行证券交易;损失因果关系是指证券中介服务机构虚假陈述行为导致投资者的全部或者部分损失。〔5〕

推定交易与损失因果关系基于欺诈市场理论,美国联邦最高法院在Basic Inc. v. Levinson案〔6〕中认为,证券虚假陈述欺诈的是整个证券市场,投资人因信赖证券市场及证券价格进行投资,因此原告只需证明证券虚假陈述信息导致证券价格不公正,无须证明信赖被告虚假陈述行为作出投资决策,就可以直接认定被告虚假陈述行为与投资者损失具有交易因果关系。欺诈市场理论成立需基

---

〔4〕 参见《虚假陈述若干规定》(2003年)第18条第2项规定,投资者在虚假陈述实施日之后揭示日之前从事交易行为,则推定投资者信赖行为人的虚假陈述,从而推定交易上因果关系成立;第3项规定,在揭示日之后投资者因卖出或者持有证券而发生损失的,则推定该损失与交易之间存在因果关系。

〔5〕 参见谢欣欣、谢春晖:《上市公司虚假陈述之民事责任》,载《人民司法(案例)》2016年第2期。

〔6〕 Basic Inc. v. Levinson, 485 U.S. 224 (1988).

于有效市场假说,[7]根据证券价格对市场中信息的反应程度,有效市场具体可以分为弱式有效市场、半强式有效市场以及强式有效市场三类。[8]

半强式有效市场是欺诈市场理论的理论基础,[9]因为在弱式有效市场中,证券价格只能反映过去的信息,并不能对实时信息作出及时反应。在半强式有效市场中,证券价格可以对公开信息作出及时反应,证券价格与公开信息几乎为同一回事,因而,投资者信赖证券价格变动进行交易相当于信赖虚假陈述信息进行交易。由于有效市场假说可以将投资人对于市场公开信息的信赖转化为对于证券市场及证券价格的信赖,若投资者能够证明侵权人虚假陈述行为对投资者所投资的证券价格产生影响,就可以认定投资者损失与侵权人虚假陈述行为具有因果关系。

然而,《虚假陈述若干规定》2003 年和 2022 年均主要以股票市场中的虚假陈述责任认定作为制定的预设模型,因此对于债券虚假陈述纠纷,法院不能直接适用《虚假陈述若干规定》予以裁判,需从欺诈市场理论适用条件、债券交易特点,以及公司股票与债券的区别等层面进行充分论证是否个案能够适用欺诈市场理论,从而证明是否可以适用《虚假陈述若干规定》直接推定因果关系。[10]

此外,从损失因果关系角度来看,“五洋案”中虽然存在应收与应付账款对抵问题,但五洋集团最终不能清偿自身债务是由于宏观经济、行业生态和政策变化,以及企业自身经营风险(包括融资渠道受限,现金流短缺)等综合因素造成。五洋集团属于建筑企业,在发行五洋债后,宏观经济下行、金融去杠杆、房地产行业不景气、水泥和钢材等原材料价格及劳动力成本上升等不利因素导致其偿付能力下降。公司债券违约不是单个或者单类别信息披露虚假陈述行为本身所能触发,不甄别虚假陈述的具体行为与损失之间的因果关系,不剔除系统风险、行

〔7〕 See Marc I. Steinberg, *Securities Regulation*, Matthew Bender & Company, Inc. 2009, p.451 - 460.

〔8〕 在弱式有效市场中,证券价格可以反映信息披露义务人所有历史信息;在半强式有效市场中,证券价格可以及时反映信息披露义务人所有公开信息;在强式有效市场中,证券价格可以反映与信息披露义务人所有的包括公开和未公开(如内幕信息)信息,但显然这是不太可能的。See James Cox et al., *Securities Regulation: Cases and Materials*, Wolters Kluwer Law and Business, 2013, p.91 - 107.

〔9〕 See Jonathan R. Macey & Geoffrey P. Miller, *Good Finance, Bad Economics: An Analysis of the Fraud-on-the-Market Theory*, 42 Stan. L. Rev. 1059 (1990).

〔10〕 参见樊健:《我国证券市场虚假陈述民事责任理论与实践的新发展》,法律出版社 2021 年版,第 33 页。

业风险及企业本身经营风险等原因产生的损失，将债券违约导致无法兑付的本息均归责于发行时证券中介服务机构责任，实则是无原则地扩大了证券法对证券中介服务机构连带责任的适用范围。

二、证券中介服务机构连带责任基本规范体系

目前，我国构建了以《民法典》、《证券法》、《虚假陈述若干规定》、《关于审理涉及会计师事务所在审计业务活动中民事侵权赔偿案件的若干规定》（法释〔2007〕12号）（以下简称《审计侵权若干规定》），以及《全国法院审理债券纠纷案件座谈会纪要》（以下简称《债券座谈会纪要》）为主的证券虚假陈述责任制度体系，为司法部门认定证券中介服务机构虚假陈述赔偿责任奠定了法律基础。

2005年修订的《证券法》确立了证券中介服务机构侵权责任适用过错推定归责原则及连带责任制度，但是否就必然解释为"全部连带责任"依据不足，目前缺乏更多的生效判例支持。2019年《证券法》第85条和第163条分别规定了承销商和其他证券服务机构虚假陈述需与发行人承担连带赔偿责任，但能证明自己无过错的除外。[11] 这与2014年修正的《证券法》第69条和第173条基本一致。但2019年《证券法》的缺陷是没有区分证券中介服务机构主观状态（故意与过失），亦未明确过失情形下重大过失、一般过失及轻微过失的判定标准，而且，对于何谓"致使投资者在证券交易中遭受损失"也不明确，给部分裁决的过度解读预留了空间。

信息披露由信息披露义务人及证券中介服务机构共同完成，因此证券虚假

---

〔11〕《证券法》（2019年修订）第85条规定："信息披露义务人未按照规定披露信息，或者公告的证券发行文件、定期报告、临时报告及其他信息披露资料存在虚假记载、误导性陈述或者重大遗漏，致使投资者在证券交易中遭受损失的，信息披露义务人应当承担赔偿责任；发行人的控股股东、实际控制人、董事、监事、高级管理人员和其他直接责任人员以及保荐人、承销的证券公司及其直接责任人员，应当与发行人承担连带赔偿责任，但是能够证明自己没有过错的除外。"第163条规定："证券服务机构为证券的发行、上市、交易等证券业务活动制作、出具审计报告及其他鉴证报告、资产评估报告、财务顾问报告、资信评级报告或者法律意见书等文件，应当勤勉尽责，对所依据的文件资料内容的真实性、准确性、完整性进行核查和验证。其制作、出具的文件有虚假记载、误导性陈述或者重大遗漏，给他人造成损失的，应当与委托人承担连带赔偿责任，但是能够证明自己没有过错的除外。"

陈述属于数人侵权行为，需多方共同承担虚假陈述侵权责任。[12] 对于多数人侵权行为责任规定，上位法《民法典》第 177 条和第 178 条分别规定了侵权行为的按份责任与共同侵权行为的连带责任；第 1171 条和第 1172 条对实施充足原因侵权行为的连带责任及实施非充足原因侵权行为的按份责任进行规定。总体而言，在共同实施侵权行为和分别实施充足原因侵权行为情形下，行为人需承担连带责任；若行为人分别实施非充足原因侵权行为，则适用按份责任。[13] 《民法典》是《证券法》的上位法，《证券法》未明确规定的部分应适用《民法典》的相关规定。

《虚假陈述若干规定》(2003 年) 强调了证券承销机构和证券服务机构因证券虚假陈述引发的民事责任形式是"就其负有责任的部分承担赔偿责任"，并区分其故意与过失主观状态，即"责当其过"，而非全有或全无的关系。[14] 《审计侵权若干规定》与《虚假陈述若干规定》(2003 年) 思路保持一致，根据会计师事务所的主观过错状态作出区分，仅在故意情形下需与委托人承担全额连带赔偿责任，在过失情形下，人民法院需根据其过失大小确定会计师事务所的赔偿责任。《虚假陈述若干规定》(2022 年) 没有沿袭 2003 年的"责当其过"的精细化思想。

《债券座谈会纪要》首先阐明了证券中介服务机构承担责任原则，即将责任承担与其注意义务、注意能力及过错程度相结合。[15] 其次，明确了判定过错标

---

〔12〕 参见陈洁：《科创板注册制的实施机制与风险防范》，载《法学》2019 年第 1 期，第 67 页。

〔13〕 参见陈洁：《证券虚假陈述中审验机构连带责任的厘清与修正》，载《中国法学》2021 年第 6 期，第 204 页。

〔14〕 《关于审理证券市场因虚假陈述引发的民事赔偿案件的若干规定》(法释〔2003〕2 号) 针对证券中介机构主观状态有所区分。第一种是针对证券服务机构与委托人共同侵权的情形，《虚假陈述若干规定》(2003 年) 第 27 条规定，服务机构"知道或者应当知道"上市公司虚假陈述，而不予纠正或者不出具保留意见的，构成共同侵权，对投资人的损失承担连带责任。第二种则是针对服务机构过失状态下的侵权责任。《虚假陈述若干规定》(2003 年) 第 24 条规定，服务机构及其直接责任人违反证券法的相关规定虚假陈述，给投资人造成损失的，"就其负有责任的部分承担赔偿责任"。

〔15〕 《债券座谈会纪要》关于其他责任主体的责任认定，对于债券欺诈发行、虚假陈述案件的审理，要按照证券法的规定，严格落实债券承销机构和债券服务机构保护投资者利益的核查把关责任，将责任承担与过错程度相结合。债券承销机构和债券服务机构对各自专业相关的业务事项未履行特别注意义务，对其他业务事项未履行普通注意义务的，应当判令其承担相应法律责任。其中第 31 条更明确表述："……债券服务机构的注意义务和应负责任范围，限于各自的工作范围和专业领域，其制作、出具的文件有虚假记载、误导性陈述或者重大遗漏，应当按照证券法及相关司法解释的规定，考量其是否尽到勤勉尽责义务，区分故意、过失等不同情况，分别确定其应当承担的法律责任。"

准,通过考察证券中介服务机构是否勤勉尽责,即对属于自身专业领域职业准则需尽特别注意义务,对其他一般业务事项需尽普通注意义务,区分其主观过错情况(故意或过失),进而确定其承担责任性质和范围。上述规定与《虚假陈述若干规定》和《审计侵权若干规定》的原则和内涵是一致的。

总体来看,证券中介服务机构承担连带责任的基本规范体系大致包括两种思路:其一,将《证券法》的规定解释为不区分中介服务机构过错情况的连带责任;其二,《民法典》、司法解释及司法政策文件规定的需区分中介机构故意或过失主观状态,将责任承担与其注意义务、注意能力及过错程度相结合。[16] 笔者认为第二种思路更具有合理性,本文第三、第四部分将从连带责任逻辑与成熟资本市场立法及司法实践角度分析阐述。此外,对于证券市场来说,我国融资市场债券规模远大于股票,若开创证券中介服务机构承担债券违约本息连带责任先例,则将导致更多承销机构及证券中介服务机构破产解散。刚性连带责任导致的后果是:第一,"一刀切"的裁判思路使得轻微过失的证券中介服务机构需对发行人的故意欺诈过错承担连带赔偿责任,致使过错责任演变为保证责任,使得债券投资人免去审核义务。[17] 这种判决结果不利于打破刚性兑付,无法矫正债券市场定价体系,不利于金融资源的有效配置。第二,由于金融机构破产具有连锁性、传染性,容易造成系统性金融风险。第三,倘若证券中介服务机构因风险退出证券市场,将导致资本市场瘫痪,企业难以获得融资。

三、证券中介服务机构连带责任界定

虚假陈述民事责任的基础是信息披露义务与信息核查义务。其基本法理:资本市场法律制度的核心为信息披露,投资人需根据发行人披露的信息作出投资决策,而虚假陈述制度以违反信息披露制度为前提,目的是保障信息得以准确

〔16〕 参见陈洁:《证券虚假陈述中审验机构连带责任的厘清与修正》,载《中国法学》2021 年第 6 期,第 205 页。

〔17〕 参见周淳:《证券发行虚假陈述:中介机构过错责任认定与反思》,载《证券市场导报》2021 年第 7 期,第 32 页。

披露。对于证券中介服务机构而言,其作为资本市场的“看门人”[18]承担责任的基础就是违反了信息核查义务。

证券的价格体现市场对其未来收益的贴现预期,投资者依据发行主体披露的信息来评判证券贴现预期收益。然而,由于信息不对称,证券发行人会基于自身的信息优势在信息披露文件中实施虚假陈述行为,从而形成证券“柠檬市场”[19],即由于买卖双方的信息不对称,卖方会利用信息不对称欺骗买方,导致自己受益而买方受损。因为卖方知道产品真实状况,往往会以次充好,而买方只知平均质量,相对愿意出中等价格,这样容易致使优质产品被淘汰,而次等产品被留在市场,从而使得市场优胜劣汰机制发生扭曲。第三人(证券中介服务机构)执行机制[20]就是解决“柠檬市场”的重要途径之一,证券中介服务机构作为资本市场的“看门人”通过勤勉履行信息核查义务(勤勉尽责),基于投资者的信赖形成证券市场第一道防线。中介机构审慎核查发行主体的披露信息并发表专业意见,从而可以为处于弱势地位的投资者提供投资决策的重要依据,降低其调查与咨询的成本。此外,也能够将不符合条件的证券发行人排除在市场外,防止欺诈发行,使投资者避免损失,亦节省事后制裁的行政及司法成本。证券中介服务机构若违反信息核查义务致使投资者有所损失则构成其虚假陈述法律责任的基础,需与信息披露者承担连带责任。

“有无目的之共同,为连带债务与不真正连带债务根本区别之所在”[21],侵权法中连带责任要求各侵权人基于共同意思联络或者对于共同目的有所认识,

---

〔18〕 “看门人”的概念是由 Reinier H. Kraakman 教授提出,他认为证券中介服务机构是“能够通过不合作或不同意的方式来实现阻断违法目的的市场专业人士”。See Reinier H. Kraakman, *Gatekeepers: The Anatomy of a Third-Party Enforcement Strategy*. Journal of Law, Economics & Organization, Vol. 2:1, p. 53 – 104 (1986).

〔19〕 柠檬市场(The Market for Lemons),“柠檬”在美国俚语中表示“次品”或“不中用的东西”,所以柠檬市场也称次品市场,或称阿克洛夫模型,是指信息不对称的市场,即在市场中,产品的卖方对产品的质量拥有比买方更多的信息。在极端情况下,市场会止步萎缩和不存在,这就是信息经济学中的逆向选择。柠檬市场效应则是指在信息不对称的情况下,往往好的商品遭受淘汰,而劣等品会逐渐占领市场,从而取代好的商品,导致市场中都是劣等品。See Akerlof G. A., *The Market for "Lemons": Quality Uncertainty and the Market Mechanism*, The Quarterly Journal of Economics, Vol. 84:3, p. 488 – 500 (1970).

〔20〕 通过交易双方的第三人表明商品品质的方式。

〔21〕 参见史尚宽:《债法总论》,中国政法大学出版社 2000 年版,第 673 页。

从而形成一体的共同侵权行为。[22] 此外,侵权法中还有一种与竞合相对应的特殊侵权责任形态,即多个行为人对同一民事主体的分别侵权行为损害了该民事主体受法律特殊保护的民事权益,违反了法定义务,但他们相互无意思联络或共同目的认识,被侵权人可向负有不同法律义务的侵权人请求损害赔偿,各行为人对此民事损害负全部侵权赔偿责任,并因任一行为人对于侵权赔偿的履行而使所有侵权行为人的责任归于消灭。该侵权行为由不真正连带责任予以规制。[23] 证券中介服务机构与发行人无共同目的认识与共同意思联络并分别独立作出虚假陈述行为,数个行为直接或者间接结合造成投资人的统一损害后果,属于客观关联共同侵权行为。[24] 《证券法》调整的即为证券中介服务机构和信息披露义务人直接的客观关联共同侵权行为,属于不真正连带责任。

证券虚假陈述中,发行人与各证券中介服务机构对于投资人的损失都应当承担责任,并且,每一个责任人都承担全部责任,体现为不真正连带责任的对外效力。具体来讲,其一,证券虚假陈述不真正连带责任中各侵权人对于投资者都发生全部承担投资者损失的效力,投资人对于各侵权人都享有请求权,可单独向各侵权人行使这份权利。各侵权人对于投资者的损失请求权都有承担全部赔偿责任的义务,属于中间责任而非最终责任。其二,任一侵权人在承担责任后都将使得其余侵权人对被侵权人的责任消灭。由于不真正连带责任的损失赔偿额属于竞合数额,任何侵权人承担全部责任属于对同一损害的救济,投资者已得到完全损害赔偿,不可再次行使对其他侵权人的请求权。[25]

在侵权法中,不真正连带责任的制度设计就是针对同一危险的安全预防机制,需不同侵权人相互配合和制约。《证券法》中关于证券中介服务机构对投资者承担不真正连带责任的制度设计主要是为了保护投资者,具有建构资本市场

〔22〕 参见王竹:《论客观关联共同侵权行为理论在中国侵权法上的确立》,载《南京大学法律评论》2010 年第 33 卷,第 79 页。

〔23〕 参见杨立新:《论不真正连带责任类型体系及规则》,载《当代法学》2012 年第 3 期,第 57 页。

〔24〕 客观关联共同侵权行为是数个行为人没有通谋或共同认识的前提下分别实施的侵权行为。参见陈洁:《证券虚假陈述中审验机构连带责任的厘清与修正》,载《中国法学》2021 年第 6 期,第 211 页。

〔25〕 参见杨立新:《论不真正连带责任类型体系及规则》,载《当代法学》2012 年第 3 期,第 58 页。

诚信机制的功能。与此同时，这种制度设计兼具保护非最终责任人的利益的功能。[26]

具体而言，不真正连带责任制度的首要功能就是提升投资人对资本市场信息披露的信赖，建构资本市场诚信机制。由于资本市场风险大、不确定性高，《证券法》通过为信息披露义务人和信息核查义务人设计适用不真正连带责任制度，确保证券中介服务机构核查披露信息的真实、准确与完整，保障“看门人”机制功能的实现。证券中介服务机构与发行人签订合同从而与投资人建立法律联系，但这种关系具有间接性。2019年《证券法》第85条和第163条规定了证券中介服务机构向投资人保证发行人信息披露文件真实、准确与完整的义务，使证券中介服务机构成为信息披露的直接责任主体，将其与投资人的责任关系直接化。[27] 从而使证券中介服务机构对投资人单向承担信息核查的义务，以保证披露信息的真实、准确、完整，为投资者的合理信赖向其承担责任。与此同时，在信息披露义务人违约时投资人可以向证券中介服务机构请求赔偿全部或者部分损失，可合理分配投资人损失的风险，以保护投资者的利益。这种制度设计增强了证券市场诚信机制，提升了投资人对证券市场的信心，促使投资人进行投资活动，使得证券市场与投资人的信心相辅相成、循环促进。[28]

此外，不真正连带责任制度的设计也有利于保护非最终责任人的利益。[29] 发行人承担的是信息披露义务，是信息的来源，而证券中介服务机构承担的是信息核查义务，保障信息披露义务人所披露信息的真实、准确和完整。证券中介服务机构作为中间责任人可向最终责任人即发行人请求内部追偿。因此，不真正连带责任机制可保证中间责任人的利益。

然而，刚性适用2019年《证券法》第85条及第163条对于证券中介服务机构虚假陈述不真正连带责任制度有不合理之处。首先，不真正连带责任制度使

〔26〕 参见陈洁：《证券虚假陈述中审验机构连带责任的厘清与修正》，载《中国法学》2021年第6期，第212页。

〔27〕 参见陈甦：《信息公开担保的法律性质》，载《法学研究》1998年第1期，第5页。

〔28〕 参见陈洁：《证券虚假陈述中审验机构连带责任的厘清与修正》，载《中国法学》2021年第6期，第213页。

〔29〕 参见陈洁：《证券虚假陈述中审验机构连带责任的厘清与修正》，载《中国法学》2021年第6期，第213页。

得轻微过失的侵权人要为最终责任人承担与其过错、原因力不相应的赔偿责任，是不公平的〔30〕，违背了"责当其过"法治原则。〔31〕《证券法》对证券中介服务机构规定的义务属于信息核查义务，与发行人的信息披露义务不同，带有附属性特征，需以发行人虚假陈述为前提，也说明了其非风险来源，而是控制发行人信息披露风险的制度保障。刚性适用《证券法》不真正连带责任制度的规定忽视了证券中介服务机构附属性特征，在不考虑证券中介服务机构过错程度大小情况下，使证券中介服务机构与发行人对投资者承担连带赔偿责任。

其次，刚性适用使证券中介服务机构与发行人承担连带责任与成熟资本市场合理分配责任理念相违背。〔32〕《证券法》对于证券中介服务机构责任承担的规定借鉴了美国1933年《证券法》第11条的内容，证券中介服务机构需与信息披露义务人对投资人的损失承担连带赔偿责任，并采用过错推定原则。然而，美国1995年《私人证券诉讼改革法案》开始严格限制证券中介服务机构与发行人承担连带责任〔33〕，该法律规定回应了法院和学术界的要求，严格限制证券中介服务机构连带责任，根据各自责任大小承担按份责任。此外，德国法认为只有共同故意才能构成共同侵权，承担连带责任，其法理逻辑在于行为的一体性，过失并非行为人本意，缺乏致害主观联系，无法将存在故意的发行人的行为与存在过失的中介机构的行为整合为一体。〔34〕在德国证券虚假陈述民事责任机制中，过失适用按份责任。在中国台湾地区，实践中已对连带责任作出调整，在英国和中国香港特区，相关团体亦发起对连带责任的改革提议。〔35〕从其他成熟资本市场立法及司法实践来看，在证券虚假陈述纠纷中，限制中介服务机构与发行人承担连带责任，根据中介服务机构的过错与原因力大小合理分配赔偿责任已是趋势。

---

〔30〕 See Entman, *The Nonparty Tortfeasor*, 23 Mem. St. U. L. Rev. 105(1992).

〔31〕 参见陈洁:《证券虚假陈述中审验机构连带责任的厘清与修正》，载《中国法学》2021年第6期，第214页。

〔32〕 陈洁:《证券虚假陈述中审验机构连带责任的厘清与修正》，载《中国法学》2021年第6期，第214页。

〔33〕 美国1995年《私人证券诉讼改革法案》规定"每一被告将按照其在所有被告过错(不管如何界定或计算)中的份额，对所有被告行为造成的全部损失的一定份额负法律责任"。参见[美]莱瑞·D.索德奎斯特:《美国证券法解读》，胡轩之、张云辉译，法律出版社2004年版，第314页。

〔34〕 参见孔祥俊:《民商法新问题与判解研究》，人民法院出版社1996年版，第254~255页。

〔35〕 参见官勇华等:《注册制改革下证券发行虚假陈述中介机构民事责任区分研究》，载《中国证券》2021年第3期。

四、美国资本市场虚假陈述中介机构责任承担

在美国,过失虚假陈述最初适用连带责任。针对美国证券法二级市场上的欺诈、虚假陈述的问题,联邦的成文法体现在 1933 年《证券法》(the Securities Act)第 11 条。该条款首先规定了债券欺诈的主体,包括发行人、公司董监高、承销商,以及相关的证券服务机构,然后又规定了不同主体的责任形式和免责事由。从其条文归纳来看,债券虚假陈述中中介服务机构的责任承担也是被归纳到间接责任(secondary liability)范畴进行讨论。管辖此问题的上位法(一般法)实质上是侵权责任法体系。

美国现行《证券法》第 11 条(f)规定中介服务机构应当承担连带责任。在责任承担方式上,因美国具有判例法的优势,判决结果相对灵活,所以美国侵权责任法在责任承担方式上相对比较简单。主要有四种责任承担方式:连带责任、按份责任、按份连带责任、替代责任。在债券发行虚假陈述的问题上,根据美国现行《证券法》第 11 条(f)规定,原则上第 11 条(a)涉及的所有人(包括中介服务机构,如无抗辩不能的情况下)应负连带责任,但实践中只有过错较大的被告才负连带责任。因此种"一刀切"的方法无疑在大多数情况下给予过失的中介服务机构与过错不相符的责任,反而在资本市场增加了不必要的社会成本,造成了负面影响。由于美国的侵权责任法(torts)体系的法源全部来自判例,并没有有正式效力的成文法,所以在责任形式这个问题上灵活而富有弹性。实践中,大多数法官会基于州法律的独立性且运用普通法的各种基本原则,使得中介服务机构承担与其过错相符的责任。

此外,律师利用"深口袋"〔36〕频频向中介服务机构发起诉讼,导致会计审计等行业步履维艰。在此背景下,1995 年《私人证券诉讼改革法案》(Private Securities Litigation Reform Act,PSLRA)应运而生,对中介服务机构连带责任施加严格限制,该法案规定,如因过失而非故意时,中介服务机构可承担比例责任。

〔36〕"深口袋"理论(The Deep Pocket Theory)是指任何看上去拥有经济财富的都可能受到起诉,不论其应当受到惩罚的程度如何。又称为"保险理论"。See McGee, J. S., *Predatory Price Cutting: The Standard Oil (NJ.) Case*, Journal of Law and Economics, Vol. 1, p. 137 – 159(1958).

PSLRA 首先明确,行为人主观是故意的,一概承担连带责任;若非故意的,则承担按份责任。[37] 在美国司法实践中,自 20 世纪 90 年代“丹佛中央银行上诉案”后,美国最高法院对证券虚假陈述纠纷中证券中介服务机构与发行人承担连带责任持否定态度。[38] 所以,原则上,各个非故意被告按其过错大小承担按份责任。但是,PSLRA 也充分考量了原告的情况,给予中小投资者充分的保障:法院会参考以下情形,若投资者同时满足净财富低于 20 万美元和损失占其净财富的比例高于 10% 两个标准,比例责任尚未补齐损失,则相关各方需对剩余损失承担连带赔偿责任,即特别情况下的补充连带责任。若原告的条件没有达到上述两个要求,则中介服务机构不承担连带赔偿责任。即便在安然、世通丑闻发生后,美国通过法案对“看门人”之一的会计师大力整治,该法案确立的比例原则也并未被撼动。

五、构造虚假陈述责任体系建议

(一)确立因虚假陈述导致的投资者损失

在债券虚假陈述侵权赔偿案件中,确定虚假陈述行为和损失之间有无因果关系是追究侵权责任的前提,这与认定一般的侵权责任的法律原则也是一致的。在股票虚假陈述案件中,投资者往往主张一个虚假陈述被揭露后股票价格波动带来的损失。由于股票价格对单一信息的反应较为灵敏,再加上适用的法律规则会通过确定揭露日、基准日以及基准价,来拟制某一具体虚假陈述行为对股票价格产生的影响,根据以上标准来确定与虚假陈述有因果关系的投资者损失数额,是较为容易的。但在债券的虚假陈述案件中,由于单个信息对债券价格的影响较不明显,投资者往往不是主张债券价格波动带来的损失,而是在债券发生违约后,主张因债券违约带来的全部损失。然而,证券中介服务机构虚假陈述损害赔偿属于侵权责任而非违约责任,所依据的损失赔偿原则为填平原则,需根据与

---

〔37〕 PSLRA 确立了按份责任原则:“每一被告将按照其在所有被告过错(不管如何界定或计算)中的份额,对所有被告行为造成的全部损失的一定份额负法律责任”。参见[美]莱瑞·D. 索德奎斯特:《美国证券法解读》,胡轩之、张云辉译,法律出版社 2004 年版,第 314 页。

〔38〕 参见郑彧:《中美证券法中中介机构信息披露法律责任的比较研究》,载顾功耘主编:《公司法律评论》(2001 年卷),上海人民出版社 2001 年版,第 90 页。

证券中介服务机构虚假陈述行为有因果关系的投资人损失认定赔偿数额。

1. 交易因果关系

如前文所述,法院需从欺诈市场理论适用条件、债券交易特点,以及公司股票与债券的区别等层面进行充分论证债券虚假陈述纠纷个案所在证券市场是否属于半强式有效市场,是否该案能够适用欺诈市场理论推定交易因果关系。但即使该债券所在证券市场为半强式有效市场,被告仍可通过证明其虚假陈述行为没有影响证券价格推翻交易因果关系。[39]

《虚假陈述若干规定》第 19 条未规定被告通过举证虚假陈述信息对证券价格无影响从而推翻关于交易因果关系的推定。然而在现实情况下,确实存在虚假陈述行为对证券价格没有影响的情况,若让被告承担侵权损害赔偿责任则相当于将证券市场风险转移给被告,不符合证券市场风险自负的原则。例如,深圳市中级人民法院在韩某国诉深圳能源集团股份有限公司证券虚假陈述责任纠纷案[40]中认为在揭示日及次日,证券价格并未发生非正常波动,投资者损失与被告行为并无关联,应由市场风险所致。因此,笔者建议立法及司法部门应允许被告可依据价格影响理论,证明虚假陈述信息并未影响证券价格的变动,从而推翻交易因果关系。[41] 因影响证券价格的因素很多,具体可借助事件分析法来判断某个虚假陈述信息是否影响证券价格,此分析方法先前多应用于金融理论及实务,分析某特定事件对于公司价值的影响,现已在证券虚假陈述案件应用广泛,如对因果关系的认定、损失数额的计算以及信息重大性的判断等。[42]

2. 损失上的因果关系

首先,根据《虚假陈述若干规定》第 19 条及《债券座谈会纪要》第 24 条的规定,若发行人等责任主体能够举证证明证券投资者损失全部或者部分是由系统

---

〔39〕 美国联邦最高法院肯定了被告可以根据价格影响理论推翻交易因果关系成立。See Charles W. Murdock, *Halliburton, Basic, and Fraud on the Market: The Need for a New Paradigm*, 60 Vill. L. Rev. 203 (2015).

〔40〕 深圳市中级人民法院(2013)深中法商初字第 46 号。

〔41〕 参见樊健:《我国证券市场虚假陈述民事责任理论与实践的新发展》,法律出版社 2021 年版,第 19 页。

〔42〕 参见陈向民、陈斌:《确定"虚假陈述行为"的赔偿标准——事件研究法的司法运用》,载《证券市场导报》2002 年第 7 期。

性风险等与发行人及证券中介服务机构的虚假陈述无关的其他因素所导致,则人民法院应当根据原因力大小相应减免相关主体的损失赔偿责任。[43] 证券市场投资人所有损失并非都与侵权行为有关,只有侵权行为直接导致的损害才是行为人应承担责任的范围[44],体现了《证券法》公平原则及风险与收益对等原则。

其次,影响证券价格的因素还包括行业风险及企业自身经营风险等。有学者曾表示衡量投资者损失赔偿额时,不但需考虑系统风险因素,也应将非系统风险的企业风险等因素剔除,以客观、全面认定投资人的损失赔偿额。[45] 美国法规定应剔除非虚假陈述因素部分所导致的原告损失赔偿额。[46]

以传统能源汽车为例,2017 年工业和信息化部曾表示其将启动关于停止生产销售传统能源汽车研究。此则消息使得传统能源汽车行业股价集体走低,而新能源汽车产业链如锂电池、新能源整车等行业板块股价普遍走高。基于此,被告可基于传统能源行业指数变动来证明行业风险对证券价格的影响。对于企业自身经营风险,Prentice 教授曾举例,假如一家企业的虚假陈述行为被揭露之后,突发地震摧毁企业所有重要资产,企业证券价格连续走低。[47] 此时,投资者损失既包括虚假陈述行为导致的部分损失,也包括企业经营风险(地震)所导致的损失,对于企业经营风险导致的投资者损失,与被告的虚假陈述行为无因果关系,被告不需赔偿。法院可引入专家证人来量化行业风险及企业经营风险,使得

---

〔43〕《虚假陈述若干规定》第 19 条规定,损失或者部分损失是由证券市场系统风险等其他因素所导致,人民法院应当认定虚假陈述与损害结果之间不存在因果关系。《债券座谈会纪要》第 24 条规定,"发行人及其他责任主体能够证明债券持有人、债券投资者的损失部分或者全部是由于市场无风险利率水平变化(以同期限国债利率为参考)、政策风险等与欺诈发行、虚假陈述行为无关的其他因素造成的,人民法院在确定损失赔偿范围时,应当根据原因力的大小相应减轻或者免除赔偿责任。人民法院在案件审理中,可以委托市场投资者认可的专业机构确定欺诈发行、虚假陈述行为对债券持有人和债券投资者损失的影响"。

〔44〕 参见贾纬:《证券市场侵权民事责任之完善》,载《法律适用》2014 年第 7 期。

〔45〕 参见苏维华、韩刚:《〈关于审理证券市场因虚假陈述引发的民事赔偿案件的若干规定〉有待完善的几个问题》,载《山东审判》2005 年第 1 期。

〔46〕 美国有学者分析附带性损害问题。如因财务造假被曝光,投资者担心公司管理人员的职业操守,从而减少对该公司证券的投资,这种情况导致的估值下跌不应算作财务造假本身对公司的损害,其与虚假陈述行为无关,被告不需赔偿。

〔47〕 See Robert A. Prentice, *Behavioral Economics Applied: Loss Causation*, 44 Loy. U. Chi. L. J. 1509 (2013).

专家辅助人充分发挥作用,有利于司法判断的形成。[48]

虚假陈述仅为债券违约导致投资者损失的原因之一,法院需甄别虚假陈述具体行为与损失的因果关系,计算出系统风险、行业风险及企业自身经营风险对投资者损失的影响,而不应将投资者全部损失认定为虚假陈述导致的损失。人民法院可在案件审理中通过委托专业机构建立数学模型确定市场风险、行业风险及企业自身经营风险等因素对债券投资者损失的影响,计算侵权人虚假陈述行为所导致的投资者的损失,形成权威性专业结论供法院参考。法院根据此结论召集专家证人进行论证,相应减轻或者免除中介机构的赔偿责任,合理确定责任区间,同时也使法院对此类争议的裁判压力降低。目前,股票虚假陈述案件中的损失鉴定机制,已越来越被广泛接纳,债券虚假陈述的案件中,也建议能引入该损失鉴定机制,这与《虚假陈述若干规定》及《债券座谈会纪要》确定的内容是一致的。

(二)相关主体责任承担方式

确立虚假陈述行为导致的投资者损失数额后,中介服务机构赔偿责任也不应简单地与发行人就此数额承担连带责任,如前文所述,应当与其注意义务、职责范围相适应,根据中介服务机构是否故意、过错大小进行区分,合理确定责任区间。目前市场出现的大量债券违约类案件中,有很大一部分"暴雷"主要系发行人内部风险控制体系出现问题,存在股东、实际控制人抽逃、占用企业资金等情形,导致企业现金流紧张,进而导致无法按期兑付。内控层面,企业内控薄弱、报表质量存疑、实际控制人侵占公司利益的情形比比皆是,如康美药业、北大科技园债券违约案。简单刚性适用《证券法》规定的虚假陈述制度使得主观过错为过失的中介服务机构需与故意欺诈的发行人承担全部连带责任,对中介服务机构实属不公。

相关主体的责任承担方式主要解决的是侵权损害赔偿责任分担问题,即如何在证券中介服务机构以及发行人之间确定相应的责任份额。由于过错客观化及原因力主观化交织发展,过错与原因力综合比较说已成为数人侵权损害赔偿责任分担的普遍观点。持此观点的学者认为,分别实施的数人侵权行为结合导

---

[48] 参见杨临萍:《当前商事审判工作中的若干具体问题》,载《人民司法(应用)》2016年第4期。

致同一损害后果,应根据侵权人相应的过错及原因力承担赔偿责任。由于侵权赔偿责任主要根据过错原则实现其功能和目的,关于过错与原因力的地位和次序应以过错为主,原因力为辅,综合考量相关主体的赔偿责任比例;但在具体实施步骤,逻辑顺序为先客观,后主观,所以,应先对比该当性的原因力程度,后比较有责性的过错大小。[49] 因此,对于证券虚假陈述侵权纠纷,过错与原因力综合考量的观点同样适用于确定证券中介服务机构与发行人及证券中介服务机构之间的责任分担比例,该观点可以修正《证券法》连带责任规定与司法解释及司法政策文件的根据过错、原因力大小承担赔偿责任理念的冲突。

1. 区分主观过错状态

侵权法中,故意和过失为过错基本形态。[50] 《证券法》并未明文规定证券中介服务机构故意虚假陈述导致投资人受损应承担全部连带责任,但根据侵权责任基本法理,证券中介服务机构故意虚假陈述出具报告导致投资人受损,其与发行人应构成共同侵权,故需与发行人承担全部连带赔偿责任。在此情况下,可适用《民法典》第 1168 条与第 1169 条共同侵权行为情形的规定,两项规定构成证券中介服务机构与发行人共同侵权责任基础,也可以说,是对《证券法》第 163 条的目的性限缩解释,使得《证券法》第 163 条规定只适用于证券中介服务机构故意情形下的连带责任承担。[51] 需要注意的是,此处的故意应包括"明知"与"应知"两种情形。"明知"是指证券中介服务机构知道其行为必然或可能导致损害后果,希望或放任损害后果发生;"应知"是指证券中介服务机构极端疏忽,缺乏一般专业机构最基本的注意程度,属于重大过失。无论英美法系抑或大陆法系,重大过失相当于一般故意或者推定故意,所以在此情形下,应适用共同侵权责任规定,与发行人承担全部连带责任。[52]

一般过失是指行为人缺乏具有一般经验的人正常处理事务的中等注意程度

---

〔49〕 参见杨立新、梁清:《客观与主观的变奏:原因力与过错》,载《河南省政法管理干部学院学报》2009 年第 2 期,第 8 页。

〔50〕 过错基本形态中的故意可再分为恶意与一般故意,过失可再分为重大过失、一般过失和轻微过失。

〔51〕 参见陈洁:《证券虚假陈述中审验机构连带责任的厘清与修正》,载《中国法学》2021 年第 6 期,第 217 页。

〔52〕 参见陈洁:《证券虚假陈述中审验机构连带责任的厘清与修正》,载《中国法学》2021 年第 6 期,第 217 页。

的过错情形。[53] 2020年由中国证监会主要参与、最高人民法院发布的《债券座谈会纪要》取消了征求意见稿中的连带责任规定，再次申明过错与责任相适应原则。在过失情形下，如前文所述，证券中介服务机构违反的信息核查义务过失并非导致投资人损失的主要直接原因，应确立“责当其过”的立法思路和原则，使责任承担与过错程度相适应。

2. 过错判断标准

大陆法系民法理论对过错认定有主观与客观标准之说。主观说的学者认为，过错的认定是行为人心理状态的体现；客观说的学者认为，过错是行为人对于其注意义务的违反，因此可以基于注意义务建立过错检验标准。主观说与客观说的区别：对于行为人某种行为进行价值判断时，检验标准是行为人的主观心理活动还是其客观行为准则。[54] 客观行为准则为评价过错提供了较为明确具体的标准，为中介执业实践提供指引，避免司法机关及行政机关的偏差评判，所以理论界和实务界都以客观说为主。英美法系与大陆法系都存在基于注意义务的客观过错标准，立法及司法实践对于证券虚假陈述纠纷中证券中介服务机构过错认定就采用勤勉尽责的客观评价标准。

勤勉尽责起源于罗马法的勤谨注意义务。由于罗马时期，家父享有整个家庭的最高权力，相应应作出较高奉献，履行较高的注意义务。优士丁尼曾将注意义务区分为较低的注意义务与较高的勤谨注意义务。较低的注意义务为普通人在管理事务中应尽的中等注意义务；勤谨注意义务是具备相应知识及经验的理性人在处理自己事务时所应具备的注意水平，虽非最细致苛刻的要求，但应呈现小心翼翼的主观状态。现代民法大部分继承了优士丁尼的注意义务作为评价过错的标准。

准确判断中介服务机构过错大小的前提是准确区分其注意义务。其中，较为严苛的注意义务为特殊注意义务，即所属行业专家普遍认同的中等注意义务，以不同职业专业机构执业标准或职责要求为基准。一般注意义务以该行业内一般执业人员（非专业执业人员）的经验知识能力为基准。证券中介服务机构若

---

〔53〕 参见杨立新：《人身损害赔偿问题研究（下）》，载《河南省政法管理干部学院学报》2002年第2期，第8页。

〔54〕 参见王卫国：《过错责任原则：第三次勃兴》，中国法制出版社2000年版，第175～176页。

违反专业服务机构的特殊注意义务,则构成过错,需承担特殊注意义务下的侵权责任。若证券中介服务机构能证明其完整履行了法律法规、行业规范所规定的执业准则,即已勤勉尽责,即使尚未发现信息披露文件中的虚假陈述部分,也应认定其无过错,不承担赔偿责任。[55]

根据《债券座谈会纪要》及相关司法解释的规定,证券中介服务机构提供专业服务时的注意义务及应负责的范围限定于各自专业工作领域,对于非专业范围只需尽到一般注意义务。证券中介服务机构因职责不同,各自注意义务有所区别。对于承销商而言,其作为证券发行中中介服务机构的牵头人及应具备的专业职责,对于财务核查不应为一般注意义务,与会计师事务所一样应为特殊注意义务,但侧重点会有所区分;而律师事务所对于类似于交易合法性审查等事项应负特殊注意义务,对于财务核查仅需尽一般注意义务即可。[56]

3. 原因力衡量标准

原因力标准是指数个原因行为导致侵权损害后果中,每个原因行为对于侵权损害后果发生或扩大的作用力。[57] 原因力大小与每个原因的性质、事实与侵权损害后果距离,以及事实强度有关,取决于不同证券中介服务机构导致损害后果的可能性大小,主要需从证券中介服务机构职责领域、参与信息披露程度与功能定位(作用大小)来衡量,核心为法律法规及行业规范对证券中介服务机构的职责标准规定。在信息披露与信息核查中,证券中介服务机构的职责不同,承销商承担全面督导与审核的职责,协调其他服务机构履行其职能;会计师需核查信息披露义务人的财务信息,并发表独立意见;律师对信息披露义务人的合规性做专业判断。显而易见,在证券中介服务机构各司其职的情况下,承销商违反相应义务对于投资人的损害后果作用力大于会计师与律师的;对于财务信息核查从投资人损害后果作用力来看,会计师又大于律师;总而言之,需衡量证券中介服务机构违反相应义务与投资人损害后果的"远近"与"大小"的关系,若各原因力

〔55〕 参见陈洁:《证券虚假陈述中审验机构连带责任的厘清与修正》,载《中国法学》2021 年第 6 期,第 219 页。

〔56〕 参见陈洁:《证券虚假陈述中审验机构连带责任的厘清与修正》,载《中国法学》2021 年第 6 期,第 220 页。

〔57〕 参见杨立新:《侵权法论》(第 2 版),人民法院出版社 2004 年版,第 525 页。

无法衡量，则可推定其均等。[58]

在司法实践中，除判决证券中介服务机构承担连带责任外，法院亦存在判决中介服务机构承担补充赔偿责任及按份连带责任的案例，如投资者诉保千里及评估机构案、中安消虚假陈述民事赔偿案等。其中，上海市高级人民法院在“中安消虚假陈述民事赔偿案”的判决中关于“部分连带责任仍是法律所认可的一种责任形式”的表述，使“过错与责任承担相适应”原则在此类纠纷中的适用有了一个新的突破。上海市高级人民法院认为，《证券法》(1998 年修订)第 161 条规定了专业证券中介服务机构应就其负有责任的部分承担连带责任，《虚假陈述若干规定》第 24 条也明确了对专业的中介服务机构虚假陈述承担相应部分赔偿责任，尽管 2005 年及之后的《证券法》不再区分中介服务机构故意或者过失等情形，但是从上述法律规定来看，连带赔偿责任并非仅限于全额连带，部分连带赔偿责任仍是法律认可的一种责任形式。[59] 在证券虚假陈述民事赔偿纠纷法律适用各地法院理解不一，无论是资本市场主体还是执法和司法机关均感到迷茫的情形下，该适用法律的解释可谓具有里程碑的作用，可以极大程度缓解《证券法》刚性连带责任的副作用，为资本市场的行政监管和司法保护开拓了空间，使得各地的行政执法机关和人民法院可以根据个案的具体情况来调整执法尺度，使每一起案件的处理均能体现法律的公平与正义。

六、结语

在保护投资者合法权益的同时，合理界定证券中介服务机构的责任边界，合理确定证券中介服务机构在虚假陈述下的法律责任，是资本市场法治建设的基础，也是资本市场良性发展的保证。对于证券中介服务机构的责任承担，首先，应剔除市场风险、行业风险及企业自身经营风险等因素对证券价格的影响，合理确定因虚假陈述导致的投资者损失的范围。其次，应确立“过罚相当”的立法思路和原则，在虚假陈述导致的投资者损失基础上，使相关主体责任承担与其过错

〔58〕 参见陈洁：《证券虚假陈述中审验机构连带责任的厘清与修正》，载《中国法学》2021 年第 6 期，第 220 页。

〔59〕 上海市高级人民法院(2020)沪民终字第 666 号民事判决书。

程度、导致损害后果的原因力相适应。中介服务机构在故意情况下，应与发行人承担连带责任；在过失情形下，中介服务机构应承担在一定比例范围内的连带责任抑或在一定比例范围内的补充连带责任。此种责任承担方式将责任与行为人的过错程度、注意义务及注意能力相结合，既坚持了《证券法》规定的连带责任，又将责任控制在一定比例范围内，体现了证监会与最高人民法院倡导的“追首恶”理念。若判令不具有故意或重大过失的中介服务机构承担全额连带责任，则可能会导致某些中介服务机构破产清算，对于整个资本市场而言并非最优方案，合理认定债券发行虚假陈述证券中介服务机构的民事责任，才能促进资本市场的长远健康发展。

清华金融法律评论·第7辑
金融与公司法之交融
第266～289页

证券法上的安定操作

——以超额配售选择权等安定操作的实践运作为中心

郑　钢*

目　　次

摘　要：安定操作是上市公司和承销商对上市初期股票价格进行积极干预的制度安排。美国证券法上的安定操作包括纯粹安定操作、惩罚性投标和承销商银团空头回补交易三种制度。我国的超额配售选择权机制与承销商银团空头回补交易制度类似，也属于安定操作的一种类型。美国、中国香港特别行政区、中国内地关于安定操作的制度演化历史及实践呈现多有不同，在超卖交付方式、卖出限制、买入价格限制等安定操作细则规定上存有重大差异。鉴于目前境内

* 郑钢，清华大学法学院天普项目法学硕士（L. L. M）。

A股证券市场新股"破发"常态化的情况，我国具有引进境外发达金融市场上纯粹安定操作的必要性，但在引进同时也需给其附加较之于超额配售选择权更高标准的披露义务，以与操纵市场行为进行严格区分。

关键词：安定操作；超额配售选择权；绿鞋；稳定价格；市场操纵

一、引言

安定操作是指为防止公司股票上市初期股票价格下跌幅度过大，上市公司和上市公司股票的承销商进行积极价格干预，以此来降低股价价格波动的行为。严格来说，我国证券法上并无安定操作这一概念，仅有超额配售选择权制度（绿鞋）可以实现类似的制度目的。安定操作这一概念主要见于港股双语法规对外国制度的翻译，可泛指所有旨在稳定公司股票上市初期价格波动的制度，而超额配售则是完成超额配售选择权这一种安定操作交易安排的前置步骤。

目前，国内对安定操作的研究很少，且主要集中在以下两个方面：一方面是在会计领域对超额配售选择权的实证效果进行研究；〔1〕另一方面则是在法律领域对安定操作和市场操纵的关系进行研究。〔2〕然而，对于准确界定安定操作或厘清安定操作、超额配售选择权之间的关系，鲜有文献进行专门、集中分析。在为数不多的文章中，以《绿鞋机制的国际比较及启示》为代表，〔3〕其研究又多将安定操作或超额配售选择权作为文章主题下附带论述的一个问题点，只介绍了原理和少数规范法条，甚至有所错漏，并且对部分外国学者观点存在误解。例如，美国证券交易委员会（SEC）（以下简称美国证监会）并非规定超额配售比例限于15%，而是可以任意比例超额配售，但只有15%受超额配售制度保护。

美国证券法上的安定操作制度已经运行了近百年，中国香港特别行政区证券法也借鉴了美国的制度，制定了独具特色的安定操作制度。前述二者的安定

〔1〕 参见蒋学跃：《创业板IPO存量发行法律制度研究》，载《政治与法律》2010年第2期；梁俊平：《承销商稳定股价现象的海外研究综述》，载《财会研究》2010年第18期；钱康宁、蒋健蓉：《借鉴国际经验推进股票发行制度改革》，载《中国金融》2011年第24期。

〔2〕 参见程啸：《论操纵市场行为及其民事赔偿责任》，载《法律科学·西北政法学院学报》2001年第4期；蓝威：《论操纵证券交易价格的抗辩事由——以安定操作抗辩为中心》，载《价格理论与实践》2014年第6期；李睿、吴珊：《操纵资本市场犯罪的行为类型化分析》，载《犯罪研究》2017年第1期。

〔3〕 参见孙金钜：《绿鞋机制的国际比较及启示》，载《会计之友》2020年第15期。

操作制度在实践中取得了良好的效果,也是中国内地证券市场的超额配售选择权的主要继受对象。随着境内证券市场新股"破发"日益常态化,需要进一步研究境内超额配售选择权制度的具体内容和实施效果,以及如何修改以完善。因此,本文希望从比较法角度,研究我国的超额配售选择权和域外完整安定操作体系的功能异同,以此考虑进一步借鉴美国和中国香港特别行政区的安定操作制度来补全中华人民共和国证券法的超额配售选择权制度。笔者认为,宜引入美国证券市场制度中的狭义安定操作作为例外补充,但对其需要进行严格的主体限制后,辅以负担高标准披露义务,以此与违法市场操纵行为做严格区分。

二、美国安定操作的制度史考察

(一)美国安定操作的历史发展

从美国安定操作制度史来看,美国证监会对安定操作的监管呈现出逐渐放松的状态。起初,美国证监会否定安定操作的合法性,认为其属于操纵市场的一种形式。而后,随着证券市场波动,则慢慢承认其合法性,并对其放松管制。

1934年《证券交易法》第9(a)(6)节明确规定,以锚定、固定或稳定此类证券的价格为目的行为是违法的。[4] 1940年3月18日,美国证监会发布的《证券交易法第2446号发布》[Securities Exchange Act Release No. 2446 (March 18, 1940)],认为安定操作是市场操纵的一种形式,但也指出了安定操作与普通市场操纵的不同,认为安定操作是"一种消极的操纵,旨在抑制股价的波动变化",并非旨在引起股价变化。[5]

1955年年初,美国证监会制定了规则10b-7(Rule 10b-7),将安定操作合法化,并对安定操作时间段及价格进行规定。1963年,绿鞋制造公司(Green

〔4〕 See U. S. Securities and Exchange Commission (SEC), 15 *U. S. Code § 78i-Manipulation of security prices*, Legal Information Institute of Cornell Law School, https://www.law.cornell.edu/uscode/text/15/78i.

〔5〕 See U. S. Securities and Exchange Commission (SEC), *Securities Exchange Act Release No.* 2446 (*March* 18, 1940), Code of Federal Regulations, https://www.ecfr.gov/current/title-17/chapter-Ⅱ/part-241. (The Commission is unanimous in recognizing that stabilizing is a form of manipulation... However, whatever techniques are followed, and whether the underwriters be successful or unsuccessful, their stabilizing represents a form of manipulation which interferes with free and open markets. It is, of course, a negative type of manipulation since it seeks to retard and not to create affirmative market movement.)

Shoe Manufacturing Company)上市,开创了以超额配售选择权的方式进行安定操作的先河。[6] 之后,安定操作的限制进一步松动。在 1983 年 8 月 4 日,美国金融业监管局(FINRA)的前身全国证券交易商协会(NASD)在规则 5110(Rule 5110)第(g)(9)条中将超额配售选择权上限由 10% 提高至 15%。[7]

然而,1996 年 12 月 10 日,美国证监会又通过 M 条例增加了安定操作的门槛。美国证监会发布了第 33 - 7375 号和第 34 - 38067 号(Release Nos. 33 - 7375, 34 - 38067),表示 M 条例吸收并替代了原有的规则 10b - 7 等规定,增加了对安定操作的规制。M 条例第 104 条详细规定了被禁止的安定操作,既有原则性的限制,也有列举式的否定事项。该条第(b)款将纯粹安定操作的目的限制为防止或延缓证券市场价格的下跌,否则均为非法机制;第(f)款规定,安定操作托市埋单的挂单价格不得高于发行价也不得高于现价;第(h)款规定,安定操作应当提前做好信息披露,承销商银团空头回补交易或实施惩罚性投标要提前通知相关自律组织。[8]

2000 年 11 月 14 日,美国证监会发布关于承销商银团空头回补交易的指引(Guidance of Current Disclosure, Legal and Processing Issues-Syndicate Short Sales),对承销商银团空头回补交易作出规定,内容包括超额配售股份与初始配售股份应同时销售,空头仓位股份应以发行价出售,以及裸空头仓位股份的交割等限制性规定。[9]

(二)美国安定操作项下的制度种类

为避免概念混淆,在介绍美国安定操作制度前首先需要澄清的是,美股证券市场中的安定操作需要区分广义和狭义,狭义安定操作和超额配售选择权制度

---

〔6〕 See Dmitri Boreiko, *Stabilisation Activity in Italian IPOs*, European Business Organization Law Review, Vol. 12:3, p. 439(2011).

〔7〕 See Financial Industry Regulatory Authority (Finra), 5110. *Corporate Financing Rule—Underwriting Terms and Arrangements*, Finra (Sept. 16, 2020), https://www.finra.org/rules-guidance/rulebooks/finra-rules/5110.

〔8〕 See U. S. Securities and Exchange Commission (SEC), 17 *CFR Part* 242 - *Regulations M, SHO, ATS, AC, NMS, and SBSR and Customer Margin Requirements for Security Futures*, Legal Information Institute of Cornell Law School, https://www.law.cornell.edu/cfr/text/17/part-242.

〔9〕 See U. S. Securities and Exchange Commission (SEC), *Section* Ⅷ. *A.* 3. *Current Disclosure, Legal and Processing Issues-Disclosure, Legal and Processing Issues-Syndicate Short Sales*, SEC(Nov. 14, 2000), https://www.sec.gov/divisions/corpfin/guidance/ci111400ex_regs-k_sss.htm.

都是广义安定操作的一部分,二者的主要区别在于美国法对狭义安定操作的限制不适用于超额配售选择权。

美国安定操作规范主要规定在 M 条例(Regulation M)中。美国 M 条例及其修正案并没有对于“stabilizing”进行定义,美国学者普遍认为,稳定价格行动可称为广义的安定操作(stabilization),分为三种:纯粹安定操作(pure stabilization)、惩罚性投标(penalty bid)和承销商银团空头回补交易(syndicate short sales)。[10] 从 M 条例条文也可以分析推断出“stabilizing”应做狭义理解,即纯粹安定操作,不包括惩罚性投标和空头回补。

根据 M 条例的定义,纯粹安定操作是指承销商银团为防止或延缓价格下跌而进行的积极价格干预行为。银团回补交易(空头回补)是指独家承销商或承销银团对超额配售比例股票进行买入,以减少因超额配售被增发的股票的交易行为。惩罚性投标指股票没有超发时,如果银团成员(次承销商)出售的股票被任一承销商回补买入,则主承销商可从该次承销商处收回以优惠价格发行股票权利的行为。

在以上三种安定操作中,银团回补交易也即我国的超额配售选择权制度下的空头回补,其与纯粹安定操作的区别在于是否有超过 100% 比例超卖股票。此区别的意义在于,超卖股票的前置条件决定了其既有回补无法交付股票(或者还券)的目的,并且在此过程中承销商也理应抱有防止或者延缓价格下跌的目的。

之所以认为 M 条例中的“stabilization”仅指纯粹安定操作,不包括惩罚性投标和空头回补,主要理由有三:第一,纯粹安定操作与承销商银团回补交易受到不同的监管披露要求,在 M 条例中其均有独立的规定。M 条例的第 104 条第(h)款分为第(1)和第(2)两项。而且,美国证监会发布的《M 条例修正案:关于证券发行的反操纵规则》(以下简称 M 条例修正案)也区分了银团回补交易和纯粹安定操作,其中提到承销商可能会优先选择银团交易,主要是因为这些交易

---

〔10〕 See Stefano Lombardo, *The Stabilisation of the Share Price of IPOs in the United States and the European Union*, European Business Organisation Law Review, Vol. 8:4, p. 524 - 525(2007). [I show the three types of stabilisation that financial economists have identified on the basis of current regulation (pure stabilisation, penalty bids and short covering).]

不受第 104 条规则下关于适用安定操作和其他条件的约束，[11] 尤其是投标和购买活动的同期市场披露要求。[12]

第二，若认为 M 条例中的安定操作概念系广义概念，则其规范内容会出现矛盾。M 条例修正案提到：空头头寸的潜在"购买力"可以让银团更积极地为股票发行定价，因为其银团空头回补能够以接近或高于发行价格的价格保证超额发售股票的购回，从而让投资者乐意以更高价格购买具备空头头寸的高价发行股票。[13] 但 M 条例第 104 条第(f)款第(1)项又规定了最高稳定报价，要求发行人不得以高于主市场证券的发行价格或稳定报价中较低者的价格进行购回操作。[14] 如认为 M 条例中安定操作是广义概念，空头回补是"stabilization"的一部分，则此处两个规则存在矛盾，前者认为空头回补的价格可以超出发行价，而后者规定"stabilization"不允许超出发行价。因此，需要将 M 条例第 104 条第(f)款第(1)项中出现的"stabilization"解释为纯粹安定操作，将 M 条例修正案中的空头回补和纯粹安定操作进行区分。

---

〔11〕 See U. S. Securities and Exchange Commission (SEC), *Regulation M*, *Rule* 104(*h*) *Disclosure and notification*, Code of Federal Regulations, https://www.ecfr.gov/current/title-17/chapter-Ⅱ/part-242/subject-group-ECFR3dd95cf4d3f6730. [(1) Any person displaying or transmitting a bid that such person knows is for the purpose of stabilizing shall provide prior notice to the market on which such stabilizing will be effected, and shall disclose its purpose to the person with whom the bid is entered. (2) Any person effecting a syndicate covering transaction or imposing a penalty bid shall provide prior notice to the self-regulatory organization with direct authority over the principal market in the United States for the security for which the syndicate covering transaction is effected or the penalty bid is imposed.]

〔12〕 See U. S. Securities and Exchange Commission (SEC), *Amendments to Regulation M*: *Anti-Manipulation Rules Concerning Securities Offerings*, SEC (Feb. 15, 2005), https://www.sec.gov/rules/proposed/33-8511.htm. (Syndicate covering transactions may be preferred by managing underwriters primarily because they are not subject to the price and other conditions that apply to stabilization under Rule 104, and in particular the contemporaneous market disclosure of the bidding and purchasing activity.)

〔13〕 See U. S. Securities and Exchange Commission (SEC), *Amendments to Regulation M*: *Anti-Manipulation Rules Concerning Securities Offerings*, SEC (Feb. 15, 2005), http://www.sec.gov/rules/proposed/33-8511.htm. (The potential "buying power" of the short position can allow the syndicate to price the offering more aggressively because its syndicate short covering can support the aftermarket at prices around or above the offering price, thereby validating the offering price.)

〔14〕 See U. S. Securities and Exchange Commission (SEC), *Regulation M*, *Rule* 104(*f*)(1), Code of Federal Regulations, https://www.ecfr.gov/current/title-17/chapter-Ⅱ/part-242/subject-group-ECFR3dd95cf4d3f6730. [Maximum stabilizing bid. Notwithstanding the other provisions of this paragraph (f), no stabilizing shall be made at a price higher than the lower of the offering price or the stabilizing bid for the security in the principal market.]

第三,M 条例修正案明确提到"stabilization"和银团回补交易的运作方式不同。在美国证监会的公开答复中,其表示虽然证监会认识到安定操作和银团回补交易都具有稳定股票价格的效果,但这些活动的运作方式确实不同,因此证监会目前不建议对银团回补买入适用于安定操作的具体价格、交易对手披露或其他限制。[15] 这也从官方层面证明了法条中的"stabilization"不包括空头回补,而仅指纯粹安定操作。

(三)美国安定操作的技术实践

1. 超额配售选择权在使用频率上对纯粹安定操作的挤占

实践中,纯粹安定操作在美国很少被使用,其在使用频率上远低于超额配售选择权,这个结论在美国已经是共识。[16] 美国证监会也提到他们的工作人员了解到:"就使用频率而言,在美国空头回补已经取代了安定操作,作为稳定市场价格的主流手段。"[17] 造成如此情况的原因在于,根据 M 条例对分销完成的定义,必须要在安定操作结束以后可以分销完成。[18] 对此,美国证监会在 M 条例

---

〔15〕 See U. S. Securities and Exchange Commission (SEC), *Amendments to Regulation M: Anti-Manipulation Rules Concerning Securities Offerings*, SEC (Feb. 15, 2005), https://www.sec.gov/rules/proposed/33-8511.htm. (While the Commission recognizes that stabilization and syndicate covering transactions both have the effect of supporting the market price of a security, these activities do operate differently, and so we are not, at this time, proposing to apply to syndicate covering bids the type of specific price, counter-party disclosure, or other limitations that now apply to stabilizing.)

〔16〕 See Stefano Lombardo, *The Stabilisation of the Share Price of IPOs in the United States and the European Union*, European Business Organisation Law Review (2007) 8: 523. (Pure stabilisation is not empirically observed in the United States, and its absence is explained on the basis of regulatory reasons.)

〔17〕 See U. S. Securities and Exchange Commission (SEC), *Amendments to Regulation M: Anti-Manipulation Rules Concerning Securities Offerings*, SEC (Feb. 15, 2005), https://www.sec.gov/rules/proposed/33-8511.htm. [The staff has learned that in the U. S. syndicate covering transactions have replaced (in terms of frequency of use) stabilization as a means to support post-offering market prices.]

〔18〕 See U. S. Securities and Exchange Commission (SEC), *Regulation M*, *Rule* 100, Code of Federal Regulations, https://www.ecfr.gov/current/title-17/chapter-Ⅱ/part-242/subject-group-ECFR3dd95cf4d3f6730. [Completion of participation in a distribution. Securities acquired in the distribution for investment by any person participating in a distribution, or any affiliated purchaser of such person, shall be deemed to be distributed. A person shall be deemed to have completed its participation in a distribution as follows: (1) An issuer or selling security holder, when the distribution is completed; (2) An underwriter, when such person's participation has been distributed, including all other securities of the same class that are acquired in connection with the distribution, and any stabilization arrangements and trading restrictions in connection with the distribution have been terminated; Provided, however, That an underwriter's participation will not be deemed to have been completed if a syndicate overallotment option is exercised in an amount that exceeds the net syndicate short position at the time of such exercise; and (3) Any other person participating in the distribution, when such person's participation has been distributed.]

修正案中有过官方表述，其认为承销商可能会优先选择银团交易，主要是因为这些交易不受 M 条例第 104 条规则下关于适用安定操作和其他条件的约束，尤其是投标和购买活动的同期市场披露。[19] 笔者赞同美国证监会的这种解释。美国法律对纯粹安定操作的监管是非常严格的，但是对惩罚性投标和空头回补交易的监管则较为宽松。之所以纯粹安定操作在美国很少见，一方面是因为承销商可以用另外两种方式规避对纯粹安定操作的严苛监管，另一方面也可以达成相同目的，即防止或者延缓价格下跌。

2. 使用安定操作的各方动机

上市公司和承销商对超额配售选择权等安定操作的需求动力在于，用承销商买回的承诺来稳定其他投资者的信心。承销商为了回补空头，必须在上市之后股价下跌的过程中买入股票，从而让购买公司上市初始股份的投资者们不用担心上市之后短期内股价出现不理性暴跌的情况。

2000 年 11 月 14 日，美国证监会发布的“指引”（Guidance）要求承销商、转让代理人或任何清算机构的账簿和记录中的初始配售股份和空头仓位股份之间没有区别。[20] 该规定意味着美国并没有刻意区分哪些股份是初始股份，哪些股份是超额配售股份，哪些股份是超额配售并且不受超额配售选择权保护的股份（超过超额配售选择权的比例上限，如 15% 卖出的超卖股份，超出部分不受超额配售选择权保护，也称裸卖空股份）。

该“指引”又提到，尽管裸卖空股份包括在“注册发行的所有股份”中，但注

---

〔19〕 See U. S. Securities and Exchange Commission（SEC），*Amendments to Regulation M: Anti-Manipulation Rules Concerning Securities Offerings*，SEC（Feb. 15，2005），https://www.sec.gov/rules/proposed/33-8511.htm.（Syndicate covering transactions may be preferred by managing underwriters primarily because they are not subject to the price and other conditions that apply to stabilization under Rule 104，and in particular the contemporaneous market disclosure of the bidding and purchasing activity.）

〔20〕 See U. S. Securities and Exchange Commission（SEC），*Section Ⅷ. A. 3. Current Disclosure，Legal and Processing Issues-Disclosure，Legal and Processing Issues-Syndicate Short Sales*，SEC（Sept. 2，2007），https://www.sec.gov/divisions/corpfin/guidance/ci111400ex_regs-k_sss.htm.（No distinction is made between the firm commitment and short sale securities on the books and records of the underwriters，the transfer agent or any clearing agency. For all intents and purposes，the syndicate short shares are indistinguishable from all other shares sold under the registration statement.）

册声明规定的股份数量只需要包括公司承诺股份和绿鞋股份的数量,[21]即信息披露时,裸卖空股份并不是美国证监会要求强制披露的内容,美国证监会鼓励承销商借股并承担相应借券的利息。国内有学者认为美股裸卖空股份是不守规矩、逾越雷池的行为,而该"指引"的发布恰恰说明了美股裸卖空是合法行为。

对于承销商而言,超额配售选择权是为了让承销商更有动力帮助上市公司超额发行股票。无超额配售权情形下的超额配售,承销商如果遇到股票在上市之后上涨的情况,在二级市场买入股票会出现亏损,所以承销商会缺乏超额配售的动力。因此上市公司赋予了承销商超额配售选择权后,可以让承销商不用担心承担股价上涨导致亏损差价的风险。

其具体实现方法:上市之后如果股价下跌,则承销商可以在二级市场买入股票赚取差价;上市之后如果股价上涨,则承销商可以要求上市公司行权,从而赚取承销佣金,当然,市场现价与发行价的价差是由最初买入超额配售的那部分股票的投资者所享有。美国法律在对超额配售股份作出一些法律规制时,很少有针对超额配售选择权的专门规制。美国金融业监管局的规则 5110 第(g)(9)条[Rule 5110 (g)(9)]规定,当在"包销承诺"基础上公开发行证券时,任何超额配售超过 15% 的部分不得享有超额配售选择权的制度保护。

3. 超额配售选择权中的灰色地带——承销商自营交易

我国内地和港股将超额配售选择权后的空头回补盈利归属于投资者保护基金。部分学者建议,我国可以效仿美股和港股,试点全额包销,让上市公司使用绿鞋发行证券时的盈余归属于券商,以提高券商承销积极性。[22] 笔者认为此观点有待商榷,空头回补盈利归属公益基金或许更符合我国制度。

美股超额配售选择权后的空头回补盈利归属于承销商,且超额配售权和超

---

〔21〕 See U. S. Securities and Exchange Commission (SEC), *Section Ⅷ. A. 3. Current Disclosure, Legal and Processing Issues-Disclosure, Legal and Processing Issues-Syndicate Short Sales*, SEC (Sept. 2, 2007), https://www.sec.gov/divisions/corpfin/guidance/ci111400ex_regs-k_sss.htm. (Although the naked short shares are included in "all shares in the registered offering," the number of shares specified on the cover page of the registration statement need only include the number of firm commitment shares and the green shoe shares.)

〔22〕 参见陆华强:《超越护盘:绿鞋机制的功能澄清及启示》,载《证券市场导报》2022 年第 8 期,第 75 页。

额配售脱钩,这一规定可能促使承销商为谋求自身利润,根据不同情况刻意压低或抬高公司首次公开募股(IPO)的发行价,从而产生道德风险。具体而言,在理论上,超额配售与超额配售选择权的关系可能会出现以下五种情况:①只有超额配售,但是承销商并没有获得超额配售选择权。②没有超额配售,但是承销商却获得了超额配售选择权。③超额配售数量小于超额配售选择权上限数量。④超额配售数量大于超额配售选择权上限数量。⑤超额配售数量等于超额配售选择权上限数量。因为根据 M 条例第 100 条的规定,如果超额配售选择权行权数量大于股票超额配售比例,则表示超额配售选择权的分配未完成,在超额配售选择权未完成的情况下进行其他经纪业务,会面临美国证监会对其分配未完成的交易限制。[23] 所以,在以上五种可能中,虽然第②与第③种情形在理论上能存在,但是此时的超额配售选择权的上限没有意义,因为能行权的数量最大只能是超额配售的数量,故只有其中的第①、第④和第⑤种情形才是较为常见的。

超额配售选择权的行权数量最大受超额配售数量的限制,主要是防范承销商的道德风险。试想,如不对第②种情形和第③种情形进行限制,那么第②种情形,承销商在未实现安定操作的制度目的的情况下,其有可能获得无风险利益。如果某公司上市后股价下跌,则承销商在拥有超额配售选择权的情形下不超额配售,其也不会亏损;而如果某公司上市发行股价上涨,在其获得了超额配售选择权的情形下,为了实现利益最大化并规避美国证监会的监管,美国券商倾向于通过自营交易,让自己及其关联方购买全部超发比例的股票,待股价上涨后再行权,券商及其关联公司就能通过一个旨在稳定股价的措施,来实现获持大比例的

---

〔23〕 See U. S. Securities and Exchange Commission (SEC), *Regulation M*, *Rule* 100, Code of Federal Regulations, https://www.ecfr.gov/current/title - 17/chapter - Ⅱ/part - 242/subject-group-ECFR3dd95cf4d3f6730. [Completion of participation in a distribution. Securities acquired in the distribution for investment by any person participating in a distribution, or any affiliated purchaser of such person, shall be deemed to be distributed. A person shall be deemed to have completed its participation in a distribution as follows: (1) An issuer or selling security holder, when the distribution is completed; (2) An underwriter, when such person's participation has been distributed, including all other securities of the same class that are acquired in connection with the distribution, and any stabilization arrangements and trading restrictions in connection with the distribution have been terminated; Provided, however, That an underwriter's participation will not be deemed to have been completed if a syndicate overallotment option is exercised in an amount that exceeds the net syndicate short position at the time of such exercise; and (3) Any other person participating in the distribution, when such person's participation has been distributed.]

高收益股票。

在第③种情形下，承销商则减损了安定股价的制度目的并由此获利。如果某公司上市后股价下跌，则其在超额配售部分通过空头回补一定能够获利，和正常行使超额配售选择权一致。但如果某公司上市后股价上涨，则其在自营交易部分（超额配售选择权上限—超额配售部分）也能通过行使超额配售选择权获利，承销商通过自营交易，超出正常超额配售选择权的获利范围，在股价上涨时也由此获利。

对此，美国证券业的主流观点认为，根据沃尔克规则，如果由该规则所涵盖的“银行实体”进行，那么承销商账户的银团卖空高于发行价可能构成禁止的自营交易。但是，沃尔克规则的承销活动豁免允许“自营交易”，前提是银行实体作为证券分销的承销商，且交易台的承销头寸与此类分销相关。沃尔克规则明确将“承销头寸”定义为“银行实体或其关联公司持有的、由特定交易台管理的一个或多个证券的多头或空头头寸，涉及该银行实体或关联公司作为承销商的特定证券分销”。只要空头头寸至少可以说有可能在发行后提供价格支持，银团就应该能够证明其与证券分销相关的头寸是合理的。因此，沃尔克规则允许承销银团使用期权股票来弥补银团的空头头寸。[24]

如果能实现自营交易，则很容易出现超额配售数量与超额配售选择权数量实质不相等的情况，因为如果是在承销商自身买下部分超额配售数量的情况下，可以理解为这部分数量并没有导致承销商有必要买券去还券。假定以下情况：虽然超额配售数量是15%，超额配售选择权是15%，但是超额配售数量中有10%是给了真正的投资者，而5%是通过自我交易，其仍然在承销商自己手上。此时，当股票上市后如果股价下跌，券商可以买入10%股份赚取差价，剩下5%可以直接还券，没有任何风险；而当股票上市后如果股价上涨，券商可以要求行权15%股份用来还券，而承销商保留的5%股份可以在二级市场通过出售或者建立等量空头仓位的方式以锁定差价收益。

通过上述方法，承销商既不同于上述第②和第③种的违法情形，又能实现相

〔24〕 See Patrick M. Corrigan, *Footloose with Green Shoes: Can Underwriters Profit from IPO Underpricing?*, Yale Journal on Regulation, Vol. 38:4, p.951(2021).

同的经济后果,即当下跌时不亏损,当上涨时赚取股价利差而非仅仅是承销费用。从以上分析可以看出,承销商实质超卖的数量越小,就会越希望上市之后股价上涨,从而越希望能够把上市价格定在较低的位置。当超额配售数量大于超额配售选择权数量时,比如,超额配售 20% 股份,超额配售选择权 15% 股份,股票上市后如果股价下跌,券商可以买入 20% 股份赚取差价;股票上市后如果股价上涨,券商可以要求行权 15% 股份,但是剩下 5% 股份只能继续买入股票来还券,从而导致亏损。因此,如果承销商裸卖空的数量越大,其就会越希望上市之后股价下跌,从而越希望能够把上市价格定在较高的位置。

4. 交易台制度对超额配售权行使期间的限制

在美国证券实践中,整个安定操作、超额配售空头回补和行使超额配售选择权的过程经常在上市后的初始几天内就结束了,很少接近法定的 30 日,这种现象似乎违背了常识。从常理来看,承销商从自身利益的角度出发,行权能够赚取承销费,空头补仓能够赚取差价,如果上市之后股价下跌越多,承销商就可以赚取越多的差价,因此承销商在理论上应该更愿意拖长安定操作时间。而从上市公司维护自身股价的角度考虑,股价在初始几天未下跌,并不代表股价就能够稳定,其后续仍有下跌压力,如果此时已经行权,则没有空头回补的资金来稳定股价,故其延迟安定操作时间则可以更好地维护公司股价。

造成如此反常的原因在于美国的分销结束制度和交易台制度。M 条例规定,如果超额配售选择权没有行权结束就不算分销完成,而在分销完成前的限制期内,关联公司不可作为做市商,或作为经纪人或交易商参与受保证券的请求交易或自营交易。[25] 因此,如果承销商不尽快完成安定操作、超额配售的空头回补或者行使超额配售选择权,关联公司不仅不能作为做市商,还不能作为经纪人,更不能作为交易商买卖受保护的证券。这对承销商的经纪业务等构成巨大的障碍,因此承销商更希望早日完成这些操作。

---

〔25〕 See U. S. Securities and Exchange Commission (SEC), *Regulation M*, *Rule* 100, Code of Federal Regulations, https://www.ecfr.gov/current/title-17/chapter-Ⅱ/part-242/subject-group-ECFR3dd95cf4d3f6730. [The affiliate does not, during the applicable restricted period, act as a market maker (other than as a specialist in compliance with the rules of a national securities exchange), or engage, as a broker or a dealer, in solicited transactions or proprietary trading, in covered securities.]

综上,美国证券市场的稳价手段虽然以超额配售选择权为主,但纯粹安定操作和惩罚性投标作为补充,仍给上市公司和承销商提供了更多稳价手段的选择,惩罚性投标和纯粹安定操作的鲜见主要是因为美国证券市场对其披露要求较高,需达到美国证监会 M 条例第 104 条规则下的投标和购买活动的同期市场披露要求。当上市公司愿意以更高标准的披露义务换取更灵活的稳价安排时,纯粹安定操作便有其存在空间,为不同交易目的提供了额外的制度工具。

三、美国、中国香港特别行政区安定操作制度和中国内地 A 股市场的异同对比

(一)港股安定操作的规范构成

无独有偶,和美国类似,我国香港证券业也经历了对安定操作由严到松再转严的过程。其整体规范的体系和美国大致相同。

香港地区在 20 世纪就引进了包括超额配售选择权在内的一系列安定操作机制,并且对其做了一定程度的本土化调整,使其更能符合香港地区的实际情况。经过多年市场实践,香港地区的超额配售选择权制度使用频率已经非常高,在香港地区证券交易所上市的公司使用超额配售选择权的比例已经较高,其对中国内地安定操作措施本土化也很有借鉴意义。

在超额配售和超额配售权的衔接上,我国香港特区不同于美国,任一者不可单独存在,二者必须同时存在。《香港联合交易所有限公司证券上市规则》(以下简称《香港主板上市规则》)第 10.07(3)条也规定了超额配股借股的目的要素,只能是要在首次公开招股配股行动中,包销商行使超额配股权之前补回空仓。同时还规定了包销商自控股股东借入的股数上限为超额配股权全部行使时可发行的股数上限,以及还股方法等。

在超额配售选择权的披露内容上,港股和内地 A 股类似,都需完整披露。《香港主板上市规则》第 18 项应用指引中规定,包销商可自行将有关股份分配予公开认购部分及配售部分,包销商应将超额分配股份的额度,限于超额分配选择权所允许的限额。在《香港主板上市规则》的附录一 A 部 15(3)和附录一 E 部 49(3)规定,如果有超额配售选择权或者稳定价格措施,需要披露实施理由、股数、价格、主要条款是否相同等。

港股在超额配售方式上和美国一致,都是借股配售,而非内地的延期交付。在《香港联合交易所有限公司创业板(GEM)证券上市规则》(以下简称《香港GEM上市规则》)第13.15(5)(a)(Ⅲ)条规定,在超额配售选择权行权期限最后一天或者在行权结束之后3天内要把借的券还给股东。

《香港GEM上市规则》第6项应用指引5规定,包销商可自行将有关股份分配予公开认购部分及配售部分。包销商应将超额分配股份的额度,限于超额分配选择权所允许的限额。在中国香港证券交易所的一份上市决定书[HKEx-LD26－3(June 2001)]规定:超额配售选择权不超过15%,和美股与中国内地A股均一致。

中国香港特区《证券与期货条例》的《第571W章附属法例》第1部导言规定了有关安定操作的几个与英文对应的中文翻译,并且规定了安定操作30日的开始时间。第2部规定,就本条例第282(1)条而言,在遵从本规则的情况下就任何有关证券而采取的任何稳定价格行动,不得视为构成市场失当行为,同时在第2部稳定价格行动的豁免中规定,就本条例第306(1)条而言,在遵从本规则的情况下就任何有关证券而采取的任何稳定价格行动,不得视为构成本条例第XIV部(第300条或第302条除外)的罪行。第3部稳定价格行动中的第6条规定,基本稳定价格行动是稳定价格操作人为防止任何有关证券的市场价格下调或减少其下调幅度,而在稳定价格期间购买证券。第3部的第7条规定附带稳定价格行动规定是可以采取以下行动,包含超额配售股份,为此买入回补空头,在二级市场买入股票、卖出股票。第3部的第8条和第9条规定了稳定价格行动的信息披露要求。第3部第10条、第11条和第12条规定了对稳定价格行动的限制和管理,结合附表2规定基本稳定价格行动的买入价格最高不高于发行价并且不高于市场现价。

(二)我国内地A股安定操作制度现状

目前,境内A股的安定操作制度主要就是指超额配售选择权。2001年,中国证券监督管理委员会(以下简称中国证监会)发布了《超额配售选择权试点意见》,在2006年10月27日中国内地证券市场史上第一家使用超额配售选择权的工商银行上市,之后使用超额配售选择权的上市公司寥寥无几,一直到近几年其数量才开始有所增加。2018年中国证监会的《证券发行与承销管理办法》中,

第15条规定了首次发行4亿股以上的可以采用超额配售选择权。2020年，中国证监会发布了《科创板首次公开发行股票注册管理办法（试行）》，其中第52条提到了战略配售、超额配售选择权等。自此，我国内地各证券交易所开始在自身的股票发行承销办法以及业务指引中对超额配售权进行详细规定。例如，2019年上海证券交易所的《上海证券交易所科创板股票发行与承销实施办法》（已失效）、《上海证券交易所科创板股票发行与承销业务指引》（已失效），在2021年后增加了有关超额配售选择权的内容。2020年前后，《深圳证券交易所创业板首次公开发行证券发行与承销业务实施细则》《创业板首次公开发行证券发行与承销特别规定》《关于进一步保障创业板规范发行的倡议》等文件增加了有关超额配售选择权的内容。2021年《创业板首次公开发行证券发行与承销特别规定》第19条规定，经审慎评估可以设定超额配售选择权。2021年，北京证券交易所发布的《北京证券交易所证券发行与承销管理细则》第40条至第47条规定了有关超额配售选择权的内容。

中国内地A股证券市场以往使用超额配售选择权的公司较少，主要是过往市场对公司上市后股价上涨有一致的稳定预期，在这种情况下，等股价暴涨之后做再融资的动作，可以稀释更少的股份，募集到更多的资金让公司发展，并且大股东等到股价暴涨之后再减持，可以套现更多。所以过往超额配售选择权使用较少，主要是因为这样最有利于公司发展，也最有利于大股东个人利益。反之，如果公司在知晓自己股价在上市后大概率上涨的前提下，仍使用超额配售选择权机制，反而会稀释股东已有股份，减少其收益。而最近几年使用超额配售选择权的案例数量有所增加，主要是因为中国内地证券市场已经日趋成熟，所以为了对证券顺利发行保驾护航，超额配售选择权成为了越来越多的公司上市的一个保价措施。

关于美股、港股和A股超额配售选择权的运作，请参见附录的图表1。

（三）异同对比

虽然我国内地A股和港股市场都借鉴了美国的安定操作制度来稳定证券市场的股价，但在监管方面，三者还是有许多基于本土化经验产生的分野。

在安定操作相关制度安排方面，美国证券法的监管较宽松，中国香港特区证券法相较于美国证券法更加细化也更加严格，而中华人民共和国证券法则是最细化、最严格的。其中，超额配售选择权制度的差异主要存在以下几方面。第一，在采用超额配售是否必须同时给予超额配售选择权方面。美国证券法并没有相关规定，但是中国香港特区证券法和中华人民共和国证券法要求两者捆绑。在美国证券法中，理论上可能出现公司发行时超额配售，但是并没有给予承销商超额配售选择权的情况，也可能出现公司没有采用超额配售但是给予了承销商超额配售选择权的情况。而前文已讨论过，后者情况除非在自营交易情形下，否则一般没有意义，因为超额配售的数量不能小于超额配售选择权的行权数量。而在中国香港特区证券法中，根据《香港主板上市规则》的第 18 项应用指引和《香港主板上市规则》的附录一 A 部第 15(3)(c)条的规定，可推知中国香港特区证券法要求超额配售与超额配售选择权相捆绑，并且数量应该相等。推知依据在于，上述的后一法条规定股票发售时，需核对超额配售部分与主要发售股份的条款一致。

在中华人民共和国证券法中，《上海证券交易所科创板发行与承销规则适用指引第 1 号——首次公开发行股票》(2021 年修订)第 33 条规定，“采用超额配售选择权的，发行人应授予主承销商超额配售股票”。而如果承销商不在该超额配售选择权机制内超额配售股票，首先其无法保证战略配售者行权，因为无论是面向特定还是面向不特定群体的上市公司增资扩股，都需要满足《上市公司证券发行管理办法》的限制条件。其次，如果承销商对超发部分全部回补，则其能够回补的前提也是股票超卖部分的延期交付，但在超额配售选择权机制之外，没有规定允许承销商延期交付股票。因此，既无例外规定，那么 A 股也是认为数量应该相等。两种做法各有优劣，若不限制承销商在超额配售选择权制度之外行使超额配售，其优点是上市公司和承销商可以灵活地进行承销发行谈判，缺点则是难以被中国证监会制度化的监管。

第二，当因为安定操作或者空头回补产生盈利时，盈利归属主体不同。美国证券法和中国香港特区证券法的盈利归属是承销商，而中华人民共和国证券法盈利归属是投资者保护基金。大量实践案例表明，美国证券法和中国香港特区证券法发行人采用超额配售，如果上市以后股价下跌，承销商在二级市场买入股票用以还券，产生的二级市场价差盈利归承销商所有。《上海证券交易所科创板发行与承销规则适用指引第 1 号——首次公开发行股票》(2021 年修订)第

41 条、《深圳证券交易所创业板首次公开发行证券发行与承销业务实施细则》(2021 年征求意见稿)第 59 条、《北京证券交易所证券发行与承销管理细则》第 44 条均规定,剩余资金向中国证券投资者保护基金有限责任公司交付,纳入证券投资者保护基金。

原则上,如果没有特别的强行规定,安定操作收益和期权收益类似,浮动收益和亏损风险自然全部由价值浮动财产的持有方负担。美国证券法将盈利归属主体界定为承销商的原因也是在此,其也希望通过让承销商有更多的盈利来源,甚至这额外的盈利可能超过承销费用本身,让承销商更有动力帮助企业上市。但如此安排的缺点在于容易让承销商有抬高发行价的动力从而伤害初始认购的投资者,也容易让承销商利用操纵市场的手段产生更多的利润,产生道德风险。从承销商对证券涨跌的风险有一定控制能力来看,我国的收益归属安排可能更为妥当。

第三,对是否区分参与超额配售及参与超额配售选择权的投资者的态度不同。美国证券法与中国香港特区证券法并没有刻意区分参与超额配售的投资者,超额配售的股份也并没有刻意区分。但是中华人民共和国证券法引入了战略投资者的概念,所以强调了此类投资者的特殊性,对此类投资者及其拿到的超额配售的股份做了一些特殊的制度安排。在信息披露的要求中,美国证券法和中国香港特区证券法并没有要求特殊披露超额配售股份的持有者,虽然有时会披露一些大型基石投资者,但这跟超额配售投资者是两个不同的概念。

《深圳证券交易所创业板首次公开发行证券发行与承销业务实施细则》(2021 年修订)第 3 章专门规范战略配售,对战略配售投资者提出许多资格条件和规范要求,他们所持有的超额配售的股份也是与一般发行的股份有不同的锁定期。不区分的优点在于让承销商寻找投资者时更自由便捷,缺点同样是不利于中国证监会制度化的监管。

第四,超额配售的数量上限规定不一致。美国证券法不存在数量上限,中国香港特区证券法和中华人民共和国证券法则存在。从 2000 年 11 月 14 日美国美国证监会发布的“指引”中可以得知,美国证监会明确允许超额配售数量可以超过 15% ,并且对裸卖空如何开仓、如何平仓以及如何做信息披露给出了一些建议。[26]《香港主板上市规则》的第 18 项应用指引中规定,包销商可自行将有关股份分配予公开认购部分及配售部分,包销商应将超额分配股份的额度,限于超额分配选择权所允许的限额。可知中国香港特区证券法不允许裸卖空。中华人民共和国证券法不允许裸卖空,通过一系列制度安排,超额配售数量只能等于超额配售选择权的数量。

在中国香港特别行政区首次公开募股的实践过程中,或许确有存在超额配售超过 15% 的情况,这部分超出 15% 超额配售的股份,是原始股东与承销商和新股东的私下借券还券协议,属于违法行为,而非本文讨论的监管层允许的合法裸卖空。美国证券法不限制最高比例的优点是让承销商可以有更多的买入资金在二级市场护盘,缺点是容易让承销商产生抬高发行价从而损害初始认购股份的投资者利益。

第五,承销商超额配售的前提不一致。美国证券法不一定需要借股,中国香港特区证券法必须要借股,中华人民共和国证券法则通过延期交付消解了此问题。美国证监会鼓励承销商借股并承担相应借股的利息;如果承销商不借股裸做空,则可能导致投资人打新后"自以为拿到股票实际上没拿到股票"挂卖单卖出而交付失败(failures to deliver)(在"T + 3"制度下,交易后 3 天内未能提供股票则为交付失败)。[27] 中国香港特区证券法的相关制度中规定了一系列借股的方法和要求,但并没有提及可以不借股而超额配售股票,实践中如果不借股也无法进行超额配售股票的行为,因此可以推断出中国香港特区证券法要求必须先借股才能进行超额配售。中国内地 A 股《深圳证券交易所创业板首次公开发行证券发行与承销业务实施细则》(2021 年征求意见稿)第 55 条至第 57 条规定了对战略配售投资者的延期交付制度,使得讨论是否需要借股显得没有意义。要求借股的优点是可以让操作更方便,缺点是容易出现无法还券的情况。

第六,无论是否有超额配售,上市初期承销商在二级市场的买入和卖出限制

---

〔26〕 See U. S. Securities and Exchange Commission (SEC), *Section Ⅷ. A. 3. Current Disclosure, Legal and Processing Issues-Disclosure, Legal and Processing Issues-Syndicate Short Sales*, SEC (Sept. 2, 2007), https://www.sec.gov/divisions/corpfin/guidance/ci111400ex_regs-k_sss.htm.

〔27〕 See Amy K. Edwards & Kathleen W. Hanley, *Short Selling in Initial Public Offerings*, Journal of Financial Economics, Vol. 98:1, p. 21 – 39 (2010).

不同。这包括但不限于刷新绿鞋的情形。刷新绿鞋是指券商可以对为稳定价格而回补购入的超额配售股票再行卖出,但应确保动态超发比例不超过15%。美国证券法和中国香港特区证券法允许买入卖出刷新绿鞋,甚至在没有绿鞋机制的一般超额配售也允许买入卖出,但中华人民共和国证券法不仅在超额配售时只允许买入,不允许卖出,没有超额配售时更不允许买入和卖出。

前文中讨论过,美国证券法允许在二级市场买入和卖出。中国香港特区证券法可以结合基本价格稳定行动和附带价格稳定行动的规定,得出结论:无论是否有超额配售都允许在二级市场买入和卖出。中华人民共和国证券法因为只有超额配售相关制度,没有安定操作制度,所以目前只允许在存在超额配售的情况下,允许在二级市场买入股票延期交付给战略投资者。美国证券法的优点是承销商会有更多灵活的手段参与到二级市场的稳定股价的过程中,缺点是容易让承销商产生利用操纵市场的手段产生额外利润的动机,从而损害二级市场投资者的利益。

第七,在二级市场上对发行股票买入价格的限制不一致。美国证券法和中国香港特区证券法在没有超额配售的情况下不允许买入价格高于发行价或者现价,在有超额配售的情况下则允许。中华人民共和国证券法在没有超额配售的情况下不允许买入发行股票,而在有超额配售的情况下不允许高于发行价或者现价买入发行股票。在前文研究美国制度时已经分析出,虽然M条例第104条第(f)款规定安定操作托市买单的挂单价格不得高于发行价也不得高于现价,但是这里的"stabilization"仅指纯粹安定操作(pure stabilization),对于有超额配售情况的时候的空头回补行为不适用。而且前文提到在美国证监会发布的M条例修正案中提到:空头头寸的潜在"购买力"可以让银团更积极地为发行定价,因为其银团空头回补可以以接近或高于发行价格的价格支持售后市场,从而稳定发行价格。[28]

---

〔28〕 See U. S. Securities and Exchange Commission (SEC), *Amendments to Regulation M: Anti-Manipulation Rules Concerning Securities Offerings*, SEC (Feb. 15, 2005), http://www.sec.gov/rules/proposed/33-8511.htm. (The potential "buying power" of the short position can allow the syndicate to price the offering more aggressively because its syndicate short covering can support the aftermarket at prices around or above the offering price, thereby validating the offering price.)

中国香港特区《证券与期货条例》的《第 571W 章附属法例》第 3 部第 10 条、第 11 条和第 12 条并结合附表 2 规定，基本稳定价格行动的买入价格最高不高于发行价并且不高于市场现价。中国香港特区《证券与期货条例》的《第 571W 章附属法例》第 3 部第 7 条附带稳定价格行动中的第(2)项规定，稳定价格操作人可无须顾及第 11 条及附表 2 的定价限制而采取第(1)(b)款所指的附带稳定价格行动。

《上海证券交易所科创板发行与承销规则适用指引第 1 号——首次公开发行股票》(2021 年修订)第 38 条规定发行人股票的市场交易价格低于发行价格的，获授权的主承销商有权使用超额配售股票募集的资金，在连续竞价时间以《上海证券交易所科创板股票交易特别规定》规定的本方最优价格申报方式购买发行人股票，且申报买入价格不得超过本次发行的发行价。美国证券法的优点是承销商会有更多灵活的手段参与到二级市场的稳定股价的过程中，缺点是容易让承销商产生利用操纵市场的手段产生额外利润的动机从而损害二级市场投资者。

第八，在信息披露的内容中，超额配售的披露要求不一致。因美国证券法可以刷新绿鞋，其只需要披露超额配售选择权的行权上限量，而不需要披露超额配售数量，而中国香港特区证券法和中华人民共和国证券法需要完整披露超额配售数量。根据 M 条例第 104 条第(h)款第(2)项，实施空头回补交易，应提前通知对美国主要市场具有直接权限的自律组织。根据前文提到在美国证监会发布的 M 条例修正案中提到，注册声明封面上规定的股份数量只需要包括坚定承诺股份和绿鞋股份的数量。[29]

这里的绿鞋股份的数量是指超额配售选择权的行权上限数量，而不是真正的行权数量。最后通过增发后总股本减去承销商包销股份虽然可以得出超额配售选择权的行权数量，但是因为实际超额配售的数量有可能有部分数量是在二

---

〔29〕 See U. S. Securities and Exchange Commission (SEC), *Section Ⅷ. A. 3. Current Disclosure, Legal and Processing Issues-Disclosure, Legal and Processing Issues-Syndicate Short Sales*, SEC (Sept. 2, 2007), https://www. sec. gov/divisions/corpfin/guidance/ci111400ex_regs-k_sss. htm. (Although the naked short shares are included in "all shares in the registered offering," the number of shares specified on the cover page of the registration statement need only include the number of firm commitment shares and the green shoe shares.)

级市场买入回补空头的,所以实际超额配售的数量并不一定等于超额配售选择权的行权数量。所以美国证券法的超额配售数量无须披露,并且一般从公开市场无从得知。中国香港特区证券法和中华人民共和国证券法在信息披露方面的制度非常详细,也强制要求披露超额配售的数量。美国证券法的优点是减少上市公司和承销商信息披露的负担,缺点是因为信息披露不透明容易导致伤害投资者的知情权从而影响投资者决策。

第九,在广义安定操作完成前,即大部分情形在超额配售空头回补完成前或者超额配售选择权行权之前,承销商的二级市场自营交易和经纪业务交易限制不同。

前文已经论述过美股 M 条例规定了在适用的限制期内,关联公司不作为做市商,或作为经纪人或交易商参与受保证券的请求交易或自营交易。[30] 中国香港特区证券法和中华人民共和国证券法并未查询到法律规定有此限制。美国证券法的优点是可以催促承销商尽快完成安定操作流程以减少因出现各种故意拖延时间产生的损害投资者的情况,缺点是大量承销商在上市一两天就着急完成全部操作,失去了给定上市 30 天内期限的意义,并且如果股价在承销商完成操作之后且在上市 30 天之内暴跌,承销商也就没有了通过安定操作稳定股价的手段。

四、结论及对 A 股安定操作的立法建议

在完成了比较法上安定操作的考察与评析之后,笔者认为中国证券法的超额配售选择权制度是更符合中国实际情况的制度。从比较法视野出发,笔者认为,中国证券法也可尝试进行两点改进:第一,允许刷新绿鞋,即允许承销商在超额配售选择权再次卖出超额配股,保证超额配售终结时总超卖股票比例不超过15%即可;第二,考虑增加美股和港股中的纯粹安定操作作为广义安定操作体系的补充。

---

〔30〕 See U. S. Securities and Exchange Commission (SEC), *Regulation M*, *Rule* 100, Code of Federal Regulations, https://www.ecfr.gov/current/title-17/chapter-Ⅱ/part-242/subject-group-ECFR3dd95cf4d3f6730. [The affiliate does not, during the applicable restricted period, act as a market maker (other than as a specialist in compliance with the rules of a national securities exchange), or engage, as a broker or a dealer, in solicited transactions or proprietary trading, in covered securities.]

对于允许刷新绿鞋的美股和港股,批评者的主要观点认为可能加剧承销商的道德风险。因为刷新机制虽然能让承销商根据股票交易的实时情况在动态交易中更准确且合比例地超发股票,但因为刷新机制实际让承销商超额交易的总比例超过了 15%,在股价下跌空头回补时,承销商可能做出更多交易以赚取盈利价差。尽管如此,美股和港股也还是允许了刷新绿鞋,而在中国内地 A 股,因空头回补利润归属于投资者保护基金,故承销商无为己牟利的道德风险。当然,允许承销商在超额配售选择权期间卖出,存在承销商刻意减损投资者保护基金利益的可能,但此种可能性很小。首先,如果承销商故意或者重大过失减损了投资者保护基金的利益,那么证券监管者会通过罚款、下调评级等监管手段予以惩罚。其次,还可通过限制刷新绿鞋时卖出价格,使其不得低于买入的历史最高价,也不会减少投资者保护基金的利润。如果刷新机制中承销商最后买入的股票比例超过超卖的配售数量限制,则也可视为上市公司回购股份或承销商增持股份,均对于防止首次公开募股"破发"有利无害。

中国内地 A 股早已规定了超额配售选择权作为稳定公司发行价的措施,但当上市公司愿意以更高标准的披露义务换取更灵活的稳价安排时,却难以像美国和中国香港特区证券市场那样寻找到纯粹安定操作作为实现其交易目的的制度工具。在美国纯粹安定操作缺乏使用的原因主要是由历史原因导致的。与超额配售选择权相比,其有过严的监管限制,而我国无此之虞。更何况,超额配售选择权的启动以寻找到适格的战略投资者为前提,但并非所有上市公司和承销商都能找到相应的投资者,尤其是在多层次资本市场体系下的流动性较差的资本市场中上市的公司,比如北京证券交易所上市公司,其更需要安定操作,但无力寻求战略配售支持。因此,无须战略配售,允许一定范围内的纯粹安定操作存在其合理性。

资本市场存在的一个很重要的意义是给实体经济提供直接融资。如果公司上市之后很快就"破发",会严重影响股市的直接融资能力。允许安定操作作为例外存在有以下好处:让更多的投资者放心认购公司首次上市发行的股票,因为上市之初会有资金护盘;让公司首次上市发行初期不会因为不理性的因素导致股价暴跌,此时可能投资者对公司还没有深入了解;让更多的公司上市融资时股价不会因为其他个别公司上市立刻暴跌而让投资者产生畏惧心理。

因为中国未规定安定操作制度,自然也未规定对安定操作的披露限制。但是因为安定操作和市场操纵构成要件相似,所以为了最大限度地减少其对市场造成的负面影响,笔者建议应该参考超额配售选择权的规定,对纯粹安定操作给予以下具体规制:第一,实施主体的资格限制。建议限定只有上市公司或者承销商才能具体实施安定操作的行为,并且当下北京证券交易所、创业板和科创板规定了空头回补交易归属投资者保护基金,A 股在同样能适用绿鞋机制的前提下,也应明文宣示投资者保护基金的盈利归属。因为只有上市公司或者承销商才会最大利益地保护投资者利益,并且把盈利归属于投保基金可以防止实施主体为了赚取差价而故意损害投资者的利益。第二,实施价格的高低限制。为了防止承销商损害投资者保护基金的利益,建议买入的最高价格不得高于发行价并且不得高于本方最优价格申报方式。同时,卖出的价格不得低于买入的历史最高价。安定操作的根本目的在于防止上市初期的股价非理性暴跌,所以为了防止安定操作过多的干扰市场正常的价格形成,不应该允许安定操作以高于发行价的价格买入,也不应该允许安定价格以高于市场现价的方式买入。第三,实施期间的时长限制。建议与超额配售选择权行权最后日期相匹配,即上市之日起 30 个自然日内。因为超额配售选择权制度与安定操作的制度目的相同,都是为了在上市之初稳定股价,而且在超额配售选择权制度实施过程中也可能会同时存在类似安定操作的行为,即在二级市场买入股票,所以可以把两者的实施期间的时长相统一。第四,实施严格的信息披露。建议参考超额配售选择权制度,严格要求披露拟进行安定操作的明确目的、实施主体、交易价格、实施期间等。开始实施前进行预告披露,在实施结束后做实施总结披露。因为安定操作是通过直接影响供求关系而稳定价格的行为,这种行为很容易会影响投资者依据市场价格所作出的判断,所以该信息的披露必须符合“真实、准确、完整、及时,不得有虚假的记载、误导性陈述或重大遗漏”的实质性标准。若违反了安定操作相关信息披露规制的行为,不仅应被视为操纵市场行为,而且同时应被视为虚假陈述或内幕交易行为并承担相应的刑事、行政和民事责任。

附:表1 超额配售选择权的运作

承销商向投资人出售115%股票（100%初始配售+15%超额配售）并收到115%股票对应资金，将100%股票对应资金交付发行人

金额行使超额配售选择权：发行人额外发行15%股票而获得15%对应资金	· 超额配售选择权行使期内，股价大体处于发行价之上 · 承销商金额行使超额配售选择权，向发行人支付15%股票对应资金，发行人额外发行15%股票 · 承销商通过金额行使超额配售选择权的方式获得15%股票，将其交付接受延期交付安排的战略投资者（A股等），或股票出借方（港股等） · 发行人合计发行115%股票
部分行使超额配售选择权：发行人额外发行X%股票而获得X%股票对应资金	· 超额配售选择权行使期内，股价部分时间处于发行价之上而部分时间处于发行价之下 · 承销商部分行使超额配售选择权，向发行人支付X%股票对应资金，发行人额外发行X%股票 · 承销商使用（15%–X%）股票对应资金，从二级市场购买发行人股票 · 承销商通过部分行使超额配售选择权以及从二级市场购买的方式合计获得15%股票，将其交付接受延期交付安排的战略投资者（A股等），或股票出借方（港股等） · 发行人合计发行（100%+X%）股票 · 承销商二级市场托市购买价格低于发行价形成的价差收益，交付证券投资者保护基金（A股等），或归属承销商所有（港股、美股等）
未行使超额配售选择权：发行人无额外发行	· 超额配售选择权行使期内，股价大体处于发行价之下 · 承销商使用15%股票对应资金，从二级市场购买发行人股票 · 承销商通过二级市场购买的方式获得15%股票，将其交付接受延期交付安排的战略投资者（A股等），或股票出借方（港股等） · 发行人合计发行100%股票 · 承销商二级市场托市购买价格低于发行价的形成价差收益，交付证券投资者保护基金（A股等），或归属承销商所有（港股、美股等）

征稿启事

金融市场是一个大舞台，千姿百态的角儿演绎出有趣的故事、棘手的问题与费解的现象，等待被发现、理解、批判与再建设。《清华金融法律评论》观察金融现象，专注于研究金融法律真实世界的问题，欢迎解决问题与解释现象的科研成果。编辑部秉承文质第一的宗旨，在此前提下尽量不拘一格收录稿件，包括不拘泥于理论流派、学科门类或方法，亦接受少量翻译作品。来稿的注释体例参见已出版文集。作者投稿后一个月未收到反馈的，可自行处理。编辑部不以任何形式向作者收取费用。

除每一辑的特色专题征稿之外，《清华金融法律评论》设有“公司治理”“商事组织”“并购重组”“投资基金”“金融商法”“金融科技”“金融监管”“金融监管治理”“证券市场与法律”“公司财务与法律”“政府债务融资与财政危机”“金融法史”“金融宪法”“金融行政法”“金融政治经济学”“金融法经济学”“金融法社会学”“金融法调查”“金融法实务”等栏目，这些栏目也是本出版物长期、持续关注的子领域。

联系方式：投稿：thufinlrev@ 126. com

邮址：100084　清华大学法学院　沈朝晖（收）

顺颂文祺！

主编　谨识